いちばんわかりやすい！

2級 建築施工管理技術検定

合格テキスト

コンデックス情報研究所　編著

成美堂出版

本 書 の 使 い 方

本書は、新制度の2級建築施工管理技術検定（第一次・第二次検定）によく出題される内容に重点をおき、効率的に勉強できるようまとめました。付属の赤シートを利用すれば重要語句の確認ができ、穴埋め問題等としても活用できますので、上手に活用し、効率的な学習を進めましょう。

◆一次・二次マーク！
一次検定・二次検定で出題された項目がひと目でわかる！

一次

工程管理

レッスン
02

ここが Point !　　　　　　　　　　　　　重要度 ★★★

ネットワーク工程表に関しては出題率が高く、例年、出題されています。用語や性質は必ず覚えましょう。

◆ここが Point ！
レッスンにおける学習のポイントです。まずはここを押さえよう。

2 - 1　工程管理の基本事項

工事においては、施工計画に基づき基本工程表（総合工程表）を作成し、基本工程表に従って工事を進めます。工事の工程上、重要な区切りとなる時点をマイル　　　　　（管理日）といい、基本工程表はマイルストーンの設定も行います。

◆レッスンの本文
各テーマの内容を、図表等を盛り込み、わかりやすく解説しています。

基本工程表

基本工程表における重要点	マイルストーンの例
・作業完了日、作業開始時間、　終了時間 ・労務、資材、機械の調達状況 ・使用可能な前面道路の　　交通規制 ・工場製作材料の製作日数 ・使用揚重機の性能と台数 ・設定したマイルストーン	・　　　　ち開始日 ・　　　開始日、完了日 ・地下コンクリート打設完了日 ・最上階躯体コンクリート打設完了日 ・鉄骨建方開始日 ・屋上防水完了日 ・外部足場の解体完了日 ・受電日

◆赤シート対応
付属の赤シートを利用すれば、穴埋め問題としても活用できます。上手に使いましょう。

工程計画を立てる方式としては、工事の開始から考える積上方式（順行型）と、工事の完了から考える割付方式（逆行型）があるよ。

◆頻出項目をチェック！
重要な内容や用語をまとめました。赤シートも利用しましょう。頻出度は○の数でチェックできます。

頻出項目をチェック！

チェック◎
1

バーチャート工程表は、縦軸に工事項目を、横軸に各工事日数を示し、各作業を横線で表したものである。

バーチャート工程表では、各作業の開始時期、終了時期及び所要日数を把握することができる。

こんな選択肢に注意！

バーチャート工程表は、各作業に対する先行作業、並列作業、後続作業の相互関係が把握~~しやすい~~工程表である。

バーチャート工程表は、各作業に対する先行作業、並列作業、後続作業の相互関係が把握しにくい工程表である。

◆こんな選択肢に注意！
実際の選択肢と似た内容となっています。赤シートを上手に活用しましょう。

ゴロ合わせで覚えよう！

● 南中高度

容疑者の包囲ゼロ！？
（太陽方位角 $\theta = 0°$）

なんちゅうことだ！
（南中高度）

■ 太陽方位角 $\theta = 0°$（真南）にきたときの太陽高度のことを南中高度という。

◆ゴロ合わせで覚えよう！
重要な箇所や覚えにくい内容などを、ゴロ合わせにしました。

練習問題にチャレンジ！

問題

◆練習問題にチャレンジ！
各章の最後には、レッスンで学んだことを復習できる、練習問題を掲載しています。知識が身についているか確認しましょう。

問題 01

採光及び照明に関する記述として、**最も不適当なもの**はどれか。

1　照度は、光源の明るさを表す量である。
2　昼光率は、室内のある点での天空光による照度と、屋外の全天空照度との比率である。
3　タスク・アンビエント照明は、全般照明と局部照明を併せて行う方式である。
4　均斉度は、作業面の最低照度の最高照度に対する比である。

➡ Lesson 01

正答と解説

問題 01　**正答**　1

照度とは、受照面に入射される光束の量のことで、光源ではなく受照面の明るさを表す指標である。

➡ 間違えた人は、Lesson 01 を復習しよう。

◆応用能力問題にも対応！
第一次検定で新たに導入された応用能力問題も掲載しています。

※ここに掲載しているページは見本のため、本文と一致しません。

本書は原則として、2024 年 1 月 1 日現在の情報に基づいて編集しています。以降の各試験の出題法令基準日（1 月 1 日〈例年〉）までの法令改正等については、本書最終ページに記載してある本書専用ブログアドレスから閲覧してください。

いちばんわかりやすい！
2級建築施工管理技術検定
合格テキスト

contents

1章　建築学（試験科目：建築学等）

2章　建築基礎（試験科目：建築学等）

3章　建築・躯体施工（試験科目：建築学等）

4章　建築・仕上施工（試験科目：建築学等）

いちばんわかりやすい！
2級建築施工管理技術検定
合格テキスト

contents

2級建築施工管理技術検定
ガイダンス

　建築施工管理技士は、一般建設業、特定建設業の許可基準の1つである営業所ごとに置く専任の技術者、建設工事の現場に置く主任技術者及び監理技術者の有資格者として認められるとともに、経営事項審査における技術力の評価において、計上する技術者数にカウントされるなど、施工技術の指導的技術者として社会的に高い評価を受ける国家資格です。

　建築施工管理技士の資格には、免状の種類により1級と2級があり、本書では2級建築施工管理技士を取り扱います。2級の第一次検定合格者には2級技士補、第二次検定合格者には2級技士の称号が付与されます。

　なお、令和6年度からは受検資格が変更となります。

資格取得までの流れ

　資格を取得するまでの流れを示すと、おおむね次のとおりとなります。

2級建築施工管理技術検定
受検申込
↓
受検票送付
↓
第一次・第二次検定
↓
合格発表
↓
合格証明書交付申請
↓
合格証明書交付
↓
資格取得

検定区分

2級建築施工管理技術検定には3つの検定区分があります。

1. 第一次・第二次検定（同日受検）

2. 第二次検定のみ

3. 第一次検定のみ

※令和3年度以降の第一次検定合格は、第二次検定の受検にあたって、有効期間、受検回数の制約はありません。（令和2年度までの学科試験合格は、第二次検定の受検にあたって、有効期間内における連続2回に限り受検可能との制約があります。）

試験日程（例年）

■試験日

前期：第一次検定のみ　6月上旬

第一次・第二次検定（同日受検）
第二次検定のみ
後期：第一次検定のみ
｝ 11月下旬

■合格発表日

前期：第一次検定のみ　7月上旬

第一次・第二次検定（同日受検）
第二次検定のみ
後期：第一次検定のみ
｝ 第一次検定　翌年1月上旬
第二次検定　翌年2月上旬

■申込受付期間

前期：第一次検定のみ　2月上旬～3月上旬

第一次・第二次検定（同日受検）
第二次検定のみ
後期：第一次検定のみ
｝ 6月下旬～7月下旬

受検資格

1. 第一次検定

17歳以上（当該年度末時点において）

2. 第二次検定

・第一次検定合格後、実務経験3年以上

・1級第一次検定合格後、実務経験1年以上

・一級建築士試験合格後、実務経験1年以上

※ただし、令和10年度までの間は改正前の受検資格にて受検可能です。

《参考》改正前の受検資格

1. 第一次・第二次検定（同日受検）

下表のいずれか1つに該当する方は、受検申込が可能です。

受検種別	最終学歴	実務経験年数	
		指定学科卒業	指定学科以外卒業
建築または躯体または仕上げ	大学・専門学校の「高度専門士」	卒業後1年以上	卒業後1年6ヶ月以上
	短期大学・5年制高等専門学校・専門学校の「専門士」	卒業後2年以上	卒業後3年以上
	高等学校・専門学校の「専門課程」	卒業後3年以上	卒業後4年6ヶ月以上
	その他（最終学歴を問わず）	8年以上	

受検種別	職業能力開発促進法による技能検定合格者		必要な実務経験年数
	技能検定職種	級別	
躯体	鉄工（構造物鉄工作業）、とび、ブロック建築、型枠施工、鉄筋施工（鉄筋組立て作業）、鉄筋組立て、コンクリート圧送施工、エーエルシーパネル施工	1級	問いません
		2級	4年以上
	平成15年度以前に上記の検定職種に合格した者	―	問いません
	単一等級エーエルシーパネル施工	―	問いません
仕上げ	建築板金（内外装板金作業）、石材施工（石張り作業）、石工（石張り作業）、建築大工、左官、タイル張り、畳製作、防水施工、内装仕上げ施工（プラスチック系床仕上げ工事作業、カーペット系床仕上げ工事作業、鋼製下地工事作業、ボード仕上げ工事作業）、床仕上げ施工、天井仕上げ施工、スレート施工、熱絶縁施工、カーテンウォール施工、サッシ施工、ガラス施工、表装（壁装作業）、塗装（建築塗装作業）、れんが積み	1級	問いません
		2級	4年以上
	平成15年度以前に上記の検定職種に合格した者	―	問いません
	単一等級れんが積み	―	問いません

2. 第二次検定のみ

次にあげる①～③のいずれかに該当し、「第一次・第二次検定（同日受検）」の受検資格を有する方は、第二次検定のみの受検申込が可能です。
①建築士法による一級建築士試験の合格者
②（令和2年度までの）2級建築施工管理技術検定試験の「学科試験のみ」受検の合格者で有効期間内の者
③（令和3年度以降の）2級建築施工管理技術検定の「第一次検定」合格者

試験の内容

検定区分	受検種別	検定科目	知識能力	解答形式
第一次検定	—	建築学等	知識	四肢択一（マークシート）
		施工管理法	知識	四肢択一（マークシート）
			能力	五肢択一（マークシート）
		法規	知識	四肢択一（マークシート）
第二次検定	建築・躯体・仕上げ	施工管理法	知識	四肢択一（マークシート）
			能力	記述

※試験問題の文中に使用される漢字には、ふりがなが付記されます。

合格基準

第一次検定：得点が 60%以上
第二次検定：得点が 60%以上
※試験の実施状況等を踏まえて変更される可能性があります。

検定に関する問合せ
申込や検定の詳細については、検定実施団体である一般財団法人建設業振興基金の HP 等を参照してください。
一般財団法人建設業振興基金　試験研修本部
HP：https://www.fcip-shiken.jp/
TEL：03-5473-1581（9:00 〜 12:00、13:00 〜 17:30、土・日・祝は休業）
メール：k-info@kensetsu-kikin.or.jp

試験に関する情報は変わることがありますので、受検する場合は試験実施団体の発表する最新情報を、必ず事前にご自身で、ご確認ください。

いちばんわかりやすい！
2級建築施工管理技術検定 合格テキスト

建築学

（試験科目：建築学等）

① 環境工学

環境工学とは、建築物がその目的を果たすために必要とされる、光、音、熱、空気など、つまり、日当たりや遮光、防音や静けさ、暖かさや寒さ、風通しなど、環境に関する基本的な条件を満たすために考えなくてはならないことをいいます。

日照においては、太陽に関することなどが問われます。地表面に直接日光が当たっている状態を日照といい、ある日の実際に日照のあった時間を日照時間というなど、「なんとなく知っている」という内容もあるかと思いますが、試験でケアレスミスを起こさないためにも、用語は正確に覚えるようにしましょう。

晴れた日に日照があるべき時間を可照時間というなど、似た用語もあるので注意しよう。

② 一般構造

一般構造では、建築物が安全・安定を保つため、また、その機能に支障をきたさないようにするため、重心や形状など、さまざまなことを考慮する構造計画について勉強します。

そして、建造物の安全性や安定性を考慮するうえでは欠かせない、地盤についても学びます。

建築物は地盤の上に構築するのですから、例えば、建築荷重（かじゅう）を支えきれないような弱い地盤では、建築物が沈下する、つまり、地盤沈下（ちんか）が生じてしまいます。建築物は何十年にもわたって使用されるものですので、一般に建築においては建築荷重に耐えうる強い地盤が求められるのです。

③ 構造力学

　建築物（構造物）には、使用する部材、利用者の体重、設備の重さなど、さまざまな荷重がかかります。そして、荷重がかかるということは力がかかることであり、その力や地震力等によって、建築物に応力や変形が生じることが考えられます。構造力学は、このような建築物にかかる力を設計段階から求めるために必要なことなのです。

　建築物においては、せん断力、軸方向力、曲げモーメントなどさまざまな力がかかっており、またそれらによって、ひずみ、たわみなどさまざまな現象が生じます。

試験では、提示された条件から、力の数値を求める問題が出題されることもあるので、力を求める式も覚えなくてはならないよ。

重要な項目だから、計算が苦手な人もがんばろう！

④ 建築材料

　建築に用いる建築材料には、木材、セメント、コンクリート、金属、石材など、さまざまな種類があります。これら建築材料においては、含水率や強度、防水性など、材料そのものがもつ性質は必ず押さえなくてはなりませんが、そのほか、保管のしやすさ、施工のしやすさなど、工事における扱いやすさについても考慮するようにしましょう。

　なかには、日常生活では聞きなれない建築材料もあるかもしれませんが、身のまわりで使用されているものもありますので、どんなものかイメージできない場合は、自分のまわりに実物がないか探してみるのもよいでしょう。

環境工学

ここが Point !

重要度 ★★★

日照時間や可照時間など、似た用語に気をつけながら、まずは用語の意味を覚えましょう。

1−1 日照・日影・日射

　四季がある日本は、地形的には南北に細長く起伏も激しく、自然環境は変化に富んでいます。建築物はこれらの自然環境のなかで、人がより快適で安全に暮らせるよう造られるものです。気温・湿度・日照等に関する環境工学は、人の生活に密接しており、建築学の重要な部門といえます。

日照

　日照とは、地表面に直接日光が当たっている状態をいいます。居住用途の建築物では、できるだけ日照を確保する計画が望まれます。

── 日照時間など ──

名　称	説　明
日照時間	ある日の実際に日照のあった時間をいう。その日の天気と太陽の位置により左右される。
可照時間	晴れた日に日照があるべき時間をいい、日の出から日没までの時間となる。南面の垂直壁の可照時間は、春分より夏至のほうが短くなる。
日照率	可照時間に対する日照時間の比で示され、日照のあった割合を表す。日照率は、日照率＝日照時間／可照時間× 100（％）で求められる。

日影

　日影の項目でよく問われる「日影曲線図」などを知るため、まずは、太陽に関するポイントを押さえましょう。

太陽に関するポイント

①太陽の位置は、太陽高度（h）と太陽方位角（θ）により示される。

②太陽方位角 $\theta = 0°$（真南）にきたときの太陽高度のことを**南中高度**といい、そのときの時刻を**南中時**という。

③南中から次の南中までの時間を、**真太陽日**という。

④太陽高度・方位角・影の長さを表したものを、**日影曲線**という。日影曲線図は、各地における太陽位置をあらかじめ測定した曲線図で知る方法で、南中時を正午とした**地方真太陽時**で表す。

⑤地平面上のある点が周囲の建物によって、日照時間にどのような影響を受けるかを検討するのに用いるものを、**日差し曲線**という。

⑥建物などによって、終日、日影になる場所のことを**終日日影**という。夏至の日の終日日影となる部分は、1年を通じて日影となる**永久日影**となる。

⑦建物の高さが同じである場合、東西に幅が広い建物ほど影の影響の範囲が大きくなる。

太陽の位置

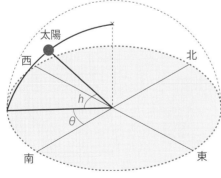

h：太陽高度（太陽と地平面のなす角）

θ：太陽方位角（太陽の方向と真南のなす角）真南が方位角0°で西回りに測る。

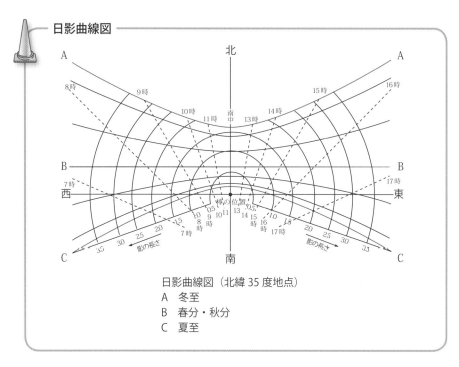

日影曲線図

日影曲線図（北緯 35 度地点）
A　冬至
B　春分・秋分
C　夏至

隣棟間隔

　十分な日照や採光を得るために確保する、建物と建物の間隔を隣棟間隔（りんとう）といいます。隣棟間隔は、日影を考慮し、南側の日影を生じさせる建築物の最高高さに、前面隣棟間隔係数を乗じて求めます。また、南中高度は緯度が高くなるほど低くなり、日影が長くなるため、南北の隣棟間隔は大きくしなくてはなりません。

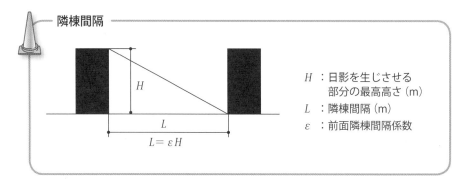

隣棟間隔

$L = \varepsilon H$

H ：日影を生じさせる
　　部分の最高高さ（m）
L ：隣棟間隔（m）
ε ：前面隣棟間隔係数

日射

　日射とは、地表に達する太陽の放射エネルギーのことで、直達日射と天空放射があります。日射に関する用語として、単位面積が単位時間に受ける日射のことを**日射量**、太陽光が地表面に直接達した日射量のことを**直達日射量**、太陽光が途中で乱反射されて地上に達した日射量のことを**天空放射量**、直達日射量と天空放射量を合計したものを**全天日射量**といいます。

　大気の透過率が高くなるほど、直達日射は強く、天空放射は弱くなり、曇天の日には天空放射のみとなります。

　直達日射量は、夏季においては水平面＞東・西面＞南面＞北面の順で大きくなり、冬季においては南面＞水平面＞東・西面の順に大きくなります。北面については、冬季においては直達日射はなく、天空放射のみとなります。東面と西面は、季節にかかわらず直達日射量は等しくなります。南面の直達日射量は、夏季に少なく冬季に多くなります。

水平面・各方位における鉛直面の直達日射量（東京）

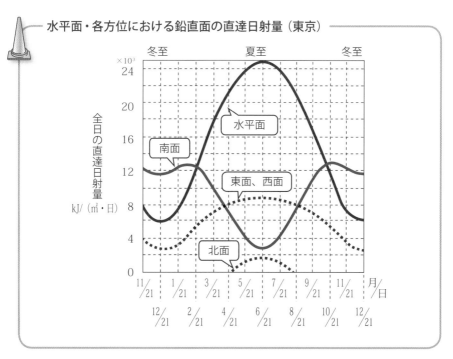

1 - 2　採光・照明

　採光とは、昼間太陽によって照度を得ようとするもので、照明とは、人工の光源により照度を得ようとするものをいいます。

採光

　照度を得るための方法には、昼間太陽によって照度を得る採光と、人工の光源により照度を得る照明の 2 つがあります。

照度など

名称	単　位	説　明
照度	lx（ルクス）	受照面の単位面積当たりに入射される光束の量のことで、受照面の明るさを表す指標である。
光束	lm（ルーメン）	光源より放射される光の明るさのことである。
光度	cd（カンデラ）	光源からの光の強さのことである。
輝度	cd/m^2	ある方向から見た受照面の光の強さのことである。

01

環境工学

光度は光源、照度は受照面の明るさ、輝度は受照面の光の強さのことをいうよ。間違えやすいので要注意。

　太陽の光を昼光といい、昼光は直射光と天空光に大別されます。直射光とは、直射する日光のことで、天空光とは、太陽光が大気中に拡散したもののこと、つまり、空の明るさのことです。光や照度に関する次の語句を覚えましょう。

昼光

名　称	説　明
全昼光	直射光と天空光を合計したものをいう。 全昼光＝直射光＋天空光
全天空照度	全天空が望める場所で、直射光の照度を除いた水平面照度のことをいう。
昼光率	室内のある点の照度とそのときの全天空照度との比をいい、採光による室内の明るさを表す。昼光率は、屋外の明るさが変化しても変わらない。 昼光率＝室内のある点の照度 / そのときの全天空照度× 100（%）
均斉度	昼光による照度分布の均質性を示す指標のことをいう。均斉度を上げるには、天井を高くし、窓の位置をできるだけ高い位置に設定する。 均斉度＝最低照度 / 最高照度

昼光率は建物の窓の構造で決まるため、天候には左右されないよ。

　採光計画においては、原則として直射光を遮断して、天空光を光源とします。天窓（トップライト）は、建築基準法では側窓に比べて 3 倍の採光効果があるとされています。部屋の用途による照度基準は次表によります。

主な室の用途による照度基準

建物の用途	説　明	照度基準
住宅	居間（団らん・娯楽）	200 ～ 500
	書斎（読書・勉強 VDT 作業）	500 ～ 750
	食堂・台所（食事・調理）	100 ～ 300
共同住宅の共用部分	受付・集会室・ロビー	200 ～ 300
	エレベーターホール・エレベーター	200
	物置・ピロティー・車庫	50
事務所	設計室・製図室（細かい作業）	750
	受付・事務室・会議室・電子計算機室	300 ～ 750
	エレベーターホール・集会室・食堂	300 ～ 500
	廊下・階段・便所	100 ～ 200

照明

　照明とは、人工光源（照明器具等）を用いて照度を得ることで、自然採光に比べ一定の明るさを保ちやすくなります。人工光源は、色温度が高くなるほど青味がかった光色となり、色温度が低いと赤味がかった光色となります。蛍光灯は白熱灯に比べ、消費電力は少なく、寿命は長いが、演色性は悪くなるという特徴をもちます。

演色性とは、物の色をどれだけ自然に見せられるかという観点から評価した性能のことをいうよ。

　直接照明による陰影は、間接照明等による陰影よりも濃くなります。光天井照明は、室内の照度分布が均等になり、照明による影がやわらかくなります。

　全般照明と局部照明を併用する場合、全般照明の照度は、局部照明による照度の 1/10 以上とするのが望ましいとされています。なお、作業面上

を照らすタスク照明（作業照明）と周囲の明るさをカバーするアンビエント照明（周囲環境照明）を併用する**タスク・アンビエント照明**という種類の照明もありますので、覚えておきましょう。

1 - 3　熱

熱が高温部から低温部に移動することを**伝熱**といい、伝熱には、ふく射・対流・熱伝導の 3 形態があります。

ふく射はある物体から熱が電磁波の形で放射され伝わる現象、**対流**は流体内に温度差が生じ、流体が移動することによって、熱が伝わる現象、**熱伝導**は固体内部で熱が高温部から低温部へ移動する現象のことをいいます。

伝熱や熱伝導に関しては、熱伝導率、熱伝達率など、さまざまな要素が関係していますので、次の表で比較し、混同しないよう注意して覚えましょう。

熱に関する用語

名称	説　明
熱伝達	固体からその表面の流体へ、または流体から固体表面へ熱が移動することをいう。
熱伝達率	熱の伝達のしやすさを示す値のことをいい、例えば、壁の熱伝達率は、壁面に当たる風の風速が**速く**なるほど大きい値となる。単位は［W/㎡・k］である。
熱伝導率	熱伝導の程度を表し、熱の伝わりやすさを示す値のことをいう。熱伝導率は、温度が高いほど、含湿率が大きいほど、また、密度が大きいほど大きな値となる。単位は［W/m・k］である。
熱伝導抵抗	伝導のしにくさを示す値のことをいい、熱伝導率の**逆数**で表す。
熱貫流	壁体を挟んだ両側の空気に温度差がある場合、高温部から低温部へ熱が通過する現象のことをいう。
熱貫流率	壁等の熱の通しやすさを示す値をいい、熱貫流率が小さいほど断熱性能は高くなる。
熱貫流量	壁面の熱貫流率・室内外の温度差・面積に比例する。

熱貫流抵抗	熱貫流のしにくさを示す値のことをいい、熱貫流率の逆数で表す。
熱容量	ある物体の温度を1ケルビン［K］上昇させるのに必要な熱量のことをいう。外壁の熱容量が大きいと、外気温の変動に対する室温の変動が穏やかになる。なお、単位質量当たりの物質の熱容量のことを比熱といい、熱容量は、熱容量＝比熱×質量で求めることができる。
熱損失係数	建物の断熱性能、保温性能を表す数値として用いられ、熱損失係数の値が小さいほど建物の断熱性能は高くなる。

壁などの内部に空気層（中空層）を設ける場合、厚さが20～30mm程度までは断熱効果が高まりますが、それ以上の厚さになると空気層内で対流が生じ、断熱効果が悪くなります。温度勾配は壁体の断熱性能がよいほど大きくなります。

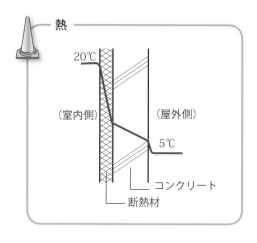

熱伝導率が高いことは、すなわち断熱性が悪いということになるね。

結露

結露とは、空気が露点温度以下の壁体や窓等の物質に触れて冷やされ、空気中の過剰な水蒸気が凝縮して霧となる現象のことをいい、表面結露と内部結露に分類できます。

表面結露は、壁や窓等の表面に発生する結露のことで、表面結露対策として、壁や窓等の断熱性をよく（熱貫流率を小さく）し、室内側表面温度

を高くするか、室内換気を行い、必要以上に水蒸気を発生させないようにすることがあげられます。

内部結露は、壁体の内部に発生する結露のことで、内部結露対策として、断熱材より室内側に防湿層を挿入するか、外断熱工法とすることがあげられます。ポイントとして、防湿層は外壁側だと内部結露してしまうため、必ず断熱材の室内側（高温多湿側）に設置します。

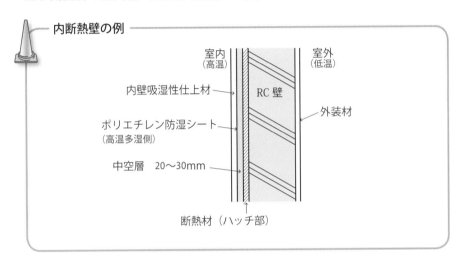

内断熱壁の例

室内（高温）　室外（低温）

内壁吸湿性仕上材　RC壁

ポリエチレン防湿シート（高温多湿側）　外装材

中空層　20〜30mm

断熱材（ハッチ部）

結露は、壁の隅角部や押入れ、家具の裏側、トイレ、浴室、熱橋（ヒートブリッジともいい、躯体を構成する部材のなかで、断熱材を他の材料が貫通することにより、熱が橋を渡るように伝わりやすくなってしまう部分のことをいう）等に起こりやすいため、その部分に断熱材を施します。

また、湿り空気中の水蒸気量とその温度における飽和水蒸気量を比で表したものを相対湿度、湿り空気中の水蒸気と乾き空気の重量の割合を表したものを絶対湿度といいます。

相対湿度が100％になり、結露を生じる温度が露点温度です。

相対湿度や絶対湿度など、似た用語を混同しないよう注意しよう。

1－4　換気

　換気とは、室内の空気環境の維持または改善を目的とし、室内の空気を排気し、外気を吸気することをいいます。換気には、全般換気と局所換気があり、全般換気とは、室内全体の空気を外気によって希釈しながら入れ替えることをいい、局所換気とは、汚染物質の発生場所近くで換気することをいいます。

　また、ある部屋の空気が1時間当たり何回入れ替わるかを示す値のことを**換気回数**（回/h）といい、室内の空気環境を環境衛生上適正に保つために必要な外気導入量のことを**必要換気量**（m³/h）といいます。必要換気量は、**必要換気量（m³/h）＝換気回数（回/h）×部屋の容積（m³）**で求めることができます。

　なお、人は一般に毎時 20 ～ 30m³ の換気量を必要としています。

主な用途の部屋の必要換気回数

室名		必要換気回数（回/h）	室名		必要換気回数（回/h）
機械室		4～ 6	厨房	大規模	40～60
高圧ガス・冷凍機・ボンベ室		4～ 6		小規模	30～40
変電室		8～15	配膳室		6～ 8
バッテリー室		10～15	ランドリー		20～40
エレベーター機械室		8～15	乾燥室		4～15
便所	使用頻度大	10～15	室内駐車場		10 以上
	使用頻度小	5～10	書庫・金庫		4～ 6
浴室（窓無し）		3～ 5	倉庫（地階）		4～ 6
湯沸室		6～10	映写室		8～15

二酸化炭素の濃度

　室内空気の二酸化炭素（CO_2）の濃度は、室内空気の汚染を評価する指標として用いられています。

　在室者の呼吸による必要換気量＝在室者の CO_2 発生量／（室内の CO_2 許容濃度−外気の CO_2 濃度）

　二酸化炭素（CO_2）の含有量の環境衛生管理基準値：**1,000**ppm（**0.1**％）以下

　一酸化炭素（CO）の含有量の環境衛生管理基準値：**6**ppm（**0.0006**％）以下

　換気に関する用語として、空気が流入口から室内のある点まで到達するのに要する時間のことを**空気齢**といい、換気によって失われるエネルギーの全熱（空気の温度と湿度）を交換・回収する省エネルギー装置のことを**全熱交換器**といいます。

自然換気と機械換気

　換気の方法には、風力などの自然の力を利用する自然換気と、ファンなどを使用して強制的に換気を行う機械換気があります。

風力換気

　風上と風下との**圧力差**により換気が行われ、換気量は、風速及び開口部の面積に比例します。

重力換気

　室温が外気温より高い場合、下方の開口部より屋外の重い（冷たい）空気が流入し、上方の開口部より室内の軽い（暖かい）空気が流出します。換気量は、開口部の面積に比例し、内外の温度差、上下の開口部の垂直距離の平方根に比例します。

　なお、室内の空気圧が室外の大気圧と同じになる垂直方向の位置を**中性帯**といい、この部分に開口部を設けると換気効果は低下します。

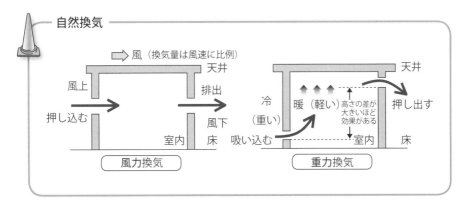

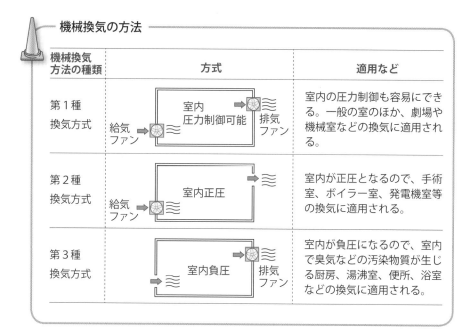

機械換気の方法

機械換気 方法の種類	方式	適用など
第1種 換気方式	給気 ファン　室内 圧力制御可能　排気 ファン	室内の圧力制御も容易にできる。一般の室のほか、劇場や機械室などの換気に適用される。
第2種 換気方式	給気 ファン　室内正圧	室内が正圧となるので、手術室、ボイラー室、発電機室等の換気に適用される。
第3種 換気方式	室内負圧　排気 ファン	室内が負圧になるので、室内で臭気などの汚染物質が生じる厨房、湯沸室、便所、浴室などの換気に適用される。

1-5 音

音の性質

　音は、周波数が高い（振動数が多い）音は高い音に聞こえ、周波数が低い（振動数が少ない）音は低い音に聞こえるという性質をもっています。音波が伝搬するとき、物質内のある点が受ける微小な圧力変動を音圧といい、音圧レベルとはこれをデシベル［dB］で表示したものをいいます。

　音の強さは、点音源からの距離の2乗に反比例して減少し、距離が2倍になると約6dB減少します。また、同じ音圧レベルの音が2つ加わると、音圧レベルは約3dB大きくなります。

　複数の音波が同時に存在すると、それぞれの音波が、互いに打ち消し合い小さくなったり、重なり合い大きくなったりする現象のことを干渉といい、音が建物や塀などの障害物の端を通過して、それらの背後に回り込む現象のことを回折といいます。周波数の低い音（波長の長い音）ほど、回折が起こりやすくなります。

　そのほか、音に関しては、マスキング効果という、同時に異なる音が存在し、小さな音が大きな音に打ち消されて聞こえなくなる現象や、カクテルパーティー効果という、カクテルパーティーのように大人数が談笑している騒がしい状況でも、自分の名前や興味ある内容等の必要な情報が聞き取れる現象があります。

> マスキング効果（音の打ち消し）とカクテルパーティー効果（音の選択聴取）を混同しないよう注意しよう。

吸音・遮音

　吸音とは、入射音を吸収または透過させて音の強さを弱めることで、遮音とは、壁等で遮断することにより、音を透過させないことをいいます。吸音率は、吸音率＝（吸収音エネルギー＋透過音エネルギー）／入射音エネルギーで求められます。

　高音域の音の吸収には、多孔質吸音材料が適しており、低音域の音の吸収には、板振動型吸音材料が適しています。

　入射音と反射音の差を dB で表示し、壁の遮音性能を示す透過損失も、あわせて覚えるようにしましょう。透過損失は、単位面積当たりの質量と周波数の積の対数に比例するため、壁材の密度が大きいほど、壁が厚いほど、入射音の周波数が高いほど、透過損失の値は大きくなります。

> 透過損失が大きいということは、遮音性能がよいということになるね。

> 低周波音の遮音は、高周波音に比べ対策が難しいことも覚えておこう。

一般に、人の耳で聞き取れる音の周波数の範囲は 20 ～ 20,000Hz です。なお、床衝撃音レベルの遮音等級を表す L 値は、値が小さいほど遮音性能が高くなります。

残響・反響

残響とは、室内の音源が発音を停止してからもしばらく連続的な反射音が聞こえてくる現象のことをいいます。残響時間は、室内の音源が発音を停止してから、残響音が 60dB 減衰するのに要する時間のことで、残響時間は室容積に比例し、室内の総吸音力に反比例します。

明瞭度とは、音声の聞き取りやすさを示す指標の 1 つで、85％以上なら良好とされています。明瞭度を確保すべき講演を主とする室の最適残響時間は、音楽ホールに比べて短くなります。

反響（エコー）とは、音波が壁等の物体に衝突し跳ね返ってくる現象のことで、直接音から 1/20 秒以上遅れて大きな反射音があると、音が二重に聞こえます。また、**フラッターエコー**とは、反射性の壁体などが向き合い、音がこの壁体間を往復し、二重、三重に聞こえる現象のことをいいます。入射音波とガラスのような板材との共振により、遮音性能が低下する現象を**コインシデンス効果**といいます。

フラッターエコーの例として、日光東照宮の「鳴き龍」が有名だよ。

騒音

騒音は、一般に空気伝搬音と固体伝搬音とに分けられます。騒音レベルは、一般に普通騒音計のA特性で測定した音圧レベルで表され、騒音レベルによる許容値は、一般に図書室（45dB）より住宅の寝室（40dB）のほうが小さくなります。騒音の感じ方は音の高低によって異なり、同じ音圧レベルの音でも高音のほうが低音よりうるさく感じます。

また、騒音の高低差による影響を考えて、推奨値を周波数の範囲ごとに規定したものを NC 曲線（推奨騒音基準曲線）といい、NC 曲線より求めた NC 値が小さいほど静かに感じます。

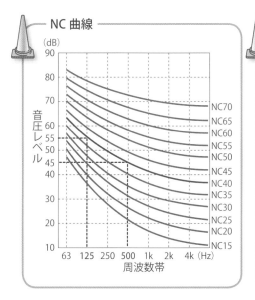

NC 曲線

NC 値の範囲と騒音の状態

NC 値	騒音状態
20～30	非常に静か。大会議可能
30～35	静か。会話距離 10m
35～40	会話距離 4m。電話支障なし
40～50	普通会話距離 2m。電話少し困難な時あり
50～55	やや大声で会話距離 2m まで。電話少し困難。会議には不適
55 以上	非常にうるさい。電話不可

1-6　色

色の性質

　色の性質について学んでいきましょう。色には、次のような特徴があります。

色がもつ特徴、色に関する用語

①色は、**無彩色**と**有彩色**とに大別される。

②無彩色は、明度だけもつ色（黒、灰、白）のことをいい、有彩色は、色味のある色（赤、青、緑など）のことをいう。

③有彩色の色を特性づける性質を**色相**、色の明るさの度合いを**明度**、色づきの鮮やかさの度合いを**彩度**という。

④色の温度感覚には、暖色と寒色と、それらに属さない中性色がある。

⑤色相の異なる色を並べると、互いに反発しあい色相が離れた色に見えることを**色相対比**という。

⑥異なる明度の色を組み合わせたとき、明度の低い色はより暗く後退して縮んで見え（後退色）、明度の高い色はより明るく進出して膨張して見える（進出色）ことを**明度対比**という。

⑦異なる彩度の色を組み合わせた時、彩度の低い色はより低く、彩度の高い色はより高く見えることを彩度対比という。

⑧補色関係にある色を並べると、互いに彩度を高めあって、鮮やかさが増して見えることを補色対比という。

⑨色は面積が大きいほど、明度と彩度が増加して見え、これを面積効果という。

⑩彩度は、背景の彩度との差が大きくなる方向に変化して見える。

⑪１つの色相のなかで彩度の１番高い鮮やかな色のことを純色という。

⑫純色に白または黒を混色してできる色のことを清色という。

マンセル表色系

　マンセル表色系では、色彩の基本として色相・明度・彩度の三要素で表し、これを具現化したものを**マンセル色立体**といい、すべての色を三次元空間に配置したものとなります。色相については、基本の５色相「赤（R）、黄（Y）、緑（G）、青（B）、紫（P）」に５つの中間色「黄赤（YR）、黄緑（GY）、青緑（BG）、青紫（PB）、赤紫（RP）」を加えた10色相を環状に等間隔に配置しています。

　明度については、純黒を０、純白を10として、その間の明度を１、２、３……で表し11段階に尺度化しています。

純黒が10、純白が０ではないよ。数字が大きいほうが明るいんだ。

　彩度については、無彩色を０として、彩度を１、２、３……と区別しますが、その段階は色相によって異なり、赤が最も多く、青が最も少なくなります。マンセル色相環において、向かい合う位置にある２色の関係を補色といい、２色を混ぜると無彩色になります。

マンセル色立体

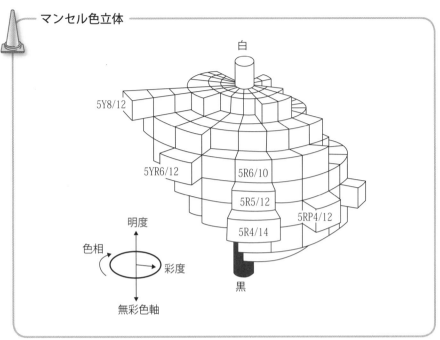

マンセル色相環

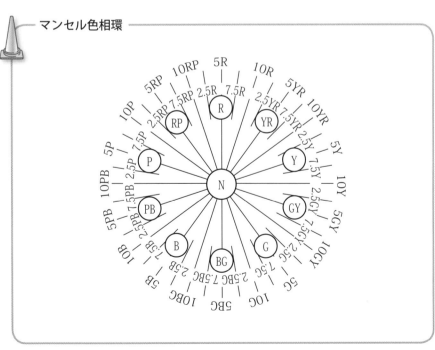

頻出項目をチェック！

チェック◎ 1 照度は、単位面積当たりに入射する<u>光束</u>の量である。

光度は、光源の<u>光の強さ</u>を表す量である。

チェック◎ 2 人工光源は、色温度が高くなるほど<u>青味</u>がかった光色となる。

タスク・アンビエント照明は、<u>全般</u>照明と<u>局部</u>照明を併せて行う方式である。

チェック◎ 3 純色とは、各色相の中で最も<u>彩度</u>の高い色をいう。

補色を並べると、同化し、互いに鮮やかさが<u>増して</u>見える。

 こんな選択肢に注意！

室内のある点における昼光率は、時刻や天候によって変化~~する~~。

室内のある点における昼光率は、時刻や天候によって変化<u>しない</u>。

単層壁の透過損失は、同じ材料の場合、厚さが厚いものほど~~小さい~~。

単層壁の透過損失は、同じ材料の場合、厚さが厚いものほど<u>大きい</u>。

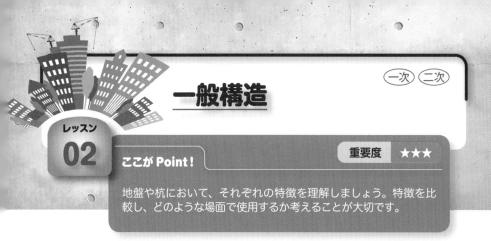

一次 二次

一般構造

レッスン
02

ここが Point！

重要度 ★★★

地盤や杭において、それぞれの特徴を理解しましょう。特徴を比較し、どのような場面で使用するか考えることが大切です。

2－1　構造計画

　構造体（躯体）は、その変形により建築非構造部材や建築設備の機能に支障をきたさないように設計しなくてはなりません。そのために、建物の重心や形状など、さまざまなことを考慮した構造計画を立てることが必要となります。

構造計画のポイント

①建築物の重心と剛心の距離は、できるだけ小さくなるようにする。

②建物の上下階においては、剛性、耐力、重量が急変しないようにし、局部的な応力集中を避ける。

③柱は、一般に、平面的には規則的に配置し、立体的には上下階で通るように配置する。

④建物の平面形状が複雑な場合は、地震が起きた際に複雑な揺れが生じ、局部的な応力集中が起きることがある。

⑤平面的に長いもの、Ｌ字形など複雑な平面のもの、断面形状のものなどは、エキスパンションジョイントを設けるようにする。

⑥エキスパンションジョイント部のあき寸法は、高いほど大きくする。

　構造計画には、荷重も重要な要素となり、荷重は主に固定荷重と積載荷重に分類できます。

固定荷重……建築物自体の重量のことで、仕上材や建築設備の重量を含む。重量は、固定されている物体の質量に重力加速度を乗じて算定する。

積載荷重……人や移動可能な家具や物品等の建築物に固定されていないものの重量のことをいう。

　一般に、積載荷重の大きさは、「床の構造計算用>大梁、柱、または基礎の構造計算用>地震力の構造計算用」となっています。また、積雪荷重の求め方は次のとおりです。

　積雪荷重＝積雪単位荷重×屋根水平投影面積×その地域における垂直積雪量

　そのほか、構造計画に関するものとして、風圧力や地震層せん断力、地震力などがあります。

　風圧力の求め方は次のとおりです。

　風圧力＝速度圧×風力係数

　なお、風力係数は、建物の形状や風向きによる係数で、外圧係数と内圧係数の差として算出します。

　地震層せん断力は、下にある階ほど大きくなります。地震層せん断力の求め方は次のとおりです。

　地震層せん断力＝ある層の地震層せん断力係数（下階ほど小さい）×ある層から上部の建物総重量（下階ほど大きい）

　地下部分の水平震度は、深い部分ほど小さくなります。地下部分に作用する地震力の求め方は次のとおりです。

　建築物の地下部分に作用する地震力＝地下部分の重量×水平震度

地震層せん断力係数は下階ほど小さいけれど、上部の建物総重量を乗じた地震層せん断力は下階ほど大きくなるよ。

2 - 2　地盤・基礎

地盤

地盤は、一般に次のように分類できます。

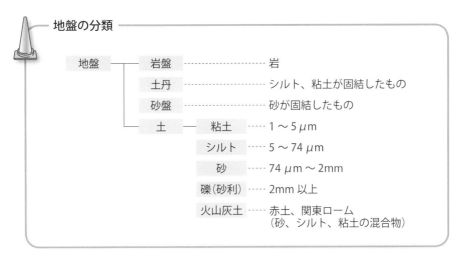

地盤の分類

地盤	岩盤	……… 岩
	土丹	……… シルト、粘土が固結したもの
	砂盤	……… 砂が固結したもの
土	粘土	…… 1 〜 5 μm
	シルト	…… 5 〜 74 μm
	砂	…… 74 μm 〜 2mm
	礫（砂利）	…… 2mm 以上
	火山灰土	…… 赤土、関東ローム（砂、シルト、粘土の混合物）

　地盤に関しては、液状化や圧密沈下など、さまざまな問題があります。

　まず、地盤の液状化とは、緩い砂質地盤が、強い振動等の作用により、飽和した砂質土が間隙水圧の急激な上昇を受け、せん断抵抗を失い液体状になる現象のことをいいます。主な地盤の液状化対策は、次のとおりです。

①地盤を締め固めて間隙比を下げる。

②地盤改良を行う。

③地下水位を低下させる。

④透水性の向上を図り間隙水圧の上昇を抑える。

　圧密沈下とは、年数の経過とともに水が絞り出され、地盤が沈下することをいいます。圧密沈下の許容値は、べた基礎のほうが独立基礎より大きくなります。液状化は砂質地盤に、圧密沈下は粘土質地盤に起こりやすい現象です。

地盤に関連することとして、洪積層は、沖積層より地層が古く、良質で強いものが多いので、建築物の支持地盤として適していることを覚えておこう。

基礎

　基礎の機能は、上部構造物を安全に支持し、沈下等を生じさせないことにあります。基礎は、荷重を直接支持地盤に伝える直接基礎と、杭を介して支持地盤に伝える杭基礎とに分類され、直接基礎は、さらに、フーチング基礎とべた基礎に大別されます。

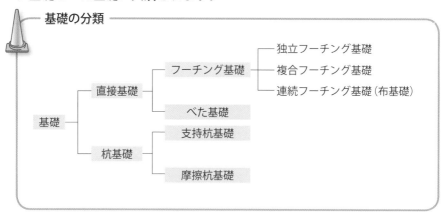

基礎の分類

基礎 ── 直接基礎 ── フーチング基礎 ── 独立フーチング基礎 / 複合フーチング基礎 / 連続フーチング基礎（布基礎）
　　　　　　　　　　べた基礎
　　　　杭基礎 ── 支持杭基礎 / 摩擦杭基礎

　直接基礎の底面は、凍上による被害を防ぐため、冬季の地下凍結深度より深くします。また、直接基礎の鉛直支持力は、基礎スラブの根入れ深さが深くなるほど大きくなります。

　複合フーチング基礎は、複数の柱を1つのフーチング基礎で支える基礎で、隣接する柱間隔が狭い場合などに用いられます。

　また、独立フーチング基礎は、柱ごとにフーチング基礎が独立している基礎で、一般には基礎梁で相互に連結します。

同一建築物に、杭基礎と直接基礎など、異種の基礎を併用することは、なるべく避けるよ。

杭に関するポイント

①杭基礎は、地盤が弱いなど、直接基礎では建築物の自重を支えられない場合に用いられる。

②支持杭は、杭の先端を地盤の抵抗で支えるものである。

③摩擦杭は、杭周面と土の摩擦力で支えるものである。

④杭の支持力は、杭の材質、形状、寸法、施工方法などの条件、及び支持層の力学的性質によって決まる。

⑤支持杭を用いた杭基礎の許容支持力には、基礎スラブ底面における地盤の支持力は加算しない。

⑥支持杭では、負の摩擦力が生じると、杭の先端部における圧縮軸力が大きくなる。

⑦杭間隔は、埋込杭は杭径の 2 倍以上、打込杭は杭径の 2.5 倍以上かつ750mm 以上とする。

⑧杭径が同じ場合、埋込杭より打込杭の杭間隔を大きくする。

⑨埋込杭は、打込杭よりも、極限支持力に達するまでの沈下量が大きくなる。

⑩地盤沈下により杭周辺に下向き（負）の摩擦力が生じることを、負の摩擦力（ネガティブフリクション）という。

⑪地盤沈下による負の摩擦力は、一般には摩擦杭よりも支持杭のほうが大きくなる。

⑫同一建築物の基礎に、直接基礎と杭基礎、もしくは支持杭と摩擦杭等を併用すると、不同沈下を起こす場合がある。

⑬基礎梁の剛性を大きくすることにより、フーチング基礎の沈下を平均化し、有効な不同沈下対策となる。

⑭単杭の引抜き抵抗力には、地盤から求める引抜き抵抗力（杭の周面摩擦抵抗力）に、杭の自重（地下水位以下の部分の浮力を減じた値）を加えることができる。

⑮場所打ちコンクリート杭は、地盤を削孔し、掘削孔内に鉄筋かごを建て込み、コンクリートを打設して築造する。

⑯外殻鋼管付コンクリート杭（SC 杭）は、主に大きな水平力が作用する場合に用いる杭である。

⑰既製コンクリート杭のセメントミルク工法は、掘削液等が流出することがあるため、伏流水がある地盤には用いない。

⑱鋼管杭は、既製コンクリート杭に比べて破損しにくく、運搬や仮置きなどの取扱いが容易という特徴をもつ。

⑲鋼杭は、地中での腐食への対処法として、塗装やライニングを行う方法、肉厚を厚くする方法等が用いられる。

基礎の種類

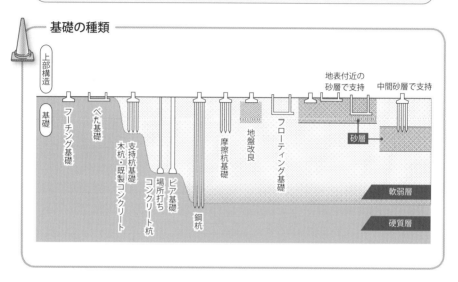

杭工法の分類

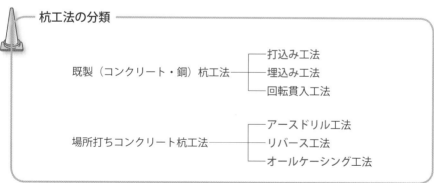

2 - 3　木構造

木造在来軸組構法

　木造在来軸組構法は、基礎上部の土台の上に柱を立てて組み立てる構法のことをいいます。床は、床束の上に大引や根太を架けて構成します。

木造在来軸組構法

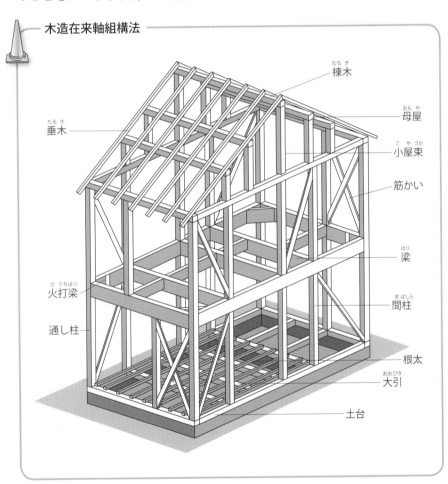

棟木（むなぎ）

母屋（おもや）

小屋束（こやづか）

筋かい

梁（はり）

間柱（まばしら）

根太

大引（おおびき）

土台

垂木（たるき）

火打梁（ひうちばり）

通し柱

　木造在来軸組構法においては、構造耐力上、主要な部分である柱の有効細長比は、150 以下としなければなりません。数値が小さいほど座屈しにくくなります。柱の有効細長比の求め方は次のとおりです。

$$柱の有効細長比 = \frac{柱の長さ}{柱の断面の最小2次半径}$$

2階建の隅柱（すみばしら）は、通し柱、または接合部を通し柱と同等以上の耐力を有するように補強した柱を用います。各階ごとに用いる柱は管柱といい、一般住宅の場合、柱の断面寸法は、通し柱は 12cm 角、管柱では 10.5cm 角のものが使用されます。また、3階建の1階の柱の断面は、原則として、小径 13.5cm 以上とします。

桁（けた）は、垂木（たるき）を受けて屋根荷重を柱に伝えるために用いるもの、胴差（どうさし）は、柱を相互につなぐ横架材（おうかざい）のことをいい、2階以上の床をつくる場合に使用します。なお、梁、桁などのスパン中央部付近の下側には、欠込みを設けることはできません。

地震力、筋かい

地震力とは、地震によって建物などの構造物が受ける力のことをいいます。地震力に対して有効な耐力壁の長さは、各階の床面積に下表の数値を掛けた数値以上とし、また、各階の床面積が同じ2階建であれば、2階より1階のほうが長い耐力壁を必要とします。

なお、耐力壁を設ける場合は、できるだけ上下階の耐力壁の位置をそろえるようにします。

地震力に対する軸組長さの係数

材料 ＼ 構造	平家建の建築物	2階建の建築物		3階建の建築物		
		1階	2階	1階	2階	3階
屋根が金属板等の軽い材料の建築物	11	29	15	46	34	18
その他の建築物	15	33	21	50	39	24

単位　cm/m²

　筋かいは、柱と柱の間に斜めに入れて建築物を補強するもののことをいいます。

　筋かいによって引張力が生じる柱の脚部近くの土台にはアンカーボルトを設置し、筋かいの端部は、柱と梁などとの仕口に接近して、ボルトやかすがいなどで緊結します。筋かいをたすき掛けにするため、やむを得ず欠き込む場合は、必要な補強を行います。

　筋かいにおける使用規定として、圧縮力を負担する木材の筋かいは、厚さ3cm以上で、幅9cm以上とします。筋かいと間柱の交差部分は、筋かいの厚さだけ間柱を切り欠き釘打ちとします。

　筋かいを入れた軸組の構造耐力上必要な長さは、軸組の種類や倍率により求められ、その倍率は、次のようになります。

軸組長さに乗じる倍率

	軸組の種類	倍　率
(1)	上塗壁または木ずりその他これに類するものを柱及び間柱の片面に打ち付けた壁を設けた軸組	0.5
(2)	木ずりその他これに類するものを柱及び間柱の両面に打ち付けた壁を設けた軸組 厚さ1.5cm以上で幅9cm以上の木材または径9mm以上の鉄筋の筋かいを入れた軸組	1
(3)	厚さ3cm以上で幅9cm以上の木材の筋かいを入れた軸組	1.5
(4)	厚さ4.5cm以上で幅9cm以上の木材の筋かいを入れた軸組	2
(5)	9cm角以上の木材の筋かいを入れた軸組	3
(6)	(2)から(4)までに掲げる筋かいをたすき掛けに入れた軸組	(2)から(4)までのそれぞれの数値の2倍
(7)	(5)に掲げる筋かいをたすき掛けに入れた軸組	5
(8)	その他(1)から(7)までに掲げる軸組と同等以上の耐力を有するものとして国土交通大臣が定めた構造方法を用いるものまたは国土交通大臣の認定を受けたもの	0.5から5までの範囲内において国土交通大臣が定める数値
(9)	(1)または(2)に掲げる壁と(2)から(6)までに掲げる筋かいとを併用した軸組	(1)または(2)のそれぞれの数値と(2)から(6)までのそれぞれの数値との和

そのほか、木構造には、次の要素も関わってきます。ポイントなどをまとめましたので、あわせて覚えましょう。

土台…………軸組最下部の水平材。柱の下端をつなぎ、柱からの荷重を基礎に伝えるために用いられる。

小屋梁………建物の上からの荷重を支えるもの。和小屋の小屋梁には、曲げモーメントとせん断力が生じる。

火打梁………建物の受ける水平力に抵抗させるもの。

真壁…………壁を柱と柱の間に納め、柱が外から見える壁をいう。
しんかべ

大壁…………柱の外側に仕上材を施し、柱が外から見えない壁をいう。
おおかべ

接合金物……木構造における接合金物には、短ざく金物、かな折れ金物、羽子板ボルト、火打ち金物等がある。

地面から1m以内の木造軸組の部分には、有効な防腐及び防蟻措置を講じなくてはならないよ。

木造枠組壁構法（ツーバイフォー）

　木造枠組壁構法は、主要な枠組部を構成する木材に、2×4インチの構造用製材（規格品）を使用することから2×4（ツーバイフォー）構法ともいわれています。

　長所は、接合部における複雑な加工が不要のため、人件費削減や工期短縮等が可能となることです。短所は、構造的に耐力壁が必要で、間取りや窓の大きさ等の制限を受け、将来、開口部の拡大や増改築が難しくなることです。

2－4　鉄筋コンクリート構造

　脆性的な破壊をするコンクリートを粘りのある鉄筋と一体化することで
ぜいせい
耐震性を確保した構造を、鉄筋コンクリート構造といいます。コンクリートと鉄筋は、線膨張率がほぼ等しく、温度変化に対して一体性を確保できるため、鉄筋コンクリートとして成立しているのです。鉄筋コンクリート構造は、外気に接するコンクリートがアルカリ性のため、内部の鉄筋の錆
さび
を防いでいます。

鉄筋コンクリートのポイント

①鉄筋コンクリートにおいて、柱、梁の主筋には、引張応力及び圧縮応力が生じる。

②鉄筋の許容付着応力度は、コンクリートの設計基準強度が高くなると、高くなる。

③鉄筋コンクリート造建築物では、一般に、風圧による応力より、地震による応力のほうが大きくなる。

④コンクリートの短期の許容圧縮応力度は、長期に対する値の 2 倍とする。

⑤コンクリートの長期の許容圧縮応力度は、設計基準強度の 1/3 とする。

⑥コンクリートの引張強度は、鉄筋の引張強度に比べて極端に低いため、梁の断面を求める上で無視することができる。

柱

　柱には、重量による軸方向の圧縮力と地震時のせん断力及び曲げモーメントが作用します。柱は、試験において数値を問われることも多いため、混同せずに一つひとつしっかりと覚えましょう。

柱のポイント

①帯筋は、主筋の座屈を防止すること、また、柱のせん断耐力を高めることができる。

②帯筋は、一般に柱の中央部より上下端部のほうの間隔を密にする。

③帯筋に鉄筋が切れ目なく連続しているスパイラル筋を使用すると、柱の強度と粘り強さが増す。スパイラル筋を用いる場合、重ね継手の長さは 50d 以上、かつ 300mm 以上とする。

④柱の帯筋比は、0.2%以上とする。柱の帯筋比が大きいほどせん断耐力は大きくなる。

⑤一般に、変形能力を高めるため、せん断強度が曲げ降伏強度を上回るようにする。

⑥帯筋に異形鉄筋 D10 を使用する場合、その間隔は、原則、100mm 以下とする。

⑦柱の小径は、構造耐力上主要な支点間距離の 1/15 以上とする。

⑧柱の主筋の断面積の総和は、コンクリート全断面積の 0.8%以上とする。ただし、引張鉄筋比が大きくなると付着割裂破壊が生じやすくなる。

⑨柱の脆性破壊防止のため、断面積に対する軸力の割合（軸方向圧縮応力度）を小さくする。

⑩柱梁接合部内の帯筋間隔は、150mm 以下とし、かつ隣接する柱の帯筋間隔の 1.5 倍以下とする。

⑪同一階に同一断面の短柱と長柱が混在すると、地震が起きたとき短柱に応力が集中し、せん断破壊が起こりやすくなる。それを防ぐため、短柱の腰壁や垂壁にはスリットを設ける。

短柱・長柱の変形

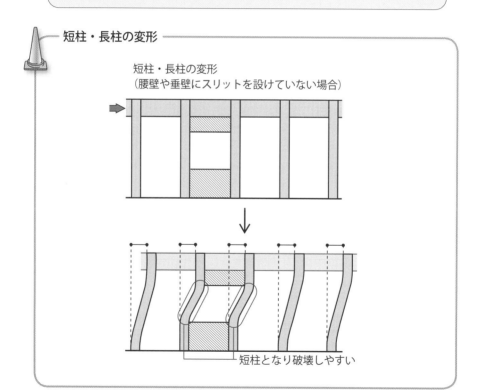

短柱・長柱の変形
（腰壁や垂壁にスリットを設けていない場合）

短柱となり破壊しやすい

梁

　梁は、床や屋根などの荷重を柱に伝える役割を果たしています。梁のなかでも、大梁は、柱と柱をつないで床の荷重を支える役割をもち、原則として、建物の靭性を確保するため、曲げ降伏がせん断破壊よりも先行する破壊形式としなければなりません。梁の圧縮鉄筋は、靭性の確保、クリープによるたわみ防止等に効果があり、構造耐力上、主要な梁は、上端と下端に配筋する腹筋梁とします。

　そのほか、梁におけるポイントとして、ラーメン構造の梁に長期荷重が作用するとき、梁の中央部の上側に圧縮力、下側に引張力が生じます。

　また、あばら筋は梁のせん断力に対する補強筋として使用し、せん断力の大きさに応じた間隔で用います。梁せいが大きい場合、あばら筋の振れ止め、または、はらみ止めとして、腹筋と幅止め筋を設けます。

腹筋と幅止め筋

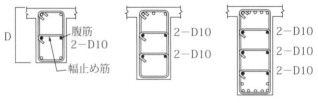

| $600 \leq D < 900$ | $900 \leq D < 1200$ | $1,200 \leq D \leq 1,500$ |

1. 腹筋に継手を設ける場合の継手長さは、150 ㎜程度とする。
2. 幅止め筋は、D10−@1000 程度とする。

あばら筋のポイント

①あばら筋に異形鉄筋 D10 を使用する場合、その間隔は、梁せいの 1/2 以下かつ 250mm 以下とする。

②あばら筋の径は、異形鉄筋 D10 以上とし、あばら筋比は 0.2% 以上とする。あばら筋比が大きいほどせん断耐力は大きくなる。

③梁貫通孔の直径は、梁せいの 1/3 以下とし、同じ梁に複数の貫通孔を設ける場合の孔の中心間隔は、孔径の 3 倍以上とする。

耐震壁と床スラブ

　耐震壁は、建築物において、地震や風などの水平荷重（横からの力）に抵抗する壁のことをいい、一般に、上下階において同じ位置になるよう設置するようにします。耐震壁の水平耐力は、曲げ、せん断、浮上りなどを、耐震壁の剛性評価は、曲げ変形、せん断変形、回転変形を考慮しなくてはなりません。

　なお、耐震壁に小さな開門がある場合でも、耐震壁として扱うことができますが、開口部には適切な補強筋を配置する必要があります。

　耐震壁の壁厚は、120mm 以上かつ壁の内法高さの 1/30 以上とし、耐震壁のせん断補強筋比は、直交する各方向に対して、それぞれ 0.25％以上とします。

　床スラブは、床の荷重を支える役割をし、床の鉛直荷重を梁に伝えるとともに、地震の際には架構が一体となり水平力に抵抗します。床スラブ厚が薄くなると、スラブの剛性が不足し、たわみや振動障害を生じやすくなります。四辺固定の長方形床スラブの中央部の引張鉄筋は、下側が引張りを受けるため、スラブの下側に配筋します。

2－5　鉄骨構造

　鉄骨構造は、名称のとおり、鉄骨により構成される構造です。鉄骨構造がもつ特徴を、鉄筋コンクリート構造と比べながら見ていきましょう。鉄骨構造は、鉄筋コンクリート構造と比べると、次のような特徴をもちます。
①工場で加工する場合が多く、その分、現場作業が軽減する。
②構造体の軽量化が図れる。
③骨組の変形能力が大きい。
④自重が小さい。そのため、建築物に加わる地震力が小さくなる。
⑤固定荷重に対する積載荷重の比率が大きい。
⑥大スパンの建築物が可能である。

鋼材

　鋼材は強度や靭性が大きく、部材断面を小さくすることが可能ですが、細長い部材や薄い部材は座屈しやすくなるため、施工にあたっては、座屈を考慮しなくてはなりません。鋼材の引張強さは、含まれる炭素量によって異なり、一般に炭素含有量が0.8％前後のときに引張強さは最大となります。

　引張材としての鋼材では、ボルト孔などの断面欠損があると、その部分の鋼材の断面積が減少し、部材としての耐力に影響します。

鉄骨造柱梁接合部

種　類	特　徴
ウェブプレート	H型鋼の腹部にあるプレートで、主にせん断力を負担する。
フランジプレート	H型鋼の断面で上下の張り出しているプレートで、主に曲げモーメントを負担する。
スカラップ	溶接線の交差による割れ等の溶接欠陥や材質劣化を防ぐために、一方の母材に設ける扇型の切り欠きのことをいう。
スチフナー	主にウェブプレートの座屈防止として用いられる鋼板のことをいう。
ダイヤフラム	梁の応力をスムーズに柱に伝え、接合部を補強するための補強材をいい、鉄骨柱と梁との接合部に用いられる。
フィラープレート	厚さの異なる板を高力ボルトなどで接合する際、板厚の差をなくすために挿入するものをいう。
スプライスプレート	継手部分に使用する鋼板の添え板のことで、添え板やジョイントプレートともいう。

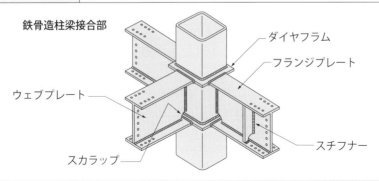

鉄骨造柱梁接合部

ダイヤフラム
フランジプレート
ウェブプレート
スチフナー
スカラップ

高力ボルト接合

　高力ボルト接合には、摩擦接合、引張接合、支圧接合などの形式がありますが、一般には摩擦接合が用いられます。高力ボルト摩擦接合は、接合部材を高張力の高力ボルトで締め付け、接合部材間に生じる摩擦力により応力を伝達させる接合方法です。

　小規模建築物（軒高 9m 以下、張り間 13m 以下、かつ延べ面積 3,000m^2 以下）では、ボルトが緩まないようナットに溶接したり、ナットを二重にするなどの戻り止めの措置を講じれば、構造耐力上主要な部分の接合を普通ボルト接合とすることができます。

高力ボルト摩擦接合の特徴

①摩擦面は、赤錆状態またはショットブラスト等の表面処理を行う。

②摩擦面のすべり係数は 0.45 以上とする。

③二面摩擦の場合、許容せん断力は一面摩擦の 2 倍になる。

④高力ボルト相互間の中心距離は、その径の 2.5 倍以上とする。

⑤せん断力と引張力が同時に作用する場合は、許容応力度の低減を行う。

⑥せん断力のみが作用する場合、繰返し応力による影響を考慮しない。

⑦高力ボルト摩擦接合とする場合、接合部材の断面性能にはボルト孔による断面欠損を考慮する。

高力ボルト摩擦接合

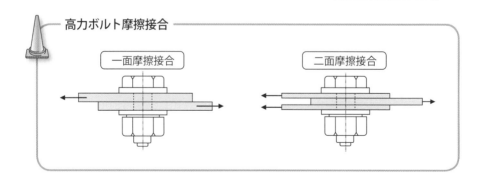

一面摩擦接合　　　二面摩擦接合

溶接

　溶接する箇所を溶接継目といい、溶接継目には、突合せ溶接（完全溶込み溶接）、隅肉溶接、部分溶込み溶接があります。

　突合せ溶接は、突合せた母材に開先を作り、そこを溶着金属で埋めて接合する溶接継目です。溶接部の強度が母材と同等以上になるように、全断面を完全に溶け込ませるため、十分な管理が行われている場合には、その許容応力度を接合させる部材の許容応力度とすることができます。

　隅肉溶接は、隅角部に溶着金属を盛って接合する溶接継目で、隅肉溶接においては、接合する母材間の角度が 60 度以下、または 120 度以上である場合には応力を負担させてはなりません。また、隅肉溶接の有効長さは、溶接の始端から終端までの長さから隅肉サイズの 2 倍の長さを控除した長さとなります。

　部分溶込み溶接は、接合部の全断面ではなく、部分的に溶け込ませて接合する溶接継目です。せん断力のみを受ける場合に使用でき、溶接線と直角方向に引張力を受ける場合や、溶接線を軸とする曲げを受ける場合には使用できません。また、繰返し応力を受ける箇所にも使用できません。

併用継手、柱脚

　高力ボルト接合と溶接接合を併用する継手を併用継手といいます。併用継手の場合、応力を受けることができるのは、溶接と先に施工された高力ボルトで、高力ボルトが後に施工された場合は、溶接のみで応力を受けます。

> 先に溶接を行うと鋼板が変形し、後に施工する高力ボルトの力が鋼板に正しく伝わらないため、応力を負担できないんだ。

　鉄骨造の柱脚は、露出柱脚・根巻き柱脚・埋込み柱脚に分類できます。柱脚の固定度は、高い順から、埋込み柱脚、根巻き柱脚、露出柱脚となります。

ボルトには高力ボルトのほかに、鉄骨梁と鉄筋コンクリート床版との合成効果を得るために設けるスタッドボルトもあるよ。

2－6　その他の構造

　鉄骨鉄筋コンクリート造（SRC造）は、鉄骨造（S造）と鉄筋コンクリート造（RC造）の合成構造です。鉄筋コンクリート造に比べ耐震性があり、鉄骨造に比べ耐火性があります。

　免震構造は、地震入力エネルギーを吸収しようとする機能（吸収機能）と鉛直荷重を支えつつ地震による水平方向の力から絶縁しようとする機能（絶縁機能）をもつ構造です。絶縁機能を、アイソレーター（支承体）といい、一般に、積層ゴムが使われています。アイソレーターは、上下方向には高い剛性を有しており、免震効果はありません。吸収機能は、ダンパー（減衰器）といい、粘性体・鋼材・鉛等が使われています。

　免震構造では、上部構造全体の重心と免震部材全体の剛心とのずれを極力小さくすることで、ねじれの影響を少なくします。地下部分に免震装置を設置した場合には、免震構造の機能を発揮するために、建物と周囲の地盤との間にはクリアランスが必要です。

免震構造の例

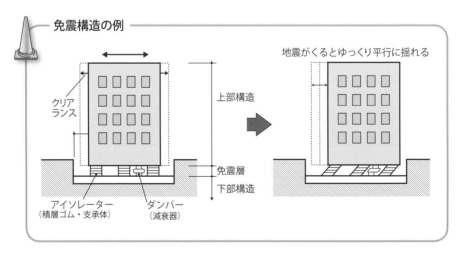

02

一般構造

頻出項目をチェック！

チェック◎ 1
直接基礎の鉛直支持力は、基礎スラブの根入れ深さが深くなるほど大きくなる。

同一建築物に杭基礎と直接基礎など異種の基礎を併用することは、なるべく避ける。

チェック◎ 2
鋼管杭は、既製コンクリート杭に比べて破損しにくく、運搬や仮置きに際して、取扱いが容易である。

鋼杭は、地中での腐食への対処法として、塗装やライニングを行う方法、肉厚を厚くする方法等が用いられる。

チェック◎ 3
鉄筋コンクリート構造に比べ、鉄骨構造の方が架構の変形能力が高い。

鉄骨構造は、鉄筋コンクリート構造に比べ、同じ容積の建築物では、構造体の軽量化が図れる。

 こんな選択肢に注意！

鉄筋コンクリート構造の柱の最小径は、原則として、その構造耐力上主要な支点間の距離の1/~~20~~以上とする。

鉄筋コンクリート構造の柱の最小径は、原則として、その構造耐力上主要な支点間の距離の1/**15**以上とする。

~~添え板（スプライスプレート）~~は、梁のウェブの座屈防止のために設ける補強材である。

スチフナーは、梁のウェブの座屈防止のために設ける補強材である。

構造力学

レッスン 03

ここが Point！

重要度 ★★★

力にはさまざまな種類があります。どのような力があるかを知り、また、力や係数を求めるための式をあわせて覚えましょう。

3-1 力

ある物体を回転させようとする力は、力のモーメントで表します。力のモーメント M は、次の式で求めることができます。

$M = p \cdot l$

（M：モーメント、p：作用する力、l：基準点 O から力の作用点までの距離）

物体に複数の力が作用する場合、これらの力を 1 つにまとめることを力の合成といいます。一方、物体に作用する 1 つの力を、複数の力に分けることを力の分解といい、分解された力を分力といいます。

力のモーメント、力の合成・分解

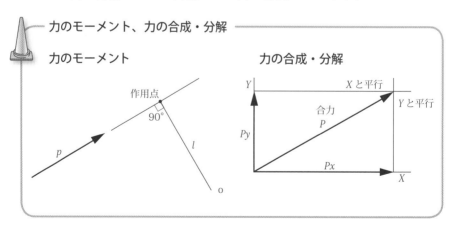

力のモーメント

力の合成・分解

また、物体に複数の力が作用しても、物体が動かない、つまり、静止している場合、これらの力はつり合い状態にあるといえます。力がつり合う条件は、次のとおりです。

> ⊙力がつり合う条件
> ①$\Sigma X = 0$（水平方向の力の総和が0）
> ②$\Sigma Y = 0$（垂直方向の力の総和が0）
> ③$\Sigma M = 0$（ある点回りのモーメントの総和が0）

3 - 2　構造物

支点、節点

構造物を支持する点を支点、構造物を構成する部材と部材との接合点を節点といいます。

接合点のことを「節点」というよ。「接点」としないように注意しよう。

支点の種類

支点の種類	記号	支持できる力の種類	支持できる力
移動端 （ローラー）	△	V（反力V（鉛直方向））	水平移動、回転できる支点。鉛直方向の力だけ支持できる。
回転端 （ピン・ヒンジ）	△	H　V 反力V（鉛直方向） 反力H（水平方向）	回転だけできる支点。鉛直方向、水平方向の力を支持できる。
固定端 （フィックス）	▨	M　H　V 反力V（鉛直方向） 反力H（水平方向） 反力M（回転方向）	鉛直方向、水平方向、回転方向に対して支持できる。

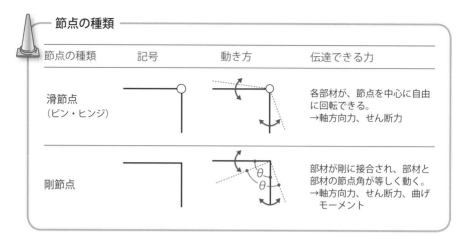

節点の種類	記号	動き方	伝達できる力
滑節点 （ピン・ヒンジ）			各部材が、節点を中心に自由に回転できる。 →軸方向力、せん断力
剛節点		θ θ	部材が剛に接合され、部材と部材の節点角が等しく動く。 →軸方向力、せん断力、曲げモーメント

反力、応力

支点等に力が作用すると、その力とつり合うように支点に反力が生じます。

⊙反力の求め方
①支点の種類に応じた反力を、それぞれの支点において仮定する。
②方程式により、未知数である反力を求める。
　$\Sigma X = 0$、$\Sigma Y = 0$、$\Sigma M = 0$
③求めた反力の符号（＋－）を確認し、符号が－（マイナス）のときは仮定した向きが逆となる。

　構造物が力を受けたとき作用する同じ大きさで向きが反対の一対の力やモーメントのことを、応力といいます。応力には、主に軸方向力、せん断力、曲げモーメントなどがあります。

名　称	概　要	プラス（＋）	マイナス（－）
軸方向力（N）	材軸方向に部材を変形させる働きのある応力	引張り	圧縮

| せん断力（Q） | 材軸と直角方向に部材を断ち切ろうとする働きのある応力 | 時計回りの変形 | 反時計回りの変形 |
| 曲げモーメント（M） | 部材を曲げようとする働きのある応力 | 部材の下側が伸びる変形 | 部材の上側が伸びる変形 |

曲げ、応力

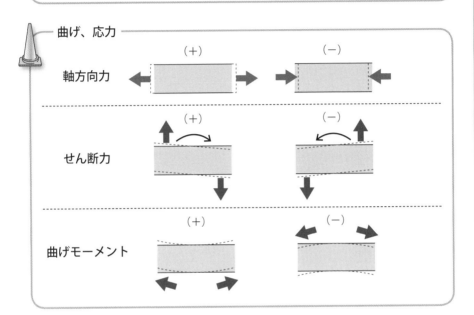

⊙応力の求め方

①応力を求める位置で構造物を切断する。

②切断面で応力（軸方向力・せん断力・曲げモーメント）を仮定する。

③方程式により、未知数である応力を求める。

⊙梁の曲げモーメント図の傾向

①集中荷重の作用点で折れ曲がる。

②荷重のない部分では直線となる。

③せん断力がプラス（＋）のところでは、曲げモーメントは右下がりとなる。

　せん断力がマイナス（－）のところでは、曲げモーメントは左下がりとなる。

④等分布荷重の場合、2次曲線となり、等変分布荷重の場合、3次曲線となる。

⑤ピン、ローラーの支点では、モーメント荷重がなければ曲げモーメントは0になる。

⑥固定端の曲げモーメントは、モーメントの反力と同じ値になる。

安定・不安定

　構造物は、変形の有無などによって、安定構造物や不安定構造物などに分類できます。

安定構造物：荷重や外力が作用しても、変形（移動や形状の崩れ）が生じない構造物。

不安定構造物：荷重や外力が作用すると、移動したり形状が崩れてしまう構造物。

静定構造物：安定構造物で、作用する荷重や外力に対して、力のつり合い条件により、すべての反力・応力が求められる構造物。

不静定構造物：力のつり合い条件だけでは、すべての反力・応力が求めることができない構造物。

　安定・不安定・静定・不静定は、一般に次の式によって判別します。

$$m = n + s + r - 2k$$

$m < 0$：不安定

$m = 0$：安定で静定

$m > 0$：安定で不静定

m：不静定次数
n：支点反力数の合計
s：部材総数
r：剛接合された部材数
k：節点の総数

3-3　部材

断面一次モーメントや断面係数などを総称して、断面性能といいます。

断面性能

断面一次モーメント	部材の断面に生じるせん断応力度を算定する場合に必要となる係数。
断面二次モーメント	曲げモーメントに対する部材の剛性（曲げにくさの指標）を表す場合に必要となる係数。同一の軸に対する断面二次モーメントは足し算や引き算ができる。
断面係数	曲げ強さを算定するために用いる係数。
断面二次半径	細長い部材が圧縮力を受けた時の細長比を計算するときに用いる係数。

長方形断面

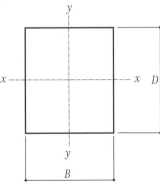

⊙長方形断面の図心を通る軸に対する断面係数 Z の求め方

$$Z_x = \frac{BD^2}{6} \qquad Z_y = \frac{B^2D}{6}$$

⊙長方形断面の図心を通る軸に対する断面二次モーメント I の求め方

$$I_x = \frac{BD^3}{12} \qquad I_y = \frac{B^3D}{12}$$

応力度、ひずみ

部材内部では外力の作用による変形に対して、もとに戻ろうとする力（内力・応力）が生じます。単位面積当たりについて定量的に表した応力を応力度といいます。

軸方向力や曲げモーメントによる応力度は、次の式で求められます。

⦿軸方向力による応力度の求め方

$$\sigma = \frac{N}{A}$$

σ：垂直応力度
N：軸方向力
A：断面積

⦿曲げモーメントによる応力度の求め方

$$\sigma = \frac{M}{Z}$$

σ：垂直応力度
M：曲げモーメント
Z：断面係数

部材に力がかかると、部材は伸びる、または縮むなどといった変形を起こします。部材のもとの長さ（L）に対する変形量（⊿l：ひずみ）の割合をひずみ度（ε）といい、次の式で求められます。

$$\varepsilon = \frac{\varDelta l}{L}$$

また、ひずみが生じる要因となった力を取り除くと、部材がもとの形に戻る性質を弾性といい、力を取り除いてももとの形に戻らない（ひずみが残る）ことを塑性といいます。弾性体では応力度（σ）とひずみ度（ε）は比例関係にあり、この比例定数をヤング係数（弾性係数）Eといいます。ヤング係数は、次の式で求められます。

$$E = \frac{\sigma}{\varepsilon}$$

ヤング係数は部材によって異なるよ。ヤング係数の数値が大きいほど変形しにくい部材といえるんだ。

⊙ひずみに関する用語

ポアソン比：物体の1軸方向に外力が作用するとき、その軸方向の応力によって生じる伸びのひずみとその直角方向に収縮するひずみとの比をポアソン比という。

クリープ：　一定の大きさの持続荷重によってひずみが時間とともに増大する現象をクリープという。

弾性：　　応力とひずみが正比例する性質を弾性という。

弾性体：　弾性をもつ材料を弾性体という。弾性体は外力を取り除くともとの形に戻る。

弾性域：　応力度―ひずみ度曲線において、力を取り去ると伸びがもとに戻り0となる弾性限度を超えない範囲を弾性域という。

応力度―ひずみ度曲線

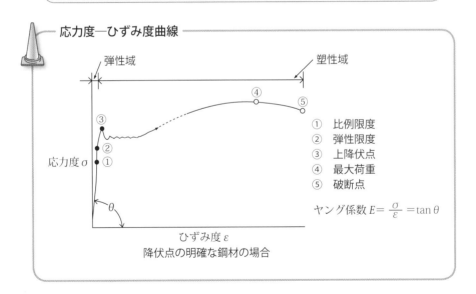

① 比例限度
② 弾性限度
③ 上降伏点
④ 最大荷重
⑤ 破断点

ヤング係数 $E = \dfrac{\sigma}{\varepsilon} = \tan\theta$

弾性域　塑性域

応力度 σ

ひずみ度 ε

降伏点の明確な鋼材の場合

たわみ、座屈

梁に荷重が作用すると、梁は湾曲し、そのときの変位量をたわみ（δ）といいます。梁のたわみは、荷重（集中荷重 P または等分布荷重 W）とスパン（l）の3乗または4乗に比例し、ヤング係数（E）と断面二次モーメント（I）に反比例します。

主な梁のたわみ

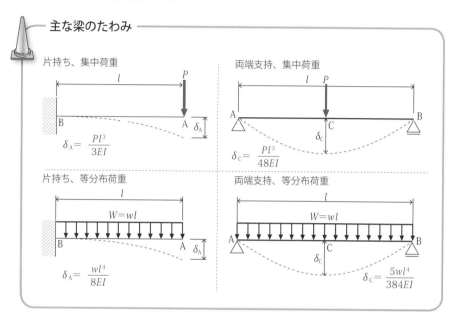

片持ち、集中荷重

$$\delta_A = \frac{Pl^3}{3EI}$$

両端支持、集中荷重

$$\delta_C = \frac{Pl^3}{48EI}$$

片持ち、等分布荷重

$$W = wl$$

$$\delta_A = \frac{wl^4}{8EI}$$

両端支持、等分布荷重

$$W = wl$$

$$\delta_C = \frac{5wl^4}{384EI}$$

座屈とは、細長い材や薄い材に、材軸と平行に力をかけた場合、その力が限界を超えると、材が急に曲がることをいいます。そのときの荷重を座屈荷重（P_k）といい、次の式で求められます。なお、座屈長さは、材端の移動に対する条件などにより異なります。

$$P_k = \frac{\pi^2 EI}{l_k^2} \quad (E：ヤング係数、I：断面二次モーメント、l_k：座屈長さ)$$

$$\sigma_k = \frac{P_k}{A} = \frac{\pi^2 EI}{l_k^2 A} = \frac{\pi^2 E}{\lambda^2}$$

$$\left(\begin{array}{l} \sigma_k：座屈応力度 \\ A \quad：断面積 \\ \lambda \quad：細長比 = l_k / i \\ i \quad：断面二次半径 = \sqrt{I/A} \end{array}\right)$$

座屈長さ

水平移動条件	拘束			自由	
回転条件	両端自由	一端ピン 他端固定	両端固定	両端固定	一端ピン 他端固定
座屈形状	$l_k = l$	l_k	l_k		
座屈長さ l_k	l	$0.7l$	$0.5l$	l	$2l$

3 - 4　荷重・外力

　建築物の構造設計において考慮する荷重や外力には、固定荷重、積載荷重、積雪荷重、風圧力、地震力などがあります。

　これらの荷重や外力は、その力の加わる方向によって、鉛直荷重（固定荷重、積載荷重、積雪荷重）と、水平荷重（風圧力、地震力）に区分されます。

固定荷重

　固定荷重は、建築物を構成する構造部材や仕上げ材等の建築物自体の重量や、常時建築物上に固定されている物体の重量による荷重をいいます。

　固定荷重＝建築物各部の体積×各部の材料の単位体積質量×重力加速度

積載荷重

　積載荷重は、人や、移動が困難ではない家具・調度・物品等の重量による荷重をいいます。積載荷重は、部位により荷重の集中度が異なるため、構造計算の対象ごとに異なる数値が決められています。また、柱または基礎の圧縮力を計算する場合には、支える床の数に応じて低減することができます。

積雪荷重

　積雪荷重は、積雪の単位荷重に屋根の水平投影面積及びその地方における垂直積雪量を乗じて求めます。

　雪下ろしを行う慣習がある地方では、積雪荷重を低減することができます。

積雪荷重のポイント

①積雪単位荷重は、多雪区域の指定のない区域においては、積雪量1cmにつき20N/m^{2}以上とする。

②積雪荷重は、その勾配が60度以下の場合は勾配に応じて低減し、勾配が60度を超える場合は0とすることができる（屋根に雪止めがある場合を除く）。

③雪下ろしを行う慣習のある地域では、積雪荷重を低減することができる。

④多雪区域における地震力の算定に用いる荷重は、建築物の固定荷重と積載荷重の和に積雪荷重を加えた荷重となる。

風圧力

　風圧力は、速度圧に風力係数を乗じて求めます。風圧力は、地震力と同時に作用しないものとして計算します。

　風力係数は、建築物の断面及び平面の形状に応じて定められた数値とするか、風洞実験によって定めます。また、建築物を風の方向に対して有効にさえぎる防風林がある場合は、その方向における速度圧を1/2まで減らすことができます。

地震力

　地震力は、建築物の弾性域における固有周期及び地盤の種類に応じて算定します。

　地上階における地震力は、算定しようとする階の支える荷重に、その階の地震層せん断力係数を乗じて計算し、地震層せん断力係数は、上階になるほど大きくなります。

　また、地震力は、建築物の固定荷重または積載荷重を減ずると小さくなります。

　多雪区域における地震力の算定に用いる荷重は、建築物の固定荷重と積載荷重の和に積雪荷重を加えたものとします。

固有周期とは、建築物が最も大きく揺れたときの周期のことをいうよ。周期は、振動によって同じ状態を繰り返すのに要する時間だよ。

頻出項目をチェック！

| チェック◎ 1 | 固定荷重は、建築物各部自体の体積にその部分の材料の<u>単位体積質量</u>及び重力加速度を乗じて計算する。 |

積雪荷重は、積雪の単位荷重に屋根の<u>水平投影面積</u>及びその地方の<u>垂直積雪量</u>を乗じて計算する。

 こんな選択肢に注意！

弾性体の応力度σとひずみ度εとの比（σ/ε）を~~ポアソン比~~という。

弾性体の応力度σとひずみ度εとの比（σ/ε）を<u>ヤング係数</u>という。

風圧力は、地震力と同時に作用~~する~~ものとして計算する。

風圧力は、地震力と同時に作用<u>しない</u>ものとして計算する。

多雪区域における地震力の算定に用いる荷重は、建築物の固定荷重と積載荷重の和に~~積雪荷重の1/2~~を加えたものとする。

多雪区域における地震力の算定に用いる荷重は、建築物の固定荷重と積載荷重の和に<u>積雪荷重</u>を加えたものとする。

建築材料

ここが Point !

重要度 ★★★

建築材料として使用される、木材、コンクリート、金属、石材など
の性質、特徴、用途を押さえましょう。

4-1 木材

　木材は建築材料として、古くから使用されています。木材におけるポイントとして、密度の高い木材ほど、含水率の変化による膨張や収縮が大きくなるという特徴があります。木材の熱伝導率は、密度が小さいほど小さくなり、また、含水率が低いほど小さくなります。含水率が同じ場合、密度の大きいものほど強度は大きくなることも、あわせて覚えておきましょう。

　木材において、水分によって性質に変化の起こる限界の含水率（およそ30％）の状態を繊維飽和点といい、繊維飽和点以下の場合、含水率が小さいほど木材の強度は大きくなりますが、繊維飽和点を超えると、含水率が変化しても強度はほぼ一定となります。

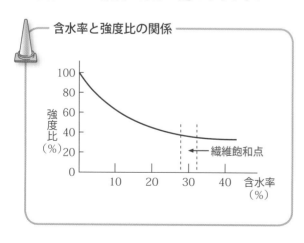

含水率と強度比の関係

強度比（％）

繊維飽和点

含水率（％）

　また、木材において、大気中の湿度と平衡状態になった乾燥状態を気乾（き かん）状態といい、この場合の含水率は約15％です。木材の水分が完全になくなった状態は、絶乾（ぜっかん）状態といいます。

含水率と膨張収縮率の関係

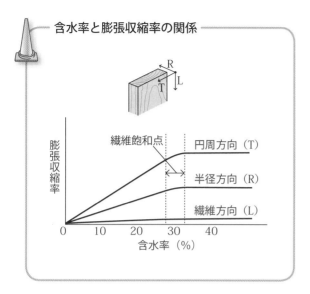

膨張収縮率

繊維飽和点

円周方向（T）

半径方向（R）

繊維方向（L）

0　　10　　20　　30　　40
含水率（%）

そのほか、木材の特徴として、木材の辺材部分は、心材部分に比べて水分が多いため、乾燥に伴う収縮が大きくなり、木材の心材部分は、辺材部分に比べて耐久性が高くなっています。また、繊維方向の圧縮強度は、繊維に直交する方向の圧縮強度より10倍程大きく、これは引張強度も同じです。

主な木質材料

名　称	説　明
合板	切削した単板3枚以上を主としてその繊維方向を互いにほぼ直角にして接着したもの。
集成材	ひき板、小角材等をその繊維方向を互いにほぼ平行にして、厚さ、幅及び長さの方向に集成接着したもの。
単板積層材	単板を繊維方向が平行になるように積層接着したもの。
直交集成板	ひき板または小角材をその繊維方向を互いにほぼ平行にして幅方向に並べ、または接着したものを、主としてその繊維方向を互いにほぼ直角にして積層接着し、3層以上の構造を持たせたもの。
パーティクルボード	木材などの小片を、接着剤を用いて熱圧成形したもの。
フローリングブロック	ひき板を2枚以上並べて接合したものを基材とした単層フローリング。
フローリングボード	1枚のひき板を基材とした単層フローリング。

4-2 セメント・コンクリート

セメント

　セメントは、風に当たるなどすると強度が下がる、つまり風化してしまうため、風通しのよい場所に保管してはいけません。

　セメントに関する用語として、セメントに水を加えてから、ある材齢までの一定期間に発生した熱量の総和のことを水和熱といいます。また、セメント1g当たりの粒子の全表面積のことを比表面積(ブレーン値)といい、セメント粒子の細かさを表します。この値が大きいほど、セメントの粒は細かいということになります。

コンクリート

　セメントに水と砂を混ぜたものをモルタルといい、コンクリートは、モルタルに砂利を加えたものをいいます。コンクリートはアルカリ性であるため、コンクリート中の鉄筋が錆びるのを防ぎ、また、コンクリートは不燃性ですが、高温で長い時間熱せられると変質して強度が低下するという特徴があります。

コンクリートの種類と特徴

種　類	特　性
早強ポルトランドセメントを用いたコンクリート	水和速度が速く、発熱も大きい。
中庸熱ポルトランドセメントを用いたコンクリート	水和の際の発熱を抑えられる。乾燥収縮は小さくなる。
高炉スラグの微粉末を混合して作られる高炉セメントB種を用いたコンクリート	化学抵抗性が大きくなる。
フライアッシュセメントを用いたコンクリート	フライアッシュがボールベアリングのような役目をし、ワーカビリティーがよくなる。そのため、長期強度が大きくなる。

> ワーカビリティーとは、コンクリートの材料分離を生じさせることなく、運搬や締固めなどの作業が容易にできる程度のことを指すよ。

　コンクリートの混和材料として、AE 剤はコンクリート中に気泡を発生させる混和剤のことで、ワーカビリティーの改善とともに、コンクリートの凍結融解作用に対する抵抗性を増す働きをします。AE 減水剤は所要のスランプを得るのに必要な単位水量を減少させるための混和剤のことで、単位水量とともに単位セメント量も減少させられます。

　また、骨材に含まれる反応性骨材が、コンクリート中のアルカリと反応して、コンクリート表面にひび割れや骨材のポップアウト現象を起こすことをアルカリ骨材反応といいます。アルカリ骨材反応の対策としては、安全な骨材や低アルカリ形セメントの使用や、高炉セメントB種、フライアッシュセメントB種など抑制効果のある混合セメントの使用、コンクリート中の総アルカリ量を（Na_2O 換算）$3.0kg/m^3$ 以下にすることなどがあげられます。

コンクリートの性質

①水セメント比を小さくするほど、コンクリートの中性化速度は遅くなり、耐久性がよくなる。

②単位水量の小さいコンクリートほど、乾燥収縮が小さく、単位水量の大きいコンクリートほどひび割れが起こりやすい。

③セメントの粉末が微細なほど、コンクリートの強度発現は速くなる。

④コンクリートの引張強度は、圧縮強度の 1/10 程度である。

⑤コンクリートのヤング係数は、コンクリート圧縮強度が大きいほど大きくなる。

⑥普通コンクリートの単位容積質量は、約 $2,300kg/m^3$ である。

⑦コンクリートの線膨張係数は、鉄筋とほぼ同じである。

⑧コンクリートは、大気中の炭酸ガスやその他の酸性物質の浸透によって徐々に中性化する。

⑨コンクリートは、不燃材料だが、長時間火熱を受けると変質する。

4 - 3　金属

鋼材には、鉄鋼材や一般構造用圧延鋼材などさまざまな種類があります。

鋼材の種類

種　類	特　性
SS 鋼（一般構造用圧延鋼材）	一般的な鋼材。
SM 鋼（溶接構造用圧延鋼材）	溶接に適した鋼材。
SN 鋼（建築構造用圧延鋼材）	SM 鋼をベースに建築構造専用として製造された鋼材。
STK 鋼（一般構造用炭素鋼鋼管）	構造用として規定されている炭素鋼鋼管。
STKR 鋼（一般構造用角形鋼管）	建築・土木用途での利用が想定された角形鋼管。
SSC 鋼（一般構造用軽量形鋼）	建築やその他の構造物に用いられる。
FR 鋼（耐火鋼）	モリブデン、バナジウム等の元素を添加することで耐火性を高めた鋼材。
ステンレス鋼	鉄とクロム、ニッケルとの合金。炭素量が増すと強度は増すが、耐食性は低下する。

鋼の性質

①鋼は弾性限度内であれば、引張荷重を取り除くと元の状態に戻る。

②鋼は熱処理によって、強度などの機械的性質を変化させることができる。

③鋼のヤング係数は、$2.05 \times 10^5 \mathrm{N/mm^2}$ で、常温では鋼材の強度にかかわらずほぼ一定である。

物体に外力を加えて変形させた後、その外力を除いたときに元の状態に戻る現象を弾性というよ。

　そのほか、鋼材に関する用語として、引張強さに対する降伏強度の比を降伏比といい、一般に降伏比の高い鋼材は、変形能力は小さくなります。

　また、炭素量が増えると、引張強さや硬さは高まり、伸びは減少します。一方、炭素量が増えると、もろくなり、溶接性も悪くなります。

　高温における性質としては、一般に鋼材の引張強さは、250 ～ 300℃で最大になり、それ以上の温度になると、引張強さは減少します。

　なお、耐候性を向上させるためには、銅やクロム、ニッケル、リン等を添加します。

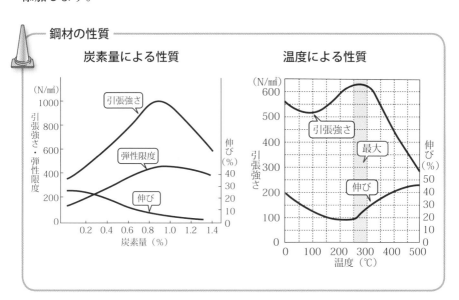

鋼材の性質

アルミニウム

　アルミニウムはサッシなどに用いられ、押出加工により複雑な断面形状が得られます。純アルミニウムは軟質のため、サッシなどに用いる場合にはマグネシウムやケイ素を加えたアルミニウム合金が使用されています。アルミニウムに関する数値として、アルミニウムのヤング係数は $0.7 \times 10^5 \text{N/mm}^2$ で、鉄鋼材の約 $\dfrac{1}{3}$ であり、アルミニウムの密度は 2.7g/cm^3 で、鉄鋼材の約 $\dfrac{1}{3}$ となっています。

その他の金属

名　称	特　徴	主な用途
銅	軟らかく加工性がよい。大気中で表面に緑青を生じるが内部への浸食は少ない。	屋根葺き材など
青銅（ブロンズ）	銅と錫を主体とした合金。通常は銅に錫を2～11％と亜鉛及び鉛を加える。	建築装飾金物など
丹銅（ブロンズ）	銅に5～20％の亜鉛を加えたもの。	建築装飾金物など
黄銅	銅に30～40％の亜鉛を加えたもの。真ちゅうとも呼ばれる。	建築装飾金物など
鉛	非鉄金属のなかでも比重が大きい。	遮音用材料やX線遮へい用材料など

4-4　セラミックタイル

　セラミックタイルとは、粘土またはその他の無機質原料を成形し、高温で焼成した、厚さ40mm未満の板状の不燃材料をいいます。

　日本産業規格（JIS）に規定するセラミックタイルには、平物と役物があり、それぞれ形状により定形タイルと不定形タイルに区分されます。

　また、成形方法による種類には、押出し成形とプレス成形があり、うわぐすりの有無による種類には、施ゆうと無ゆうがあります。

　タイルの裏面には、接着をよくするために裏あし（凹凸）を設けますが、セメントモルタルによる外壁タイル後張り工法で施工するタイルの裏あしの形状は、あり状とします。

タイルの主体をなす部分を素地といい、施ゆうタイルの場合は、表面のうわぐすりを除いた部分をいうんだ。

セラミックタイル

ユニットタイル

タイルの区分

吸水率による区分	吸水率（%）
Ⅰ類	3.0 以下
Ⅱ類	10.0 以下
Ⅲ類	50.0 以下

ユニットタイル
施工しやすいように多数個のタイルを並べて連結したもの。
表張りユニットタイル
多数個並べたタイルの表面に、表張り紙を張り付けて連結したもの。
裏連結ユニットタイル
多数個並べたタイルの裏面や側面を、ネットや台紙等の裏連結材で連結したもの。

4 - 5　建具

　日本産業規格（JIS）では、建具の性能項目として、以下のものが規定されています。

 建具の性能項目

性能項目	性能項目の意味
強さ	外力に耐える程度
耐風圧性	風圧力に耐える程度
耐衝撃性	衝撃力に耐える程度
気密性	空気のもれを防ぐ程度
水密性	風雨による建具室内側への水の浸入を防ぐ程度
遮音性	音を遮る程度
断熱性	熱の移動を抑える程度
遮熱性	日射熱を遮る程度
結露防止性	建具表面の結露の発生を防ぐ程度
防火性	火災時の延焼防止の程度

面内変形追随性	地震によって生じる面内変形に追随し得る程度
耐候性	構造、強度、表面状態などがある期間にわたり使用に耐え得る品質を保持している程度
形状安定性	環境の変化に対して形状寸法が変化しない程度
開閉力	開閉操作に必要な力の程度
開閉繰返し	開閉繰返しに耐え得る程度

　また、日本産業規格（JIS）には、それぞれの性能項目に対する試験項目とその測定項目も規定されています。

試験項目・測定項目

試験項目	測定項目
戸先かまち強さ試験	たわみ
ねじり強さ試験	変位
鉛直荷重強さ試験	変位
耐風圧性試験	変位・たわみ
耐衝撃性試験	形状変化
気密性試験	通気量
水密性試験	漏水
遮音性試験	音響透過損失
断熱性試験	熱貫流率
日射熱取得率試験	日射熱取得率
結露防止性試験	温度低下率、結露状況
防火性試験	変化
面内変形追随性試験	操作トルク、操作力・開放力
耐候性試験	変化
温湿度試験	形状変化

開閉力試験	開閉力
開閉繰返し試験	変化、変位、開閉力

4 - 6　防水材料

　防水には、ルーフィング（防水のために用いられるシート状のもの）を用いる方法や、塗膜防水を用いる方法などがあります。

アスファルト防水

　アスファルト防水とは、アスファルトをしみ込ませたルーフィングなどを用いて行う防水のことをいい、主に次のルーフィングを使用します。

①アスファルトフェルト

　有機天然繊維を主原料とした原紙にアスファルトを浸透させたもの。

②アスファルトルーフィング

　有機天然繊維を主原料とした原紙にアスファルトを浸透、被覆し、表裏両面に鉱物質粉末を付着させたもの。

③砂付アスファルトルーフィング

　原反にアスファルトを浸透、被覆し、表面の片側 100 mm を除いた表裏面に鉱物質粒子を密着させ、残りの表裏面に鉱物質粉末を付着させたもの。保護コンクリートのない屋根のアスファルト防水の最上層に、仕上げ張りとして用いられる。

④網状アスファルトルーフィング

　天然（綿、麻）または合成繊維で作られた粗布にアスファルトを浸透、付着させたもの。

⑤あなあきアスファルトルーフィング

　全面に穴をあけたもの。防水層と下地を絶縁するために用いる。

⑥ストレッチルーフィング

　伸びやすい合成繊維不織布原反にアスファルトを浸透、被覆し、表裏両面に鉱物質粉末を付着させたもの。破断しにくい。

⑦アスファルトプライマー

　下地とアスファルトとの接着効果を高める下地処理剤をいう。

シート防水

シート防水は、シート状の防水材を下地に接着して行う防水のことをいいます。

①合成高分子系ルーフィングシート

合成樹脂を主原料としたルーフィングシートで、シート防水に用いられる。非歩行用や軽歩行用のものがある。

②ゴムシート防水

加硫ゴムを用いたルーフィングシートのことで、伸縮性がある。

③塩化ビニルシート防水

塩化ビニル樹脂に可塑剤、充填剤などを添加して成形したルーフィングシートのことで、シート同士の接着は溶着や熱融着で行う。

④ステンレスシート防水

ステンレスシートまたはチタンシートを用いる。耐食性や耐久性に優れている。

塗膜防水

塗膜防水は、屋根用塗膜防水材を塗り重ねて防水処理を施す防水のことをいいます。使用材料には、ウレタンゴム系、ゴムアスファルト系、FRP系等があります。

①通気緩衝シート

塗膜防水層の破断やふくれの発生を軽減するために用いる。

②1成分形ウレタンゴム防水材

空気中の水分と反応して硬化し、ゴム弾性のある塗膜を形成する。

③2成分形ウレタンゴム防水材

施工直前に、主剤と硬化剤の2つの成分に、必要に応じて効果促進剤、充填剤などを混ぜて用いる。

シーリング材

建築材料の隙間や目地を充填し、気密性、防水性などを高める材料のことをシーリング材といいます。

①不定形シーリング材

ペースト状の材料で、あらかじめ施工に用いる状態に調整する1成分

シーリング材と、施工直前に基剤と硬化剤を練り混ぜて使用する2成分シーリング材がある。

②定形シーリング材

あらかじめ施工に用いるように成形されている。ガスケットともいう。

③ポリサルファイド系シーリング材

表面の塗装等の仕上材を変色させるおそれがある。

④ポリウレタン系シーリング材

施工時、気温や湿度が高いと炭酸ガスの発生による発泡のおそれがある。ガラス面には用いない。

⑤シリコーン系シーリング材

耐候性、耐熱性、耐寒性に優れている。

⑥変成シリコーン系シーリング材

耐熱性、耐寒性に優れているが、ガラス越しの耐光接着性は劣る。

⑦エマルションタイプアクリル系シーリング材

0℃以下での施工は避ける。

⑧アクリルウレタン系シーリング材

表面にタックが残ることがある。

シーリング材は用途により区分され、グレイジング（ガラスを固定すること）用のタイプG、グレイジング以外に用いるタイプFに分類できるよ。

そのほか、シーリング材に関する用語として、被着面とシーリング材との接着を強めるために塗る材料をプライマーといい、試験片に伸びを与えた時の引張応力のことをモジュラスといいます。また、風雨などによって生じたシーリング材表面のひび割れのことをクレージングといいます。

ポリウレタン系シーリング材や変成シリコーン系シーリング材は、ガラスには適さないんだね。

4 - 7 　内装材料

内装材料には、せっこうボードや木質ボードなどが用いられます。

せっこうボード

特殊なせっこうボードは、次の3つです。

①シージングせっこうボード

両面の紙と心材のせっこうに防水処理を施したもの。湿気の多い場所に用いられる。

②強化せっこうボード

心材にガラス繊維を混入して、火災時のひび割れなどを小さくするもの。防火壁などに用いられる。

③構造用せっこうボード

強化せっこうボードの性能を満たし、かつ、釘側面抵抗を強化したもの。耐力壁用の面材などに用いられる。

木質ボード

木質ボードには、主に合板が用いられます。

合板とは、単板3枚以上を、互いに繊維方向が直交するようにあわせたものをいい、ベニヤとも呼ばれています。合板は1類と2類に分類されており、2類よりも1類のほうが耐水性に優れています。

そのほかの木質ボード

名　　称	特　　徴
パーティクルボード	砕いた木材の小片を接着剤と混合し、板状に成形熱圧したもの。断熱性や遮音性に優れている。
インシュレーションボード	主に植物繊維を成形したもの。断熱性に優れ、畳床や外壁下地に用いられる。
木毛セメント板	木毛セメント板は、比較的防火性能が高く、吸音用にも用いられる。

吸音材として用いられるものには、ロックウール化粧吸音板があるよ。

繊維強化セメント板

繊維強化セメント板には、フレキシブル板、けい酸カルシウム板などがあります。

①フレキシブル板

セメント、石綿以外の繊維、混和材料を原料として高圧プレスをかけたもの。不燃材であり、強度が高く、可とう性がある。

②けい酸カルシウム板

石灰質原料、けい酸質原料、石綿以外の繊維、混和材料を原料として高温高圧蒸気養生をしたもの。不燃材であり、品質の安定性や加工性に優れている。

床材

床材には、ビニル系床材やカーペット、合成樹脂塗床材^{ぬりゆかざい}などが用いられます。

ビニル系床材として、ビニル床タイルは、バインダーの含有量によりホモジニアスビニル床タイル（バインダー含有量30％以上）とコンポジションビニル床タイル（バインダー含有量30％未満）に区分されます。

また、ビニル床シートは耐薬品性、耐摩耗性、耐水性に優れますが、熱には弱いという特徴があります。

カーペットは、主に次のように分類できます。

カーペットの分類

名　称	特　徴
だんつう	麻や綿等の糸にパイル糸を絡ませ、長さをそろえながら織る高級な手織りの敷物。
ウイルトンカーペット	基布とパイルを同時に機械で織る敷物。

タフテッドカーペット	基布にミシン針によってパイルを植え付け、基布の裏面から固着剤でパイルを固定した機械刺しゅう敷物。
コードカーペット	パイルなどをうね状に並べて基布に接着固定した敷物。
タイルカーペット	正方形に加工し、パッキング材で裏打ちしたタイル状の敷物。
ニードルパンチカーペット	目の粗い基布をシート状の繊維で挟み、両面の繊維を絡ませた敷物。

 タフテッドカーペットは刺しゅうカーペット、コードカーペットは接着カーペットだよ。

合成樹脂塗床材、フローリング

　床材における合成樹脂には、主にウレタンやポリエステル、エポキシやアクリルなどが用いられます。

　ウレタン樹脂系塗り床材は弾力性、衝撃性、耐摩耗性に優れており、ポリエステル樹脂系塗り床材は速硬化性、耐酸性に優れています。

　エポキシ樹脂系塗り床材は耐薬品性に優れており、アクリル樹脂系塗り床材は速乾性、耐候性に優れています。

　フローリングには単層フローリングと複層フローリングがあります。フローリングブロックは、複数のひき板を並べた単層フローリングで、フローリングボードは、1枚のひき板を基材とした単層フローリングです。

 頻出項目をチェック！

チェック◎ 1	単位水量が大きくなると、コンクリートの乾燥収縮が大きくなる。

単位セメント量や単位水量が過大になると、ひび割れが生じやすくなる。

チェック◎ 2

鋼は弹性限度内であれば、引張荷重を取り除くと元の状態に戻る。

鋼の引張強さは、250 ～ 300℃程度で最大となり、それ以上の高温になると急激に低下する。

チェック◎ 3

アスファルトプライマーは、下地と防水層の接着性を向上させるために用いられる。

あなあきアスファルトルーフィングは、下地と防水層を絶縁するために用いられる。

こんな選択肢に注意！

集成材は、ひき板や小角材などを繊維方向が互いに~~直角~~となるように集成接着したものである。

集成材は、ひき板や小角材などを繊維方向が互いに**平行**となるように集成接着したものである。

セメントの粉末が微細なほど、コンクリートの強度発現は~~遅く~~なる。

セメントの粉末が微細なほど、コンクリートの強度発現は**速く**なる。

アスファルトルーフィングは、有機天然繊維を主原料とした原紙にアスファルトを浸透、被覆し、~~表面側のみ~~に鉱物質粒子を付着させたものである。

アスファルトルーフィングは、有機天然繊維を主原料とした原紙にアスファルトを浸透、被覆し、**表裏両面**に鉱物質粒子を付着させたものである。

問 題

問題 01

採光及び照明に関する記述として、**最も不適当なもの**はどれか。

1　照度は、光源の明るさを表す量である。
2　昼光率は、室内のある点での天空光による照度と、屋外の全天空照度との比率である。
3　タスク・アンビエント照明は、全般照明と局部照明を併せて行う方式である。
4　均斉度は、作業面の最低照度の最高照度に対する比である。

➡ Lesson 01

問題 02

色に関する記述として、**最も不適当なもの**はどれか。

1　色の温度感覚には、暖色や寒色と、それらに属さない中性色がある。
2　実際の位置よりも遠くに見える色を後退色、近くに見える色を進出色という。
3　色の膨張や収縮の感覚は、一般に明度が低いほど膨張して見える。
4　同じ色でもその面積が大きいほど、明るく、鮮やかさが増して見える。

➡ Lesson 01

問題 03

音に関する記述として、**最も不適当なもの**はどれか。

1　講演を主とする室の最適残響時間は、音楽ホールに比べて短い。
2　遮音による騒音防止の効果を上げるには、壁や窓などの透過損失の値

を高める。
3 室容積が同じ場合、室内の総吸音力が大きくなると、残響時間は長くなる。
4 人の耳で聞きとれる音の周波数は、一般に 20 ～ 20,000 Hz といわれている。

➡ Lesson 01

問題 04

木造在来軸組構法に関する記述として、**最も不適当なもの**はどれか。

1 胴差は、垂木を直接受けて屋根荷重を柱に伝えるために用いられる。
2 3 階建の 1 階の柱の断面は、原則として、小径 13.5 cm 以上とする。
3 真壁は、壁を柱と柱の間に納め、柱が外面に現れる壁をいう。
4 柱の有効細長比は、150 以下としなければならない。

➡ Lesson 02

問題 05

鉄骨構造の接合に関する記述として、**最も不適当なもの**はどれか。

1 部分溶込み溶接は、溶接線を軸とする曲げを受ける場合は使用できない。
2 隅肉溶接の有効長さは、隅肉溶接の始端から終端までの長さである。
3 普通ボルト接合を用いる場合には、建築物の延べ面積、軒の高さ、張り間について制限がある。
4 高力ボルト摩擦接合は、高力ボルトで継手部材を締め付け、部材間に生じる摩擦力によって応力を伝達する接合法である。

➡ Lesson 02

問題 01 **正答** 1

　照度とは、受照面に入射される光束の量のことで、光源ではなく受照面の明るさを表す指標である。

➡ 間違えた人は、Lesson 01 を復習しよう。

問題 02 **正答** 3

　明度が低い、暗い色ほど実際よりも収縮して見え、明度が高い、明るい色ほど膨張して見える。

➡ 間違えた人は、Lesson 01 を復習しよう。

問題 03 **正答** 3

　残響時間は室容積に比例し、室内の総吸音力に反比例するため、室容積が同じ場合、総吸音力が大きくなれば残響時間は短くなる。

➡ 間違えた人は、Lesson 01 を復習しよう。

問題 04 **正答** 1

　胴差は、2階以上の床を構成する、柱をつなぐ横架材である。垂木を受けるのは桁である。

➡ 間違えた人は、Lesson 02 を復習しよう。

問題 05 **正答** 2

　隅肉溶接の有効長さは溶接全長から隅肉サイズの2倍を控除する。

➡ 間違えた人は、Lesson 02 を復習しよう。

いちばんわかりやすい！
2級建築施工管理技術検定 合格テキスト

2章 建築基礎

（試験科目：建築学等）

① 躯体、仕上げとは

建築工事において、主要構造部分を形成する工事などのことを総称して躯体施工(くたい)といい、躯体施工には、土工事、鉄筋工事、コンクリート工事などが含まれます。

一方、建築物の内装や外装、防水に関する工事などのことを総称して仕上施工といい、仕上施工には、内装工事、外装工事、塗装工事、左官工事などが含まれます。

躯体施工については3章で、仕上施工については4章でそれぞれ取り上げますので、2章の「建築基礎」では、舗装、建築設備、測量、積算など、工事を行ううえで基礎となる業種の知識を学んでいきましょう。

② 外構工事

外構工事とは、建築物の周辺に関する工事のことで、舗装工事、排水工事などが含まれます。建築物においては、建築部分そのものだけでなく、柵や塀、垣根など、また、舗装、側溝、排水についても考慮しなくてはなりません。

例えば、ファミリー向けの一軒家ならば、周囲の家との境界線はどうするか、駐車スペースはどの程度の広さが必要か、庭がほしいならば造園についても検討し、また、そのための排水なども考える必要があります。このような、建築物の周辺に関する工事が外構工事なのです。

内装工事はインテリア工事、外構工事はエクステリア工事と呼ばれることもあるよ。

③ 舗装

　道路の耐久性を増すために、その表面をアスファルトなどで敷き固めることを舗装といいます。舗装では、長い年月にわたって使用できる安定性を得るために、適切な処理や使用する材料の選択が求められます。

　舗装は、1つの層で構成されているのではなく、表層、基層など複数の層で構成されていますので、それぞれの層の役割、各層に用いられる材料の特性などをしっかりと押さえましょう。

表層

基層

路盤

路床

④ 建築設備

　建築においては、排水、給水、消火、空調など、さまざまな設備を設置しなければなりません。いずれも建築物を使用するために欠かせない設備ですので、それぞれどのような種類があるのかや、施工についても学ぶ必要があります。

　試験における出題の傾向としては、それぞれの設備において広く問われますが、排水、給水、消火、電気設備などは、問われる頻度も高くなっています。

> レッスン3で学ぶ測量も重要項目といえるよ。覚えることは多いけれど、しっかり勉強しよう。

外構工事

ここがPoint!

重要度 ★★★

ひび割れ、排水、滑り止めなど、舗装には何が求められるのか、舗装に用いる材料とあわせながら考えてみましょう。

1-1 舗装

　舗装は一般に、路床の上に築造し、表層、基層、路盤（上層路盤、下層路盤）で構成されています。

　まず、路床は、現地盤の土をそのまま十分に締め固めますが、路床が軟弱な場合は、良質土に置き換える、または、安定処理を行うなどして対応します。安定処理を行う際は、砂質土にはセメントが、シルト質土や粘性土には石灰がよく用いられます。路床土が軟弱な場合には、軟弱な路床土が路盤中に侵入してくる現象（ポンピング）を防ぐための遮断層（厚さ150mm程度）を設ける必要があります。

　路盤は、舗装路面にかかる荷重を分散させて路床に伝えるもので、上層路盤には粒度調整砕石（2種以上の砕石、砂等を混合させた砕石）などの支持力の高い材料を、下層路盤にはクラッシャラン（岩石、玉石等をクラッシャで割った砕石）など、安価で比較的支持力の低い材料を使用します。

　また、路床や路盤においては、その支持力を表す指標であるCBR（California Bearing Ratio）を求める場合があります。CBRを求める試験をCBR試験といい、これで求められた数値が大きいほど路床、路盤は硬いことになります。

　また、舗装の厚さを決めるときに用いる路床材のCBRのことを設計CBRといい、数値が小さいほど舗装の総厚は厚くしなければなりません。

現場締固め条件に合わせて求めた砕石、砂利、スラグなどの粒状路盤材の CBR のことを修正 CBR といい、修正 CBR は路盤材料や盛土材料の品質基準を表します。

アスファルト舗装

アスファルト舗装の骨材には、主に砕石、砂、再生骨材、フィラー等が用いられます。アスファルト舗装では、表層や基層などの間に、それぞれプライムコート、タックコート、シールコートなどを散布します。

プライムコートは、路盤の上に散布するもので、路盤の仕上り面を保護し、アスファルト混合物との接着をよくする役割を果たします。タックコートは、アスファルト混合物からなり、基層と表層との接着をよくします。シールコートは、舗装面にアスファルト乳剤を散布するもので、表層の水密性の増加、劣化防止、ひび割れ防止、滑り止め等の効果があります。

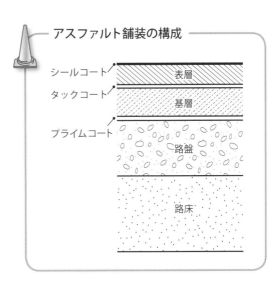

アスファルト舗装の構成

シールコート — 表層
タックコート — 基層
プライムコート — 路盤
路床

●アスファルト舗装の構成

アスファルト舗装において、施工時の気温が 5℃以下の場合は、原則として施工を行わない。また、舗装における温度に関して、アスファルト混合物等の敷き均し時の温度は 110℃以上とし、アスファルト舗装の舗装終了後の交通開放は、舗装表面の温度が 50℃以下になってから行う。

アスファルトの硬さは、針入度試験によって調べることができ、数値が大きいほど柔らかいアスファルトである。舗装用のストレートアスファルトは、一般地域では針入度 60 〜 80 のものを使用する。

●そのほかの舗装

コンクリート舗装：コンクリートを用いる舗装で、一般に目地を設ける。なお、コンクリート舗装に用いるコンクリートのスランプは、一般の建築物に用いるものより小さくする。

透水性アスファルト舗装：路面の水を路盤より下に浸透させる舗装のことをいう。

排水性アスファルト舗装：透水性のある表層の下に不透水層を設けて、雨水を路肩や路側に排水する舗装のことをいう。

1-2 屋外排水

屋外排水においては、排水管、そして、管の詰まりが生じやすい箇所などに点検や清掃のため設ける排水桝に関するポイントが重要になります。

●排水管のポイント

①構内舗装道路下の排水管には、遠心力鉄筋コンクリート管の外圧管を用いる。

②遠心力鉄筋コンクリート管の継手は、ソケット継手として、止水にゴム輪を用いる。

③遠心力鉄筋コンクリート管のソケットは、受口を上流に向けて水下から敷設する。

④地中埋設排水管の勾配は、原則として 1/100 以上とする。

⑤排水管を給水管と平行にして埋設する場合は、原則として両配管の間隔を 500mm 以上とし、排水管は給水管の下方に設置する。

⑥硬質塩化ビニル管をコンクリート桝に接合する部分には、砂付き短管を用いる。

●排水桝のポイント

①管渠の排水方向が変わる箇所や管渠の合流箇所には、排水桝またはマンホールを設ける。

②地中埋設排水管の汚水桝の底部には、固形物が停滞しないように、下面が半円形状のインバートを設ける。

③地中埋設排水管の直線部の桝またはマンホールは、埋設管の内径の120倍以内ごとに設置する。

④雨水用排水桝及びマンホールの底部には、排水管等に泥が詰まらないように深さ150mm以上の泥だめを設ける。

頻出項目をチェック！

チェック◎ 1　路床は、地盤が軟弱な場合を除いて、<u>現地盤の土</u>をそのまま十分に締め固める。

路床が軟弱な場合は、<u>良質土</u>に置き換える、または、<u>安定処理</u>を行うなどして対応する。

チェック○ 2　アスファルト舗装の表層から路盤までの厚さは、路床土の設計CBRの値が<u>大きい</u>ほど薄くできる。

CBRを求める試験を<u>CBR試験</u>といい、これで求められた数値が大きいほど路床、路盤は<u>硬い</u>ことになる。

　こんな選択肢に注意！　

プライムコートは、~~路床~~の仕上がり面を保護し、~~路床~~と~~路盤~~との接着性を向上させる役割を持っている。

プライムコートは、<u>路盤</u>の仕上がり面を保護し、<u>路盤</u>と<u>基層</u>との接着性を向上させる役割を持っている。

建築設備

レッスン 02

ここが Point !

重要度 ★★★

給水方式、空調方式、電気方式などにおいて、各方式の違いを知りましょう。特徴を丸覚えするだけでなく、仕組みも理解しましょう。

2 - 1 給排水衛生設備

給水設備

建築において衛生的に給水を行うため、その施設や用途にあわせて、さまざまな給水方式が用いられています。

給水方式

給水方式	概　要	特　徴
水道直結直圧方式	水道本管から直接給水管を引き込み、水道の圧力を利用して給水する方式。	圧力が小さく、戸建て住宅や小規模建築に適している。
水道直結増圧方式	水道本管の水圧を増圧ポンプで高めて給水する方式。	中規模建築に用いられることが多く、受水槽が不要。
圧力タンク方式	受水槽の水道水を給水ポンプで圧力タンクに送り、コンプレッサーで空気を圧縮しその圧力で給水する方式。	高置タンクを設けることが難しい施設などに用いられる。
高置タンク方式	受水槽の水道水を揚水ポンプにより高置タンクに揚水し、重力により給水する方式。	大規模共同住宅に適しており、断水時に水槽内に残存する水が利用できる。
ポンプ直送方式	受水槽の水道水を加圧給水ポンプで連続運転し、給水する方式。	共同住宅に用いられることが多く、高置タンクが不要。

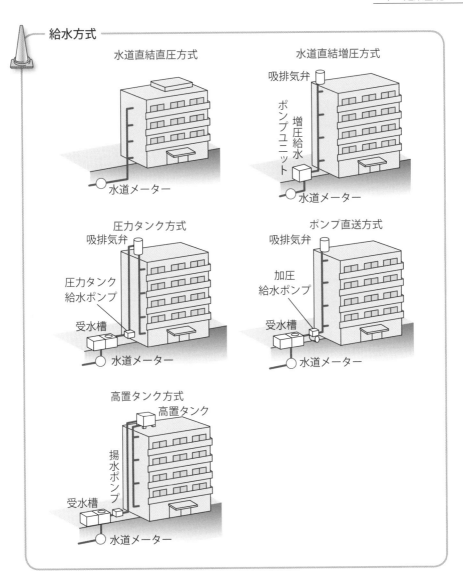

給水方式

水道直結直圧方式

水道メーター

水道直結増圧方式

吸排気弁

ポンプユニット

増圧給水

水道メーター

圧力タンク方式

吸排気弁

圧力タンク
給水ポンプ

受水槽

水道メーター

ポンプ直送方式

吸排気弁

加圧
給水ポンプ

受水槽

水道メーター

高置タンク方式

高置タンク

揚水ポンプ

受水槽

水道メーター

　給水設備には、給水タンクが多く用いられます。給水タンクの容量は、1日の予想給水量をもとに、給水能力や使用時間などを考慮して決められます。飲料水用の給水タンクの天井、底、周壁は、建築物の構造体と兼用してはならず、また、内部点検用マンホールの内法直径は600mm以上としなくてはなりません。

水を貯めるものである受水槽は、原則として六面点検を行うため、周囲に 600mm 以上のスペースを確保する必要があります。

●給水設備に関する用語

ウォーターハンマー：水道管の圧力の急激な変動によって起こる騒音や振動などの現象をいい、配管の破損・漏水の原因となる。

クロスコネクション：上水の給水・給湯系統等が、配管等により直接接続されることをいい、飲料水にそれ以外の水が混ざる可能性があるため禁止されている。

バキュームブレーカー：逆流防止を目的とし、給水管内に生じた負圧に対して自動的に空気を補充する装置のことをいう。

ウォーターハンマーを防ぐ対策としては、配管を太くし、流速を遅くすることなどがあげられるよ。

排水設備

　排水は、大きく分けて、汚水、雑排水（汚水以外の排水で、洗面器、流し、浴槽などからの排水）、雨水に分類することができます。

　屋内に設ける排水管の配管勾配は、次ページのように定められており、排水管の排水口から悪臭や害虫が室内に入るのを防ぐために設けるものを排水トラップといいます。排水トラップの封水深さは、一般に 50mm 以上 100mm 以下とし、通気を阻害するため、同一排水系統に 2 個以上のトラップ（二重トラップ）を直列に設けてはいけません。また、排水トラップの封水切れを防ぐため、また、排水管の水が円滑に流れるようにするために、通気管を設けます。

　そのほか、飲料水用の給水タンク等の水抜き管は、逆流等を防止するため間接排水とし、雨水排水立て管は、汚水排水管や通気管と兼用してはならず、また、これらの管に連結してはいけません。

排水設備

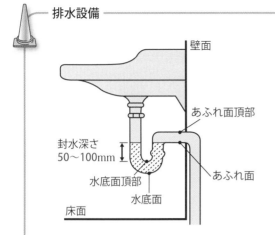

排水管の配管勾配

管径（mm）	勾配
65 以下	1/50 以上
75〜100	1/100 以上
125	1/150 以上
150 以上	1/200 以上

2 - 2　空調設備

　空調設備は、用途に適した室内環境にするために使用され、主に次の方式が用いられています。

空調の分類

空調方式	仕組み
単一ダクト方式	給気の温度・湿度を制御し、1 本のダクトで送風する方式。
二重ダクト方式	冷風と温風を 2 系統のダクトで送風し、各部屋の熱負荷に応じて混合して吹出す方式。別々の部屋で同時に冷房と暖房を行うことができる。
ファンコイルユニット方式	冷水と温水を各部屋のファンコイルユニットに送り、送風する方式。ユニットごとの温度調節が容易。
パッケージユニット方式	冷凍機、ファン、エアフィルター等を内蔵したパッケージ型空調機で階ごとに空調を行う方式。個別制御が可能。

このなかで、単一ダクトはさらに、各部屋に常時一定風量で送風する CAV（定風量）方式、部屋の熱負荷の変動に応じて送風量を調整する VAV（変風量）方式に分類できます。また、ファンコイルユニット方式は、コイルが1つしかなく、暖房機、冷房機で冷温水を切り替えて使用する2管式と、冷水コイルと温水コイルがあり、室内環境の制御性に優れているため、冷房と暖房を1日の間で切り替える部屋などに用いる4管式に分類できます。

2-3　電気設備

　まず、電気設備は電圧によって、低圧、高圧、特別高圧に分類できます。そして、用途によって適した電気方式を採用します。

電圧の種別

	低　圧	高　圧	特別高圧
直流	750V 以下	750V を超え 7,000V 以下	7,000V を超えるもの
交流	600V 以下	600V を超え 7,000V 以下	

電気方式と主な用途

電気方式		主な用途	
単相2線式	100V	負荷が小容量の回路	白熱灯、蛍光灯、コンセント等
	200V		単相電動機、大型電熱器等
単相3線式	100V	住宅、ビルなど電力使用量の大きい回路	電灯、コンセント等
	200V		エアコン、IH クッキングヒーター等
三相3線式	200V	一般低圧電動機、大型電熱器などの回路	大型空調機、ポンプ、昇降機等
三相4線式	240V/415V	大規模な建築で負荷が大きい回路	

一般の家庭などに供給されているのは「単相」ですね。

そのとおり。工場など規模の大きな施設では「三相」が用いられるよ。

主な電気設備

　配線、ケーブル、ダクトなど、電気設備にはさまざまなものが用いられます。それぞれの用途や、配線を行う際の規定などを押さえましょう。

主な電気設備

名　称	用　途
電線	電気を通すもので、一般に、導体が絶縁体である保護被覆に覆われている。
ケーブル	電気を通すもので、一般に、導体に絶縁を施した絶縁電線にシース（保護外被覆）を施している。
ケーブルラック	電気を通すケーブル等を配線する設備をいう。
幹線	受電設備などの配電盤から分電盤や制御盤までの配線のことをいう。
分電盤	幹線と分岐回路を接続するもので、容易に点検できる位置に設ける。
可とう電線管	曲げることが容易で、配線工事において屈曲部などに用いられる。
キュービクル	変圧器、開閉器、遮断器などを金属製の箱内に収めた配電盤のことをいう。高圧受変電設備である。
バスダクト	床内に厚さ2mm以上の鋼板で作られたダクトで、電気容量の大きな幹線に使用される。
フロアダクト	コンクリート内に埋め込んで使用するダクトで、ビル等に使用される。
セルラダクト	床型枠用のデッキプレートに上面カバーか底板を取り付けて、フロアダクトとして利用するダクト。

主な構内電気設備の名称とその配線用図記号

蛍光灯	消防誘導灯（蛍光灯）	非常用照明（蛍光灯）
情報用アウトレット（LANケーブル端子）	コンセント	換気扇
配電盤	分電盤	制御盤
B	E	S
配線用遮断器	漏電遮断器	開閉器

照明設備

　照明は、明るさやランプ効率などを考慮して、使用する場所に適したものを選ぶ必要があります。ランプ効率とは、全光束（光源からすべての方向に発される光束のこと）を消費電力で割った値のことをいい、単位は[lm/W]です。

① Hf 蛍光ランプ

　高効率、長寿命でちらつきが少なく、事務所などで用いられる。

②白熱電球

　熱放射が多く温かみがある。瞬時点灯、連続調光が可能で、住宅や店舗で用いられる。

③ハロゲンランプ

　光色や演色性がよく集光性がある。広場のスポット照明やスタジオで用いられる。

④メタルハライドランプ

　演色性がよく、主にスポーツ施設などの照明に用いられる。

⑤高圧ナトリウムランプ

　演色性はよくないが効率はよい。工場や体育館で用いられる。

⑥低圧ナトリウムランプ

　橙黄色の単一光であり、高圧ナトリウムランプよりも演色性はよくないが、光が霧の中でもよく通る。トンネルで用いられる。

⑦ LED ランプ

　白熱電球や蛍光ランプに比べて省電力、長寿命である。

防災設備

　防災設備には、避難設備や警報設備などが含まれます。避難に関するものとして、避難口の位置や避難方向を示した標識を誘導標識といい、階段などに設け、避難において必要な床面照度の確保と避難の方向を示すものを通路誘導灯といいます。また、避難口の上部に設ける避難口誘導灯は、避難口の位置を示す避難設備です。劇場の客席に設ける客席誘導灯は、避難上必要な床面照度の確保を主な目的としています。

　警報設備には、火災発生時に煙や熱、炎などを感知することで警報を発する自動火災報知設備、押しボタンスイッチを押して火災を知らせる非常警報設備などがあります。

　このほか、火災時に停電した場合に自動的に点灯し、避難において必要な床面照度の確保を目的とする非常用照明もあります。

頻出項目をチェック！

チェック◎ 1 水道本管の水圧を増圧ポンプで高めて給水する方式を、<u>水道直結増圧方式</u>という。

<u>水道直結直圧方式</u>は、圧力が小さく、戸建て住宅や小規模建築に適している。

チェック◎ 2 給気の温度・湿度を制御し、1本のダクトで送風する方式を、<u>単一ダクト方式</u>という。

<u>二重ダクト方式</u>では、別々の部屋で同時に冷房と暖房を行うことができる。

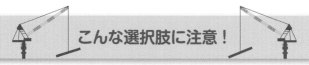

こんな選択肢に注意！

トラップは、~~排水管内の空気を流通させて換気を行うために~~設けられる。

トラップは、<u>悪臭や害虫が室内に入るのを防ぐために</u>設けられる。

ファンコイルユニット方式は、各ユニットごとの温度調節~~はできない~~。

ファンコイルユニット方式は、各ユニットごとの温度調節<u>**が容易である**</u>。

劇場の客席に設ける客席誘導灯は、~~客席から一番近い避難口の方向の明示~~を主な目的とする避難設備である。

劇場の客席に設ける客席誘導灯は、<u>避難上必要な床面照度の確保</u>を主な目的とする避難設備である。

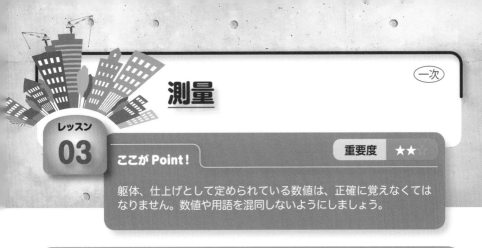

測量

レッスン
03

ここが Point !

重要度 ★★☆

躯体、仕上げとして定められている数値は、正確に覚えなくては
なりません。数値や用語を混同しないようにしましょう。

3－1　測量

　建築においては、測量の目的によって、さまざまな測量方法を使い分け
る必要があります。主な測量方法は、次のとおりです。

①**三角測量**
　測定する領域を三角形で区分けし、1辺の長さと内角を測定して
ほかの2辺の長さや各点の位置を求める方法。

②**距離測量**
　巻尺等を用いて、2点間の距離を測る測量。

③**トラバース測量**
　基準点から次の点への方向角と距離を測定して、各点の位置を
求める方法。多角測量ともいう。

④**スタジア（角）測量**
　セオドライト等を用いて、目標地点に立てた標尺との距離と高低
差を光学的に求める方法。精度はあまりよくないが、作業性はよい。

⑤**平板測量**
　巻尺とアリダードで測量した値を平板上で作図していく方法。
精度はあまりよくないが、作業性はよい。

⑥**直接水準測量**
　水準儀（レベル）や箱尺を用いて各測点の標高や高度差を求める
方法。

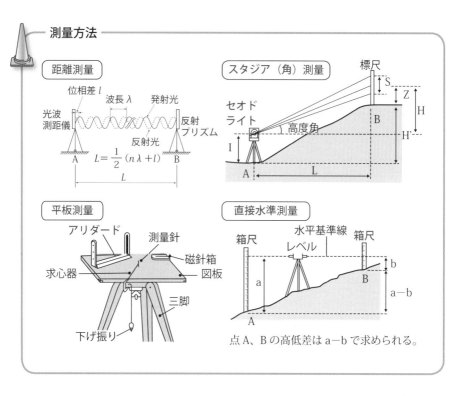

測量方法

距離測量

位相差 l
波長 λ
発射光
光波測距儀
反射プリズム
反射光

$$L = \frac{1}{2}(n\lambda + l)$$

A　　　B

L

スタジア（角）測量

標尺
S
Z
H
H'
セオドライト
高度角
B
I
A
L

平板測量

アリダード
測量針
磁針箱
求心器
図板
三脚
下げ振り

直接水準測量

箱尺
水平基準線
レベル
箱尺
b
a
B
a−b
A

点 A、B の高低差は a−b で求められる。

鋼製巻尺を用いる距離測定において、距離の補正を行う場合、湿度による補正は必要ないよ。

こんな選択肢に注意！

鋼製巻尺を用いる距離測定において、距離の補正を行う場合、湿度による補正~~が必要である~~。

鋼製巻尺を用いる距離測定において、距離の補正を行う場合、湿度による補正**は必要ない**。

問　題

問題 01

構内舗装工事に関する記述として、**最も不適当なもの**はどれか。

1　路床は、地盤が軟弱な場合を除いて、現地盤の土をそのまま利用して締め固める。
2　クラッシャランは、路盤の材料として使用される。
3　アスファルト舗装の表層から路盤までの厚さは、路床の設計 CBR 値が小さいほど薄くできる。
4　コンクリート舗装には、一般に目地を設ける。

➡ Lesson 01

問題 02

屋外排水工事に関する記述として、**最も不適当なもの**はどれか。

1　構内舗装道路下の排水管に用いる遠心力鉄筋コンクリート管は、外圧管を用いた。
2　遠心力鉄筋コンクリート管のソケットは、受口を下流に向けて敷設した。
3　遠心力鉄筋コンクリート管の継手は、ソケット継手として、止水にはゴム輪を用いた。
4　硬質塩化ビニル管をコンクリート桝に接合する部分には、砂付き短管を用いた。

➡ Lesson 01

給排水設備工事に関する記述として、**最も不適当なもの**はどれか。

1 　水道直結直圧方式は、水圧が大きすぎて 2 階建住宅の給水には採用できない。

2 　ウォーターハンマーとは、給水配管内の水流が急激に停止したとき、振動や衝撃音が生じる現象をいう。

3 　飲料水用の給水タンク等の水抜き管は、一般排水系統へ直結せず間接排水とする。

4 　屋外排水設備の汚水桝の底部には、下面が半円形状のインバートを設ける。

➡ Lesson 02

正答と解説

問題 01 **正答** **3**

設計 CBR 値の数値は、小さいほど舗装の総厚は<u>厚く</u>しなければならない。

➡ 間違えた人は、Lesson 01 を復習しよう。

問題 02 **正答** **2**

遠心力鉄筋コンクリート管のソケットは、水下から受口を<u>上流</u>に向けて敷設する。

➡ 間違えた人は、Lesson 01 を復習しよう。

問題 03 **正答** **1**

水道直結直圧方式は増圧方式に比べて水圧が<u>小さい</u>ので、戸建て住宅や小規模建築に適している。

➡ 間違えた人は、Lesson 02 を復習しよう。

いちばんわかりやすい！

2級建築施工管理技術検定 合格テキスト

3章 建築・躯体施工

（試験科目：建築学等）

① 地盤調査

　建築物を建てるにあたっては、基礎、地盤が重要となってきます。しっかりした地盤でなければ、液状化の問題なども生じますし、また、建築後すぐには問題がなくとも、地盤が安定していないことを原因として、数年後に基礎や建築物に歪みが生じることも考えられます。

　そのような被害が発生しないよう、将来における安全、安心のためにも、地盤調査が求められるのです。

　地盤調査では、地盤強度、振動特性、地質の変化、土の透水性などを調べるため、さまざまな試験や測定を行います。試験の名前、そして、その試験では何が調べられるのか、どのような特徴をもつのかを知りましょう。

② 仮設工事

　仮設工事は、工事を進めるために必要となるものをつくるための工事のことをいい、一般に、仮設工事によってつくられたものが完成後に残ることはありません。

　仮設工事においては、足場に関すること、また、落下物に対する保護に関することについて、よく出題されます。

　仮設足場には、仮設通路、単管足場、移動式足場など、用途に適したさまざまな足場があります。勾配、建地間隔、最大積載荷重などの規定が設けられていますので、数値をしっかり覚えるようにしましょう。

　落下物に対する保護としては、防護棚や工事用シート、ダストシュートを取り付けることなどがあげられます。これらにおいても、水平距離、敷板の厚さ、地盤面からの高さなどが定められていますので、それぞれの数値を押さえておきましょう。

③ 工事に関すること

　躯体施工においては、土工事、地業工事、木工事、鉄筋工事、コンクリート工事など、多くの工事が関係します。

　それぞれの工事において、工法や用いる部材についてなど、重要な項目は多くありますが、なかでも、根切りを行う周囲の地盤の崩壊や土砂の流出を防止するための仮設物である山留め壁については、出題頻度が高くなっています。

　そのほか、地業工事においては杭の特性や工法について、鉄筋工事においては加工や組立てについて、コンクリート工事においては打込みや養生についてよく問われますので注意しましょう。

鉄骨工事における建方、溶接、高力ボルトも重点的に勉強しておこう。

④ 建設機械

　6章では、機械機器に関する免許等について学びますが、本章では、それぞれの機械の特徴や、運転における規定などについて学びます。

　クレーンだけを取り上げても、その種類は複数あり、長所・短所が異なりますので、どのような構造をしているか、形状はどのようなものかをイメージしながら理解するようにしましょう。

丸暗記するのではなく、なぜ規定が定められているかも考えてみると、試験でも思い出しやすいね。

地盤調査

レッスン 01

ここが Point !

重要度 ★★☆

躯体とは、建築物を構成する構造物のことをいい、試験における躯体施工では、地盤調査や仮設工事、基礎工事や土工事など、幅広く問われます。

1-1 種類と調査事項

　建築工事などにおける地盤の性質を把握するために行う調査を、地盤調査といいます。また、地下の地質の性質などを測定することを検層といい、調査のために地盤の削孔等を行うことをボーリングといいます。ボーリングには、ロータリー式ボーリングやハンドオーガーボーリングなどがあり、ロータリー式ボーリングはさまざまな条件の地層の削孔が可能で、ハンドオーガーボーリングは、浅い深さの調査に適しています。また、地盤の強度や変形特性等を把握するために、ボーリング孔や支持層から地質試験用試料を採取することをサンプリング、地中にサンプラー等を挿入し、貫入、回転、引抜き等を行い、その際の抵抗値から地盤の性状を調査することをサウンディングといいます。

主な地盤調査、検層

検層や試験	特　徴
常時微動測定	地盤中に伝播された微振動を測定し地盤特性（振動特性）を調べる試験。地盤の卓越周期と増幅特性を推定することができる。
電気検層 （比抵抗検層）	ボーリング孔近傍の地層の変化を調査する検層。地層の変化を知ることができる。
弾性波速度検層 （PS 検層）	地盤の P 波、S 波の速度分布を測定する検層。構造物に必要な耐震性を推定することができる。

標準貫入試験	N値（地盤強度）を求める試験。N値から地盤の地耐力や杭の支持力を推定することができるが、砂質土地盤における粒度分布を把握することはできない。標準貫入試験の本打ちは、サンプラーを300㎜打ち込むのに要する打撃回数を測定し、その打撃回数をN値（0～50）とする。標準貫入試験は、乱された試料（採取後に性状を調べることができない試料）の採取となる。
透水試験	土の透水性を求める試験。室内透水試験と現場透水試験があり、地下水調査においては、一般に現場透水試験を用いる。現場透水試験は、単一のボーリング孔において、孔内水位を変化させ水位の回復を測定するもので、地盤の透水係数を求めることができる。
載荷試験	構造物や地盤に一時的に荷重を加えて、応力や変形などに表れる影響を調べる試験。
平板載荷試験	載荷試験の1つで、荷重と沈下量により、載荷面から載荷板直径の1.5～2.0倍の深さまでの支持力がわかり、地耐力、変形係数、地盤係数を求められる。平板載荷試験では、載荷板の中心から載荷板直径の3倍以上の範囲を、試験地盤面として水平に整地し、実荷重受台は、載荷板の中心から1.5m以上離して設置する。また、変位計は原則として4箇所に設置し、載荷板は直径300㎜以上の円形の鋼板で厚さ25㎜以上のものが望まれる。
孔内水平載荷試験	載荷試験の1つで、ボーリング孔内において、孔内ジャッキを膨張させて孔壁面を加圧する。地盤の強度及び変形特性を求められる。
粒度試験	土質を調べる試験の1つで、土の粒子の大きさや配合、細粒分含有率等の粒度特性を調べられる。
一軸圧縮試験	土質を調べる試験の1つで、乱さない粘性土を主な調査対象とする。
三軸圧縮試験	土質を調べる試験の1つで、粘性土のせん断強度を求められる。
圧密試験	軟弱な粘性土地盤における圧密沈下の可能性を調べる試験で、粘性土の透水係数を求めることができる。

標準貫入試験

標準貫入試験は、土の動的貫入抵抗を求めるために行います。手順は、次のとおりです。

①質量 63.5kg のハンマーを、760mm の高さから自由落下させる。

②本打ち 300mm に要する打撃回数を N 値とし、必要な打撃回数は、100mm 貫入するごとに記録する。ただし、打撃 1 回ごとの貫入量が 100mm を超えた場合は、その貫入量を記録する。

③本打ちの打撃回数は、特に必要のない限り、50 回を限度とする（必要に応じて 100 回まで増やすことができる）。

④所定の打撃回数で貫入量が 300mm に達しない場合は、打撃回数に対する貫入量を記録する。

標準貫入試験の試験結果からは、砂質土のせん断抵抗角（内部摩擦角）や相対密度、液状化強度、粘性土の一軸圧縮強度が推定できますが、粘性土のせん断抵抗角は推定できません。

平板載荷試験

平板載荷試験は、極限支持力や地盤反力係数を求めるための試験です。載荷板は、十分な剛性をもつ直径 300mm 以上の円形の鋼板とし、試験地盤面は、載荷板の中心から 1m 以上（載荷板直径の 3 倍以上）の範囲を水平に整地します。載荷板と地盤面のなじみが悪いときは、地盤面に乾燥砂などを薄く敷きます。また、試験地盤に載荷板の直径の 1/5 を超える礫が混入する場合は、より大型の載荷板に替えます。

載荷板の沈下量を測定するための変位計は、4 箇所以上設置し、載荷方法は、計画最大荷重まで段階的に載荷します。

平板載荷試験では、載荷板直径の 1.5 ～ 2 倍程度の深さまでの支持力特性を求めることができます。

標準貫入試験での N 値やボーリングの採取試料の観察記録は、一般に、土質柱状図としてまとめるよ。

標準貫入試験

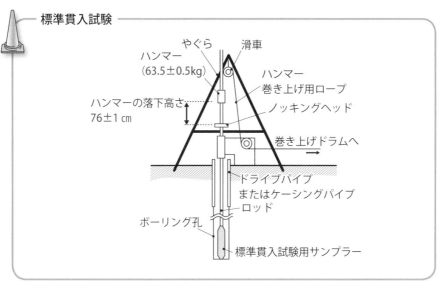

やぐら
滑車
ハンマー
（63.5±0.5kg）
ハンマー
巻き上げ用ロープ
ノッキングヘッド
ハンマーの落下高さ
76±1 ㎝
巻き上げドラムへ
ドライブパイプ
またはケーシングパイプ
ロッド
ボーリング孔
標準貫入試験用サンプラー

平板載荷試験装置の設置例

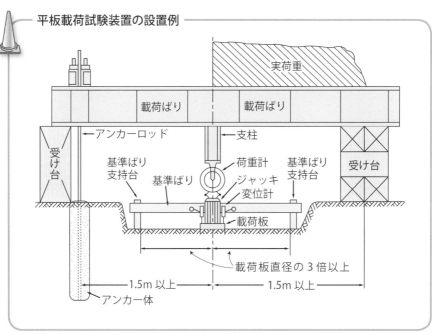

実荷重
載荷ばり
載荷ばり
アンカーロッド
支柱
受け台
基準ばり
支持台
荷重計
基準ばり
支持台
受け台
基準ばり
ジャッキ
変位計
載荷板
載荷板直径の 3 倍以上
1.5m 以上
1.5m 以上
アンカー体

頻出項目をチェック！

チェック◎ 1 標準貫入試験では、貫入量 100mm ごとの打撃回数を記録し、1 回の貫入量が 100mm を超えた打撃は、その貫入量を記録する。

所定の打撃回数で、貫入量が 300mm に達しない場合は、打撃回数に対する貫入量を記録する。

チェック◎ 2 平板載荷試験で求めることができる地盤の支持力特性は、載荷板直径の 1.5 ～ 2 倍程度の深さまでである。

載荷板の沈下量を測定するための変位計は、4 箇所以上設置する。

こんな選択肢に注意！

標準貫入試験は、土の~~静的~~貫入抵抗を求めるために行う試験である。

標準貫入試験は、土の<u>動的</u>貫入抵抗を求めるために行う試験である。

標準貫入試験において、本打ちの貫入量 ~~200~~mm に対する打撃回数が 30 回であったので、その深さの N 値を 30 とした。

標準貫入試験において、本打ちの貫入量 <u>300</u>mm に対する打撃回数が 30 回であったので、その深さの N 値を 30 とした。

平板載荷試験で求めることができる地盤の支持力特性は、載荷板直径の ~~5~~ 倍程度の深さまでである。

平板載荷試験で求めることができる地盤の支持力特性は、載荷板直径の <u>1.5 ～ 2</u> 倍程度の深さまでである。

遣方と墨出し

レッスン 02

ここが Point！

重要度 ★★☆

建築物の位置や水平の基準を明確にするために設けるものを遣方、建築物各部の位置や高さの基準を所定位置に表示することを墨出しといいます。

2 - 1 遣方と墨出し

　建築物等の位置を決めるため、建築物外周の柱心、壁心がわかるように縄を張ったり、線を引いたりすることを縄張りといいます。

　また、掘削する部分を避けて、建築物の位置、通り心、高低の基準を設定するために水杭（水平を示す杭）や水貫（水平を示す貫）を組み、水糸（水平に張った糸）を張る作業を遣方といい、建築物の隅部以外の位置に設ける遣方を平遣方、建築物の隅部に設ける遣方を隅遣方といいます。

遣方の例

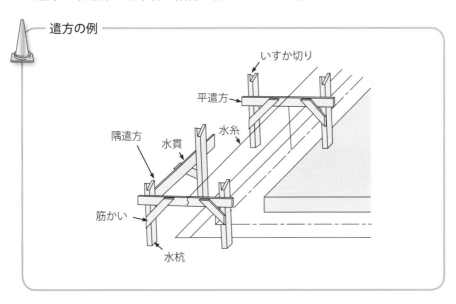

いすか切り

平遣方

隅遣方　水貫　水糸

筋かい

水杭

工事における寸法の基準となる位置や高さを示すことを墨出し（墨を付けることに由来する）といいます。墨出しに関する用語として、墨出し作業において基本となる墨を親墨、建築物の基準となる墨を基準墨、平面位置を示すために床面に付けた墨を地墨、天井や開口部高さの水平位置を示すために壁等に付けた墨を陸墨といいます。

なお、基準墨から一定の距離をおいて平行に付ける墨を逃げ墨といい、通り心の墨打ちができない場合は、通り心より 1m 離れたところに逃げ墨を設けて基準墨とします。

地墨を上階に移す場合は、墨の引通しにより移しますが、高さの基準墨（陸墨）を上階に移す場合は、墨の引き通しによらず、1 階の基準高さを計測して、2 箇所以上設けます。

・高さの基準点…一般に、2 箇所以上設けて、相互にチェックできるようにする。

・位置の基準点…建築物の縦・横 2 方向の通り心を延長し、工事の影響を受けない位置に設ける。

頻出項目をチェック！

チェック◎ 1

平面上の位置を示すために床面に付ける墨を、地墨という。

高さの水平位置を示すために壁等に付ける墨を、陸墨という。

こんな選択肢に注意！

2 階より上階における高さの基準墨は、~~墨の引通しにより、順次下階の墨を上げた~~。

2 階より上階における高さの基準墨は、墨の引通しによらず、1 階の基準高さを計測して各階に 2 箇所以上設ける。

土工事

ここが Point！

重要度 ★★★

根切りと山留めは工事において重要な役割をもち、出題頻度も高くなっています。どのような場合に行うのか、その際の注意点も含めて覚えましょう。

　土工事は、基礎工事を行うために、地盤を掘ったり、敷地を均^{なら}したり、掘った土を搬出したりする工事のことをいいます。基礎工事が終わった後に掘った土を埋め戻すのも、土工事に含まれます。

3−1　根切りと山留め

　地盤を掘削することを根切りといい、根切りを行う周囲の地盤の崩壊や土砂の流出を防止するための仮設物のことを、山留め^{やまど}といいます。原則として、砂からなる地山を手掘りにより掘削する場合は、掘削面の勾配を35 度以下、または掘削面の高さを 5m 未満とします。

　掘削が簡易的に行える場合は、掘削部周辺に安定した斜面を残し、山留め壁等を設けないオープンカット工法を用いることが一般的で、法付けオープンカット工法の法面保護をモルタル吹付けで行う場合は、水抜き孔等を設けなくてはならず、粘性土地盤において法付けオープンカット工法を行う場合は、円弧すべりに対する安定を検討しなくてはなりません。

　また、トレンチカット工法は、外周部の地下躯体を先に構築した後で、内部の地下躯体を構築する工法で、根切り部分が広くて浅い場合に適用されます。アイランド工法は、中央部の地下躯体を先に構築した後で、外周部の地下躯体を構築する工法で、同じく根切り部分が広くて浅い場合に適用されます。なお、アイランド工法では、水平切梁工法に比べて、切梁の長さを短くすることができます。

　深さ 1.5m 以上の根切り工事を行う場合においては、原則として、山留めを設けます。山留め工法には、親杭横矢板工法、鋼矢板工法、ソイルセ

メント壁工法、場所打ち鉄筋コンクリート地中壁工法などがあります。

山留め工法の分類

分　類	特　徴
親杭横矢板工法	鉛直に設置した親杭に、掘削の進行に伴って横矢板をかませ山留め壁としながら掘り進む工法。止水性はない。比較的硬い地盤でも玉石層でも施工可能。湧水処理に問題があるが、水圧がかからないので支保工には有利である。杭の根入れ部分には、根固め液を注入する。
鋼矢板工法	接続性のある仕口を有する鋼矢板をかみ合わせて連続して打ち込み、あるいは埋め込んで山留め壁とする工法。止水性がよい。水圧を受けるので、親杭横矢板工法と比べて支える支保工応力が大きい。根切り底が浅い掘削に適する。
ソイルセメント壁工法	山留め壁としてセメントミルクを注入しつつ、その位置の土を攪拌してソイルセメント壁を造成し、骨組みにH鋼等を建込む工法。汚水処理が不要。上記2工法と比べて振動・騒音が少ない。壁の剛性も比較的大きくできる。止水性が期待でき、場所打ち鉄筋コンクリート地中壁工法より施工性もよく経済的である。地下水位の高い砂礫地盤や軟弱地盤に適する。
場所打ち鉄筋コンクリート地中壁工法	地中に掘削したトレンチに鉄筋かごを入れてコンクリートを打って造成した山留め壁。親杭横矢板工法、鋼矢板工法と比べて振動・騒音の問題が少ない。壁の剛性は大きくできる。止水性はきわめてよい。また親杭横矢板工法に比べて支保工力が大きい。コストは高い。軟弱地盤や根切り底が深い掘削に適する。 鉄筋かご 

3 - 2　山留め壁

　山留めにおいて、地盤の崩壊や土砂の流出を防ぐために設ける壁を、山留め壁といいます。また、山留め壁に作用する側圧を支え、山留め壁の変形をできるだけ小さくするための仮設構造物を山留め支保工といいます。

03
土工事

主な山留め支保工など

工　法	特徴・注意事項
水平切梁工法	・切梁、腹起し、火打ちなどの鋼製山留め支保工によって、山留め壁に作用する側圧を支える工法。 ・敷地に大きな高低差がある場合や大スパンでの適用は、難しい。 ・腹起しの継手は、火打ち梁と切梁の間や、切梁の近くで、曲げ応力の小さい位置に設ける。
地盤アンカー工法	・山留め壁背面の地盤中に設けた地盤アンカーで、土圧や水圧を支える工法。 ・不整形な掘削平面の場合、敷地の高低差が大きく偏土圧が作用する場合、掘削面積が大きい場合などに有効。
タイロッドアンカー工法	・山留め壁背面の地盤中に杭等の控えアンカーを設け、タイロッドで支える工法。 ・自立高さが高い場合や、山留め壁頭部の変形を抑制したい場合に有効。

水平切梁工法

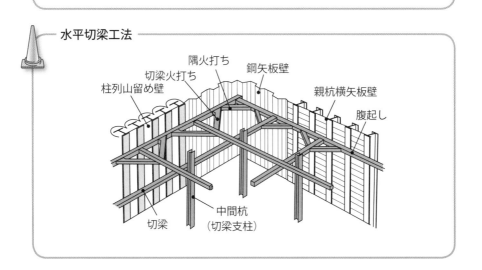

隅火打ち
切梁火打ち
鋼矢板壁
柱列山留め壁
親杭横矢板壁
腹起し
中間杭
（切梁支柱）
切梁

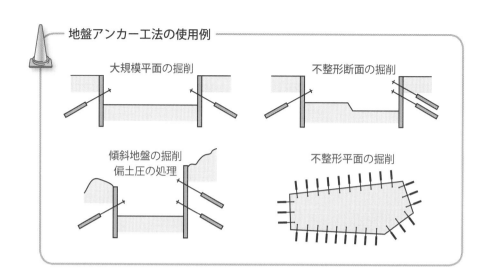

地盤アンカー工法の使用例

大規模平面の掘削

不整形断面の掘削

傾斜地盤の掘削
偏土圧の処理

不整形平面の掘削

3-3　特殊な異常現象

　根切りや山留め作業に対して、次のような異常現象が発生することがあります。各現象の概要と防止策を覚えましょう。

●ヒービング

　軟弱粘性土地盤を掘削したとき、山留め壁背面の土の重量により背面土が根切り底面内部に回り込み、根切り底面の土が押し上げられてふくれ上がる現象をいいます。

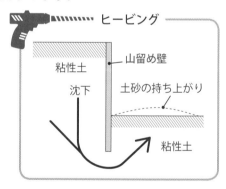

ヒービング

粘性土

山留め壁

沈下

土砂の持ち上がり

粘性土

ヒービングとボイリングについては、第二次検定で出題されるよ。それぞれがどういう現象か、覚えておこう。

03

土工事

●ヒービング防止策

①山留め壁外周部の土をすき取り、山留め壁背面の荷重を減らしてヒービングの原因となる土圧を軽減する。

②大きな平面を一度にまとめて根切りせずにいくつかのブロックに分割し、根切りが終了した部分からコンクリート等で固めて、次の箇所の根切りに進むようにする。

③山留め壁の根入れ長さを十分確保することで、背面土の根切り底面内部への回り込みを抑える。

●ボイリング

　砂質地盤等で地下水位が高い場合に掘削を行うと、砂地盤が水と砂の混合した液状性状のものになり、根切り底内に湧き出す現象をいいます。また、砂質地盤等の脆弱部に地下水が浸透するとパイプ状の水みちが生じます。この現象をパイピングといいます。

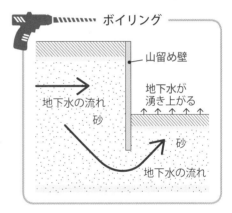

ボイリング

山留め壁

地下水の流れ

砂

地下水が湧き上がる

砂

地下水の流れ

●ボイリング防止策

①止水性のある山留め壁を用いて不透水層まで挿入し地下水を遮断する。

②止水性のある山留め壁の根入れを長くして動水勾配を軽減させる。

③ウェルポイント工法、ディープウェル工法等の排水工法により地下水位を下げる。

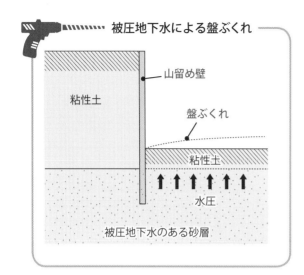

被圧地下水による盤ぶくれ

山留め壁

粘性土

盤ぶくれ

粘性土

水圧

被圧地下水のある砂層

●盤ぶくれ

　掘削底面下方に被圧帯水層がある場合、被圧地下水の水圧により根切り底面の不透水層が持ち上げられる現象をいいます。

●盤ぶくれ防止策
①止水性のある山留め壁を用いて被圧帯水層下部の不透水層まで根入れする。
②根切り底面下に盤ぶくれの発生が予想された場合、ディープウェル工法等の排水工法により根切り底面下の地下水位を低下させる。

3－4　埋戻しと締固め

　ある深さまで掘削し、基礎工事のための砕石敷込みができる状態にすることを床付けといいます。粘性土の床付け地盤を乱した場合は、礫や砂質土に置き換える、または、セメント等によって地盤改良を行います。なお、床付け地盤が凍結した場合は、凍結した部分を良質土と置き換えます。

　掘削した部分をもとの状態に戻すことを埋戻しといい、埋戻しに用いる土を埋戻し土といいます。埋戻し土は、必要に応じて粒度試験等を実施し、埋戻しに粒子の粒が均一な砂を用いる場合は、礫やシルトを混入し、均等係数を大きくします。基礎周辺等の埋戻しは、均等係数が大きく透水性の

よい良質土で行います。建設発生土に水を加えて泥状化したものに、固化材を加えた流動化処理土を埋戻しに使用することもできます。

　埋戻しは、地質によって地盤が沈むことを考慮し、余盛りを行います。粘性土は長期的に見て沈下を引き起こしやすいため、粘性土を埋戻しに使用する場合は、砂質土の場合より余盛りを大きくします。

　透水性のよい山砂を用いた埋戻しでは、厚さ30cm程度ごとに水締めで締め固めます。機械で締め固める場合は、自重などの静的な圧力を用いるロードローラやタイヤローラ、振動などの動的な圧力を用いる振動ローラやタンパーなどを使用します。小規模な工事や入隅など狭い箇所での締固めには、振動コンパクターを使用します。

頻出項目をチェック！

| チェック◎ 1 | **トレンチカット工法は、根切り部分が<u>広くて浅い</u>場合に有効である。** |

アイランド工法は、水平切梁工法に比べ、切梁の長さを<u>短く</u>できる。

| チェック◎ 2 | **透水性のよい<u>山砂</u>を用いた埋戻しでは、水締めで締め固める。** |

建設発生土に水を加えて泥状化したものに、固化材を加えた<u>流動化処理土</u>を埋戻しに使用することができる。

こんな選択肢に注意！

密な状態に締固めるには、~~粒子が均一な川砂~~が最も適している。

密な状態に締固めるには、<u>均等係数が大きい山砂</u>が最も適している。

地業工事

ここが Point！

重要度 ★★★

工事では条件や環境にあわせて、さまざまな工法が用いられます。
それぞれの工法の特徴を、工法に使用する用具等とあわせて理解
しましょう。

　基礎構造において地盤に対して行う工事のことを地業工事といい、砂地業、砂利地業、割栗地業、捨てコンクリート地業、杭地業などがあります。

　砂地業に用いる砂は、締固めが困難にならないように、シルトなどの泥分が多量に混入したものを避け、砂利地業に用いる砂利は、砂混じりの切込砂利や切込砕石などを用います。また、コンクリート塊を破砕した再生クラッシャランを砂利地業に用いることができますが、再生クラッシャランは安価な代わりに、品質のばらつきが大きくなります。

　砂利地業の締固めにあたっては、床付け地盤を乱さないよう注意して行い、層厚が厚い場合は、2層以上に分けて締固めます。締固めによりくぼみが生じた場合は、砂または砂利を補充して再度転圧を行います。

　割栗地業は、割栗石（岩石を打ち割ってつくる小塊状の石材）を用いる地業で、割栗石を小端立てに並べ、隙間を目潰し砂利で埋めて突き固めます。

　捨てコンクリート地業は、掘削底面の安定化や、基礎スラブ及び基礎梁のコンクリートの流出等を防ぐために行います。床付け地盤が堅固で良質な場合は、地盤上に直接打ち込むことができ、水分が著しく脱水するおそれがある場合は、ビニールシート等を敷いてコンクリートを打ち込みます。

4-1　既製コンクリート杭

　杭地業とは、地盤が弱い場所などに杭を打ち込む地業のことをいい、条件に適した杭を、条件に適した工法によって用いることが求められます。

　既製コンクリート杭は、すでに工場で製作されて現場に持ち込まれる杭

で、既製コンクリート杭の工法には、打込み工法、中掘り工法、回転根固め工法（回転圧入工法）、プレボーリング工法（セメントミルク工法）があります。

打込み工法は、杭打機で地盤中に杭を打ち込む工法で、先端が開放されている杭を打ち込む場合、杭そのものに土や水が流入し、損傷することがあります。

中掘り工法は、先端が開放されている杭の中空部にオーガーを挿入し、杭先端部地盤の掘削を行い、中空部から排土しながら杭を圧入していく工法です。比較的杭径が大きい場合に適しており、杭径 450 〜 1,000mm 程度の杭の施工に用いられます。また、必要以上に先掘りすると地盤を緩めてしまうことがあり、砂質地盤の場合は緩みがはげしいため、先掘り長さを少なくします。

回転根固め工法（回転圧入工法）は、杭の先端部にオーガーヘッド兼用の金物を取り付け、杭を回転させて圧入していく工法で、杭の支持力の確保のため、一般に、杭先端をセメントミルクによる根固めとします。

プレボーリングによる埋込み工法は、アースオーガーで掘削した孔に杭を設置する工法のことをいいます。プレボーリング工法の 1 つであるセメントミルク工法では、あらかじめ掘削した孔に根固め液を注入し、その後に杭を建て込みます。根固め液は、杭孔の先端位置から注入しはじめ、安定液を押し上げるようにします。安定液は、掘削中の孔壁の崩壊を防ぐためもので、一般的にベントナイト泥水が用いられます。

アースオーガーによる掘削は、粘着力の大きな地盤や硬い地盤ほど掘削速度を遅くします。なお、オーガーヘッドは、掘削地盤によって適切な形状のものを使い、ヘッド径は杭径＋100 mm 程度とします。

掘削中にオーガーを逆回転させてはならず、オーガーの引き上げ時にも、正回転とするよ。

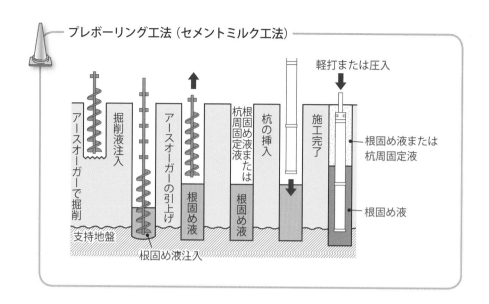

プレボーリング工法（セメントミルク工法）

アースオーガーで掘削｜支持地盤

掘削液注入

アースオーガーの引上げ｜根固め液｜根固め液注入

根固め液または杭周固定液｜根固め液

杭の挿入

施工完了｜軽打または圧入｜根固め液または杭周固定液｜根固め液

4－2　場所打ちコンクリート杭

　場所打ちコンクリート杭は、あらかじめ所定の場所を掘削し、ボーリング孔にコンクリートを流し込んで打ち込む杭のことをいいます。場所打ちコンクリート杭は、支持地盤が比較的深い場合に採用されます。

　場所打ちコンクリート杭における主な規定として、打込みにはトレミー管を使用し、トレミー管の先端はコンクリートの中に常に2m以上入っているようにします。また、杭頭部は、無水掘りの場合は500mm以上、それ以外の場合は800mm以上余盛りをし、コンクリート打設後14日程度経過してから、杭頭処理（杭頭の不要な部分を除去する処理）を行います。

　場所打ちコンクリート杭の工法には、孔壁の崩壊を安定液（ベントナイト等）により保護しながら、ロッドに取り付けた回転バケットによって掘削や土砂の排出を行うアースドリル工法、孔壁の崩壊を水の静水圧により孔壁を保護しながら、ロータリーテーブルに取り付けた回転ビットで掘削を行うリバース工法、杭孔をケーシングの圧入により保護しながら、ハンマーグラブやバケットなどで掘削や土砂の排出を行うオールケーシング工法などがあります。鉄筋かごに取り付けるスペーサーに用いる鉄筋は、オー

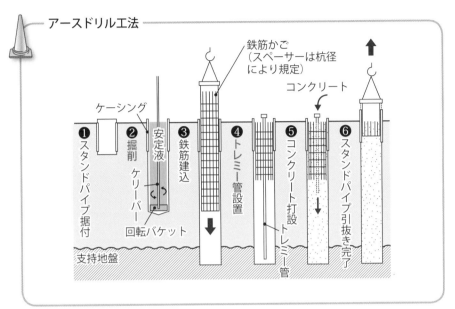

ルケーシング工法はD13以上、ケーシングチューブを用いないアースドリル工法、リバース工法は孔壁保護のため鋼板を用います。

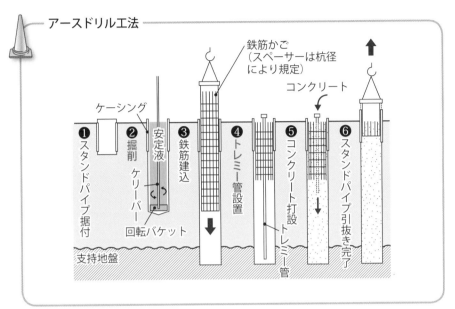

アースドリル工法

- ケーシング
- 安定液
- 鉄筋かご（スペーサーは杭径により規定）
- コンクリート
- ❶ スタンドパイプ据付
- ❷ 掘削　ケリーバー　回転バケット
- ❸ 鉄筋建込
- ❹ トレミー管設置
- ❺ コンクリート打設　トレミー管
- ❻ スタンドパイプ引抜き完了
- 支持地盤

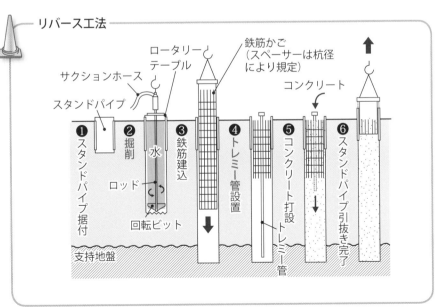

リバース工法

- サクションホース
- スタンドパイプ
- ロータリーテーブル
- 鉄筋かご（スペーサーは杭径により規定）
- コンクリート
- ❶ スタンドパイプ据付
- ❷ 掘削　水　ロッド　回転ビット
- ❸ 鉄筋建込
- ❹ トレミー管設置
- ❺ コンクリート打設　トレミー管
- ❻ スタンドパイプ引抜き完了
- 支持地盤

04

地業工事

123

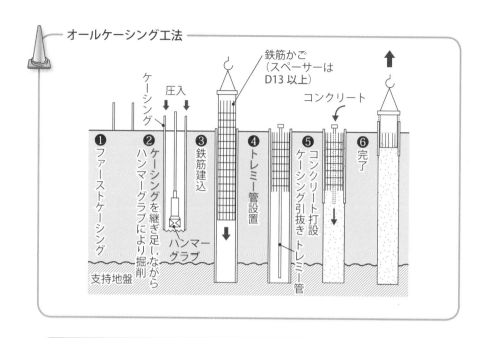

オールケーシング工法

① ファーストケーシング

支持地盤

② ケーシングを継ぎ足しながらハンマーグラブにより掘削

ケーシング

圧入

ハンマーグラブ

③ 鉄筋建込

鉄筋かご（スペーサーはD13以上）

④ トレミー管設置

⑤ コンクリート打設ケーシング引抜き

トレミー管

コンクリート

⑥ 完了

4 - 3　鋼杭

　鋼杭は、円形の形をした鋼管杭と、H の形をした H 形鋼杭があり、施工は打込み工法または埋込み工法が用いられます。鋼杭はコンクリート杭と比べて軽量で取り扱いやすいという特徴がありますが、腐食に対しては、腐食しろを考慮して肉厚を増すなどの配慮が必要となります。

鋼杭の施工法などは、既製コンクリート杭と同様だよ。

既製コンクリート杭の工法には、打込み工法やプレボーリング工法などがあったね。

頻出項目をチェック！

チェック◎ 1 **砂利地業に使用する砂利は、粒径のそろった砂利よりも砂が混じった切込砂利などを用いる。**

砂利地業に用いる再生クラッシャランは、コンクリート塊を破砕したものであり、品質のばらつきが大きい。

チェック◎ 2 **砂利地業の締固めは、床付地盤を破壊したり、さらに深い地盤を乱したりしないよう、注意して行う。**

砂利地業の締固めによりくぼみが生じた場合は、砂または砂利を補充して再度転圧する。

こんな選択肢に注意！

セメントミルク工法における根固め液は、杭孔の先端位置から注入しはじめ、~~オーガーを上下させ掘削液と十分に撹拌する~~。

セメントミルク工法における根固め液は、杭孔の先端位置から注入しはじめ、**安定液を押し上げるようにする**。

アースドリル工法における鉄筋かごのスペーサーは、~~D13以上の鉄筋~~を用いる。

アースドリル工法における鉄筋かごのスペーサーは、**鋼板**を用いる。

04

地業工事

鉄筋工事

レッスン 05

ここが Point !

重要度 ★★★

鉄筋工事では、フックや継手に関する内容が問われる傾向にあります。曲げ形状に関する数値、また、最小かぶり厚さに関する数値は必ず押さえておきましょう。

鉄筋は、鉄筋を用いる箇所の条件に応じて、バーベンダーを使用して折曲げ加工をしたり、シャーカッターや直角切断機を用いて切断したりします。柱の補強のために用いるものを帯筋、梁を補強するためのものをあばら筋といいます。鉄筋の種類と径が同じ帯筋とあばら筋は、折曲げ内法直径の最小値は同じです。

鉄筋に対して折曲げ加工を行う場合は、常温で行い、形状や角度に適したものを使用します。

鉄筋の曲げ形状

曲げ形状	曲げ角度	鉄筋の種類	鉄筋の径による区分	鉄筋の折曲げ内法直径（D）
180° フック d D 余長 4d 以上	180° 135° 90°	SD295 SD345	D16 以下	3d 以上
135° フック d D 余長 6d 以上			D19 ～ D38	4d 以上
90° フック d D 余長 8d 以上		SD390	D19 ～ D38	5d 以上

5 - 1　フック

　折り曲げた鉄筋の末端のことをフックといい、柱及び梁（基礎梁を除く）の出隅部の鉄筋、あばら筋及び帯筋、煙突の鉄筋、柱のスパイラル筋の末端、最上階の柱頭の4隅にある主筋端部には、原則としてフックを設けます。また、先端部に腰壁や垂れ壁の付かない片持ちスラブの上端筋の先端は、90度フックとし、余長を4d以上とします。

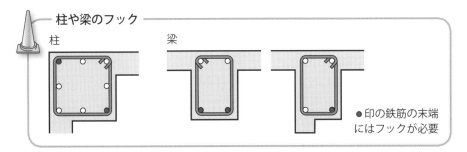

柱や梁のフック

柱　　　　　梁

●印の鉄筋の末端にはフックが必要

5 - 2　定着及び継手

　鉄筋は、その種類によって、定着と重ね継手長さが、コンクリートの設計強度により異なります。また、定着長さや継手長さは耐力上、重要であるため、規則なども定められています。

●定着や継手に関する主なポイント
①鉄筋の継手位置は応力の小さい位置に設け、1つの箇所に集中させてはならない。
②大梁端部の下端筋の重ね継手中心位置は、梁端から梁せい分の長さの範囲内には設けないようにする。
③大梁の上端筋の継手位置は、スパンの中央部とする。
④耐圧スラブ付きの基礎梁下端筋の継手位置は、スパンの中央部とし、上端筋は両端部とする。
⑤梁の主筋を重ね継手とする場合、隣り合う鉄筋の継手中心位置は、重ね継手長さの約0.5倍ずらすか、または1.5倍以上ずらす。

⑥ D35 以上の異形鉄筋には、原則として重ね継手は用いない。

⑦直径の異なる鉄筋相互の重ね継手長さは、細い方の径による値とする。

⑧フック付き重ね継手の長さは、鉄筋の折曲げ開始間の距離として、フック部分は含まない。

⑨柱のスパイラル筋の中間部の重ね継手長さは、50d 以上かつ 300mm 以上とする。

⑩重ね継手の長さは、鉄筋の強度が大きいほど長くなり、コンクリートの強度が小さいほど長くなる。

⑪フック付き定着とする場合の定着長さは、定着起点からフックの折曲げ開始点までの距離とする。

⑫柱のスパイラル筋の柱頭及び柱脚端部の定着は、1.5 巻き以上の添巻きとし、末端部にはフックを設ける。

⑬一般階の梁主筋を柱内に折り曲げて定着する場合は、上端筋は曲げ下げる。

⑭一般階の大梁の下端筋を柱内に折り曲げて定着する場合は、原則として曲げ上げる。

⑮小梁の主筋の定着長さは、上端筋の方を下端筋より長くする。

⑯定着の長さは、鉄筋の強度が大きいほど長くなり、コンクリートの強度が小さいほど長くなる。

重ね継手のずらし方

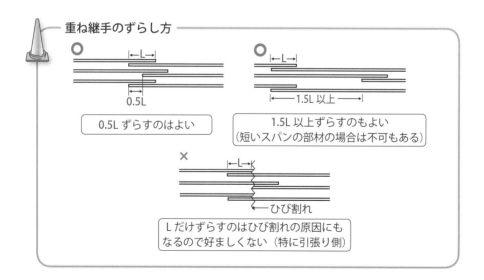

0.5L ずらすのはよい

1.5L 以上ずらすのもよい
（短いスパンの部材の場合は不可もある）

ひび割れ

L だけずらすのはひび割れの原因にもなるので好ましくない（特に引張り側）

フック付き重ね継手の長さ

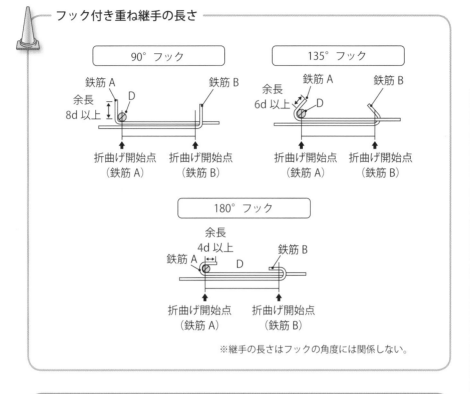

※継手の長さはフックの角度には関係しない。

5−3　鉄筋のかぶり厚さと鉄筋のあき

　鉄筋を覆っているコンクリートの厚さのことをかぶり厚さといいます。かぶり厚さの確保には、火災時に鉄筋の強度低下を防止するなどの目的があります。

　柱や梁の鉄筋のかぶりは、主筋の外周りを包んでいる帯筋やあばら筋の外側から測定します。杭基礎の基礎鉄筋の最小かぶり厚さは杭頭から確保し、開口補強等の斜め筋は、壁がダブル配筋の場合、壁筋の内側にしてかぶり厚さを確保します。また、外壁の目地部分のかぶり厚さは、目地底から確保します。

　設計かぶり厚さは、最小かぶり厚さに施工誤差等を見込んで割増しをしたもので、D29 以上の柱と梁の主筋のかぶり厚さは、主筋の呼び名に用いた数値の 1.5 倍以上とします。

また、鉄筋の間を砂利や砕石などの粗骨材が通過できるようにあける必要があり、鉄筋のあきは粗骨材最大寸法などによって定められています。

鉄筋の最小かぶり厚さ（単位：mm）

部材の種類		短期	標準・長期		超長期	
		屋内・屋外	屋内	屋外（※2）	屋内	屋外（※2）
構造部材	柱・梁・耐力壁	30	30	40	30	40
	床スラブ・屋根スラブ	20	20	30	30	40
非構造部材	構造部材と同等の耐久性を要求する部材	20	20	30	30	40
	計画供用期間中に維持保全を行う部材（※1）	20	20	30	(20)	(30)
直接土に接する柱・梁・壁・床及び布基礎の立上り部		40				
基礎		60				

※1 計画供用期間中に超長期で維持保全を行う部材では、維持保全の周期に応じて定める。
※2 計画供用期間の級が標準及び長期で、耐久性上有効な仕上げを施す場合は、屋外側では最小かぶり厚さを 10mm 減じることができる。

鉄筋相互のあきと間隔

		あ　き	間　隔
異形鉄筋	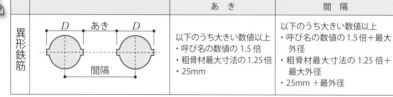	以下のうち大きい数値以上 ・呼び名の数値の 1.5 倍 ・粗骨材最大寸法の 1.25 倍 ・25mm	以下のうち大きい数値以上 ・呼び名の数値の 1.5 倍＋最大外径 ・粗骨材最大寸法の 1.25 倍＋最大外径 ・25mm ＋最外径

5-4　ガス圧接

　鉄筋をつなぐ方法には、鉄筋を重ねあわせる重ね継手のほかに、鉄筋を加熱または加圧によってつなぐガス圧接による方法もあります。

　まず鉄筋は、ガス圧接によるアップセット（短縮）を考慮し、縮み代（鉄筋径の 1 ～ 1.5 倍）を見込んで加工を行います。鉄筋の種類が異なる、または、形状が著しく異なる場合（ただし、SD390 と SD345 の圧接を

除く）、径の差が 5mm を超える場合は、原則として圧接をしてはいけません。また、隣り合う鉄筋の圧接部は 400mm 以上ずらします。

　圧接部の加熱は、バーナーを左右に揺らしながら火力の強い中性炎で、鉄筋径の 2 倍程度の範囲を加熱します。

　圧接による端面（裁断による切り口）を圧接端面といい、圧接端面の加工は、圧接作業当日に行い、当日より前に加工を行う場合は、端面保護材を使用します。また、圧接端面間の隙間は、鉄筋径にかかわらず、2mm 以下とします。

　なお、ガス圧接継手を行う場合は、圧接作業に応じて、圧接技量資格が求められます。

05
鉄筋工事

圧接部におけるポイント

①圧接部のふくらみの直径は、鉄筋径の 1.4 倍以上とする。
②圧接部のふくらみの長さは、鉄筋径の 1.1 倍以上とする。
③圧接部のふくらみの頂部と圧接面のずれは、鉄筋径の 1/4 以下とする。
④圧接部のふくらみの直径やふくらみの長さが、既定値に満たない場合は、再加熱し、圧力を加えて所定のふくらみとする。
⑤圧接面における鉄筋中心軸の偏心量は、鉄筋径の 1/5 以下とする。
⑥圧接部のずれや偏心量が規定値を超えた場合は、圧接部を切り取り、再圧接する。

圧接継手に関する主な規定

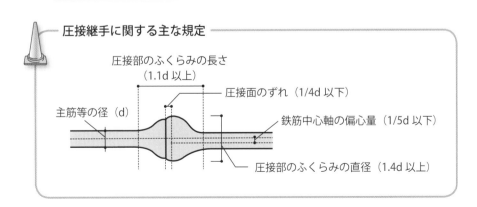

圧接部のふくらみの長さ（1.1d 以上）
圧接面のずれ（1/4d 以下）
主筋等の径（d）
鉄筋中心軸の偏心量（1/5d 以下）
圧接部のふくらみの直径（1.4d 以上）

●圧接継手に関する長さとふくらみ

1 対 1 の　　圧迫面接だが
(1.1d 以上)　　（圧接部の長さ）

いいように　　ふくらむ期待
(1.4d 以上)　（圧接部のふくらみ直径）

■ 圧接継手では、圧接部の長さは 1.1d 以上、圧接部のふくらみ直径は 1.4d 以上とする。

 技量資格者の圧接作業可能範囲

技量資格種別	圧接作業可能範囲	
	種　類	鉄筋径
1 種	SR235、SR295	径 25 以下、呼び名 D25 以下
2 種	SD295	径 32 以下、呼び名 D32 以下
3 種	SD345 SD390	径 38 以下、呼び名 D38 以下
4 種	SD490（3 種または 4 種で可能）	径 50 以下、呼び名 D51 以下

・SD490 の鉄筋を圧接する場合は、施工前試験を行う。

頻出項目をチェック！

チェック◎ 1

大梁の上端筋の継手位置は、スパンの中央部とする。

耐圧スラブ付きの基礎梁下端筋の継手位置は、スパンの中央部とする。

チェック◎ 2

フック付き重ね継手の長さには、フック部分の長さを含めない。

フック付き定着とする場合の定着長さは、定着起点からフックの折曲げ開始点までの距離とする。

チェック◎ 3 柱の最小かぶり厚さは、<u>帯筋</u>の外側表面から確保する。

杭基礎におけるベース筋の最小かぶり厚さは、<u>杭頭</u>より確保する。

チェック◎ 4 隣り合う鉄筋相互のあきの最小値は、呼び名の数値の <u>1.5</u> 倍、粗骨材最大寸法の <u>1.25</u> 倍、<u>25</u>mm のうち、最も大きい数値とする。

鉄筋の間隔は、鉄筋相互のあきに鉄筋の<u>最大外径</u>を加えたものとする。

こんな選択肢に注意！

柱頭及び柱脚のスパイラル筋の端部は、~~40d（d は異形鉄筋の呼び名の数値または鉄筋径）の定着をとる。~~

柱頭及び柱脚のスパイラル筋の端部は、<u>1.5 巻き以上の添巻きを行う</u>。

大梁の最小かぶり厚さは、~~梁主筋~~の外側表面から確保する。

大梁の最小かぶり厚さは、<u>あばら筋</u>の外側表面から確保する。

鉄筋に圧接器を取り付けて突き合わせたときの圧接端面間のすき間は、~~4mm~~ とする。

鉄筋に圧接器を取り付けて突き合わせたときの圧接端面間のすき間は、<u>2mm 以下</u>とする。

コンクリート工事

ここが Point！

重要度 ★★★

コンクリートは、乾燥や温度変化などを考慮し養生を行う必要があります。養生に関する日数の混同に気をつけましょう。

6 - 1　コンクリートの調合

コンクリートは、セメントに砂や砂利、水を混ぜて固めたものをいいます。セメントに対する水の重量比のことを水セメント比といい、水セメント比は数値が大きくなるほど強度は低下します。水セメント比を低減すると、コンクリート表面からの塩化物イオンの浸透に対する抵抗性を高めることができます。普通ポルトランドセメントの水セメント比の最大値は 65％、高炉セメント B 種の場合は 60％です。

コンクリートにおける空気量は、普通コンクリートでは 4.5％、軽量コンクリートでは 5％を基準とし、許容差は ±1.5％の範囲とします。空気量が多いと、圧縮強度の低下や乾燥収縮を引き起こす原因となります。

単位水量が大きくなると、ブリーディングや打込み後の沈降が大きくなり、耐久性上好ましくないため、最大値を $185kg/m^3$ とし、所定の品質が確保できる範囲内で、できるだけ少なくします。AE 減水剤を用いると、所定のスランプを得るのに必要な単位水量を減らすことができます。

単位セメント量は、水和熱及び乾燥収縮によるひび割れを防止する観点からは、できるだけ少なくするほうがよいのですが、少なすぎると、コンクリートのワーカビリティーが悪くなります。そのほか、コンクリートに含まれる塩化物は、原則として塩化物イオン量で $0.30 \ kg/m^3$ 以下とし、細骨材率は、乾燥収縮によるひび割れを少なくするためには、低くします。細骨材率が大きすぎると、所定のスランプを得るための単位水量を多く必要とし、流動性の悪いコンクリートとなります。

なお、コンクリートの硬さを表すスランプは、荷卸し地点における値を指定します。スランプの許容差は、スランプの値により異なります。

6-2　コンクリートの打込みと締固め

打込み

コンクリートを打ち込む速度は一定の速度が望まれ、コンクリートポンプを用いる場合は 20 ～ 30m³/h とします。コンクリートの練混ぜから打込みを、外気温が 25℃以下の場合は 120 分以内、外気温が 25℃を超える場合は 90 分以内に終えるようにします。暑中コンクリートの荷卸し時のコンクリート温度は、原則として 35℃以下となるようにします。

コンクリートの自由落下高さは、コンクリートが分離しない範囲とし、柱へのコンクリートの打込みは、縦形シュートを挿入して行います。柱、梁、壁の打込みは、梁下で一度止めて、コンクリートが沈降してから打ち込みます。

スラブの付いたせいの高い梁への打込みは、ひび割れ防止のため、梁のコンクリートが落ち着いた後にスラブへの打込みを行います。なお、壁部分では垂直に打込みをし、横流しをしてはなりません。

床スラブにコンクリートを打ち込む場合は、凝結が終了する前にタンピングを行い、コンクリートの沈みやひび割れを防止します。

打継ぎ

すでに施工されたコンクリートに継ぐための打設作業を打継ぎといいます。打継ぎ部は、脆弱なコンクリートを取り除き、打設前に十分な湿潤を行い、打設後に残った水は高圧空気で取り除きます。梁やスラブ等の鉛直打継ぎ部は、せん断応力の小さいスパンの中央部に設けるようにします。

鉄筋コンクリート梁に、コンクリートの鉛直打継ぎ部を設ける場合の打継ぎ面は、コンクリート打込み前の打継ぎ部の処理が円滑に行え、かつ、新たに打ち込むコンクリートの締固めが容易に行えるものとし、主筋と垂直となるようにします。

締固め

　コンクリートの締固めは、コンクリート内部振動機（棒形振動機）を用いて、その先端が先に打ち込んだ層に届くように、ほぼ垂直に挿入して行います。挿入間隔は60cm以下とし、加振時間は一般に1箇所当たり5〜15秒程度、コンクリートの上面にペーストが浮くまでとします。

6-3　コンクリートの養生

　コンクリートは、硬化の初期段階において、振動、急激な乾燥、温度変化などの影響を受けないよう、十分な養生を行わなければなりません。コンクリートの硬化初期に振動が加わると、強度の発現が損なわれることがあり、また、打込み直後にコンクリート表面が急速に乾燥すると、初期ひび割れが生じやすくなります。そのため打込み後のコンクリートは、透水性の小さいせき板や、養生マット・水密シートで保護し、散水・噴霧・膜養生剤の塗布などにより湿潤養生を行います。

　初期の湿潤養生の期間が短いほど、コンクリートの中性化が早く進行し、コンクリート打込み後の養生温度が高いほど、長期材齢における強度増進が小さくなります。

　寒中コンクリートの加熱養生中は、コンクリートが乾燥しないように散水などで湿潤養生を行い、暑中コンクリートの湿潤養生期間は、通常の気温で打ち込む場合と同様とします。

　せき板は、湿潤養生期間の終了前であっても、コンクリートの圧縮強度が所定の値を満足すれば取り外すことができます。せき板の最小存置期間は、基礎や梁側、柱、壁のせき板よりも、スラブ下、梁下のせき板の方が長くなります。

●コンクリートの養生におけるポイント

①打設後は、コンクリート温度を2℃以上に保つ。

②原則として、打設後は1日間以上、その上で歩行及び作業を行わない。

③打設後は5日間以上、乾燥や振動によってコンクリートの凝結や硬化が妨げられないようにする。

④硬化をはじめるまでは、日光の直射や風による水分の逸散を防ぐ。

⑤せき板が乾燥するおそれがある場合などは、散水を行う。

⑥湿潤養生における養生期間は、普通セメントの場合は5日以上、早強セメントの場合は3日以上、中庸熱・低熱セメントの場合は7日以上とする。

⑦寒中コンクリートの初期養生期間は、圧縮強度が5N/mm^{2}に達するまでである。

⑧暑中コンクリートの湿潤養生の開始時期は、コンクリート上面ではブリーディング水が消滅した時点とする。

06
コンクリート工事

頻出項目をチェック！

チェック◎
1

打込み後のコンクリートが透水性の小さいせき板で保護されている場合は、湿潤養生と考えてよい。

湿潤養生期間の終了前であっても、コンクリートの圧縮強度が所定の値を満足すれば、せき板を取り外すことができる。

チェック◎
2

コンクリート打込み後の養生温度が高いほど、長期材齢における強度増進が小さくなる。

寒中コンクリート工事における加熱養生中も、コンクリートの湿潤養生を行う必要がある。

こんな選択肢に注意！

外気温が25℃を超えるので、コンクリートの練混ぜ開始から打込み終了までの時間の限度は、~~120~~分とした。

外気温が25℃を超えるので、コンクリートの練混ぜ開始から打込み終了までの時間の限度は、**90**分とした。

型枠工事

レッスン
07

ここが Point！

重要度 ★★★

何を、どこに組み立てて型枠を構成していくのかを理解することが大切です。型枠の構成では、変形量や存置期間も考慮することを覚えておきましょう。

　コンクリートなどの形を決める枠を型枠といいます。型枠は、振動等の外力、水漏れ、容易に取り外しが可能かなどを考慮しなくてはなりません。コンクリートの施工時の側圧や鉛直荷重に対する型枠の各部材の許容変形量は、3mm以下とします。

型枠の構成例

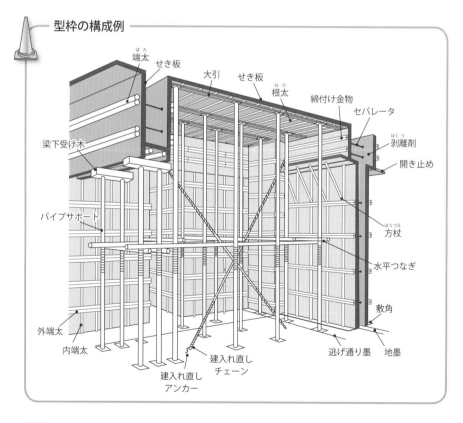

端太（ばた）　せき板　大引　せき板　根太（ねだ）　締付け金物　セパレータ　剥離剤（はくり）　開き止め　梁下受け木　方杖（ほうづえ）　水平つなぎ　敷角　パイプサポート　外端太　内端太　建入れ直しチェーン　建入れ直しアンカー　逃げ通り墨　地墨

　型枠の間隔を保つために用いるものをセパレータといい、せき板に対して垂直となるよう配置します。コーン付きセパレータは、表面が平滑、コンクリート面に直接仕上げを行うことができるなどの特徴があり、コーンを使用しない丸型セパレータは、コンクリート表面に座金とねじ部分が残るため、その部分を除去しなければなりません。打放し仕上げとなる外壁コンクリートの型枠には、コーン付きのセパレータを使用します。

　また、塗り仕上げとなる壁コンクリートの型枠に使用するフォームタイと座金は、くさび式を用います。

　せき板に用いる木材は、コンクリートの表面の硬化不良を防ぐため、シート等を用いて保護します。また、柱のせき板を四方から締め付けて固定するものをコラムクランプといいます。コラムクランプは、独立柱の型枠の組立てに用い、セパレータやフォームタイを必要としません。

　外周梁の側型枠の上部は、コンクリートの側圧による変形防止のため、スラブ引き金物（締付け金物）で固定します。

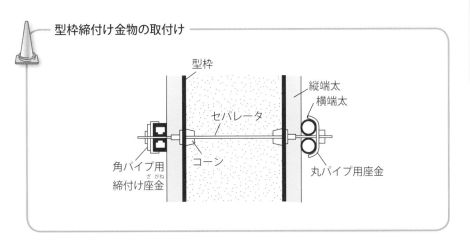

型枠締付け金物の取付け

型枠
セパレータ
縦端太
横端太
角パイプ用締付け座金
コーン
丸パイプ用座金

7 - 1　型枠の設計

　型枠は、荷重、合板、変形量、存置期間（型枠を取り外さずに、そのまま設置し続ける期間）などを考慮して設計します。合板は複数枚の単板を積み重ねて接着剤などで張り合わせて1枚の板にしたものです。

07
型枠工事

●**型枠の設計におけるポイント**

①スラブ型枠に加わる荷重は、固定荷重＋積載荷重とする。

②型枠に作用する側圧は、コンクリートのスランプが大きいほど、単位容積質量が大きいほど大きくなり、コンクリートの温度と気温が高いほど小さくなる。

③合板のせき板のたわみは、各支点間を単純梁として計算する。

④合板以外のせき板及び根太や大引等のたわみ、単純梁と両端固定の梁の平均として計算する。

⑤せき板の最小存置期間は、一般に存置期間中の平均気温の高い方が短い。

型枠の存置期間

　構造耐力上主要な部分に係る型枠及び支柱は、コンクリートの自重や、施工中の荷重によって著しい自重やひび割れ等の損傷を受けない強度になるまでは、取り外してはなりません。

　型枠（せき板）と支柱の最小存置期間は、コンクリートの材齢による場合と、コンクリートの圧縮強度による場合の2通りの仕方で定められており、また、建築物の部分とセメントの種類によっても異なります。

型枠の最小存置期間

（材齢による場合）

区分	建築物の部分	セメントの種類	存置日数 存置期間の平均気温		
			15℃以上	15℃未満 5℃以上	5℃未満
せき板	基礎 梁側 柱 壁	早強ポルトランドセメント	2	3	5
		普通ポルトランドセメント、高炉セメントA種等	3	5	8
		高炉セメントB種等	5	7	10
		中庸熱・低熱ポルトランドセメント、高炉セメントC種等	6	8	12

せき板	スラブ下 梁下	早強ポルトランドセメント	4	6	10
		普通ポルトランドセメント、高炉セメントA種等	6	10	16
		中庸熱ポルトランドセメント、高炉セメントB・C種等	8	12	18
		低熱ポルトランドセメント	10	15	21
支柱	スラブ下	早強ポルトランドセメント	8	12	15
		普通ポルトランドセメント、高炉セメントA種等	17	25	28
		中庸熱・低熱ポルトランドセメント、高炉セメントB種・C種等	28		
	梁下	ポルトランドセメント、高炉セメント等	28		

（圧縮強度による場合）

区分	建築物の部分	圧縮強度
せき板	基礎、梁側、柱、壁	5 N/mm^2
	スラブ下、梁下	コンクリートの設計基準強度の50%
支柱	スラブ下	コンクリートの設計基準強度の85%
	梁下	コンクリートの設計基準強度の100%

7-2　型枠の組立て

　せき板用の合板は、支障がなければ再使用することができます。再使用する場合は、コンクリートに接する面をよく清掃し、破損箇所を修理して、必要に応じて樹脂系の剥離剤を塗布します。埋込み金物やボックス類は、コンクリートの打込み時に移動しないように、せき板に堅固に取り付けます。

　柱型枠は、梁型枠や壁型枠を取り付ける前にチェーンなどで控えを取り、変形しないようにします。柱型枠の足元は、型枠の変形防止やセメントペーストの漏出防止などのため、桟木で根巻きを行います。

07

型枠工事

壁の窓開口部下部の型枠には、コンクリート充填状況確認用の開口を設け、横に長い壁開口部の下側の型枠には、コンクリートの吹出しを防ぐために、端部にふたをします。

　梁の側型枠の寸法はスラブ下の梁せいよりも下とし、取り付く底型枠の寸法は梁幅で加工します。

　床型枠は、支柱、大引及び根太を配置した後にスラブ用合板せき板を敷き込みます。床型枠用鋼製デッキプレート（フラットデッキ）を受ける梁の側型枠は、縦桟木で補強します。

支保工

　型枠の支保工は、支柱の沈下防止措置をした上で、コンクリートまたは十分に突き固めた地盤（かつどう）上に施します。支柱の脚部には滑動を防ぐため、根巻きや脚部の固定などを行います。鋼管枠を支柱として用いる場合、最上階及び5層以内ごとに、水平つなぎ及び布枠を設け、また、支保工の上端は、鉛直荷重の2.5％相当の水平荷重（鋼管枠以外のものを支柱として用いる場合は、鉛直荷重の5％相当の水平荷重）を考慮します。

　枠組足場を支保工に用いる場合は、枠組の横架材が荷重を受けないようにし、脚注部が荷重を受けるようにします。組立て鋼柱の高さが4mを超える場合は、4m以内に水平つなぎを2方向に設けます。

　そのほかの組立てにおけるポイントとして、フォームタイの締め過ぎによる型枠の変形は、縦端太（ばた）をフォームタイのそばに配置することによって防ぐことができます。

　横長の開口部の下型枠には、コンクリートの充填を点検するための開口を設け、コンクリートの吹出し等を防ぐために端部にふたをします。また、型枠においては、支柱を取り外すことなく、せき板（コンクリートの流出を防ぐ板）や根太を取り外せるようにするウイングサポートの使用も考慮します。

ウイングサポートは、パーマネントサポートとも呼ばれるよ。

パイプサポートと柱型枠

スラブや梁などの型枠を支えるものをパイプサポート、柱状の型枠を柱型枠といいます。

●**パイプサポート、柱型枠、スラブなどにおける注意点**

①パイプサポートの頭部及び脚部は、大引及び敷板に釘止めで固定する。

②地盤上に直接支柱を立てる場合は、支柱の下に剛性のある敷板を敷く。

③パイプサポートを2本継ぐ場合は、4個以上のボルトや専用の金物で固定する。

④支柱にパイプサポートを使用する場合、継手は差込み継手または突合せ継手とする。

⑤パイプサポートを支柱として用いる場合は、3本以上継いではならない。

⑥パイプサポートの高さが3.5mを超える場合は、高さ2m以内ごとに水平つなぎを2方向に設ける。

⑦パイプサポート以外の鋼管を支柱として用いる場合は、高さ2m以内ごとに水平つなぎを2方向に設ける。

⑧パイプサポートに水平つなぎを設ける場合は、根がらみクランプ等を用いて緊結する。

⑨軽量型支保梁を受ける梁型枠の支柱にパイプサポートを使用する場合は、パイプサポートを2列に設ける。

⑩上下階の支柱は、できるだけ平面上の同一位置になるように設置する。

⑪柱型枠の足元は、変形防止やセメントペーストの漏出防止等のため、桟木等を用いて固定する。

⑫柱型枠には、清掃用の掃除口を設ける。

⑬柱型枠の建入れ調整は、梁、壁、及び床の型枠の組立て前に行う。

⑭外壁の型枠は、足場などの仮設物とは連結させてはならない。

⑮スラブ下及び梁下の支保工の存置期間は、コンクリートの圧縮強度が部材の設計基準強度に達したことが確認できるまでとする。

⑯スラブ下及び梁下のせき板の取外しは、原則として、支保工の取外しをした後に行う。

> **チェック◎ 1** コンクリートの材齢による場合、柱、梁側及び壁のせき板の最小存置期間は、<u>同じ</u>である。

柱のせき板は、コンクリートの圧縮強度が <u>5</u>N/mm^2 以上になれば取り外すことができる。

> **チェック◎ 2** 支柱にパイプサポートを使用する場合、パイプサポートを<u>3</u>本以上継いで用いてはならない。

上下階の支柱は、できるだけ平面上の<u>同一</u>位置になるように設置する

 こんな選択肢に注意！

打放し仕上げとなる外壁コンクリートの型枠に使用するセパレータは、コーンを~~取り付けないもの~~を用いた。

打放し仕上げとなる外壁コンクリートの型枠に使用するセパレータは、コーンを<u>**取り付けたもの**</u>を用いた。

梁の側型枠の寸法をスラブ下の~~梁せい~~とし、取り付く底型枠の寸法は梁幅で加工した。

梁の側型枠の寸法をスラブ下の<u>**梁せいより下**</u>とし、取り付く底型枠の寸法は梁幅で加工した。

鉄骨工事

レッスン
08

ここがPoint！

重要度 ★★★

鉄骨工事においては、許容差、溶接、高力ボルトなど、さまざまなことが問われます。範囲は広いですが、いずれも重要な内容ですので、一つひとつしっかりと理解していきましょう。

　鉄骨工事では、高力ボルトや溶接によって鉄骨の施工を行います。まず、鉄骨工事においては、鉄骨製作工場と工事現場用の基準巻尺のテープ合わせを行います。このとき、巻尺の目盛りのずれが、10mに0.5mm以内であるようにします。

　鉄骨の切断は、部材の形状などに合わせて行い、ガス切断は原則として、自動ガス切断機を用います。厚さ13mm以下の鋼材は、機械せん断による切断ができます。レーザー切断は、0.1〜25mm程度の板厚に適用されます。

　部材に穴をあける孔あけ加工は、原則として、ドリルあけによって行います。普通ボルト、アンカーボルト、鉄筋貫通孔用で板厚が13mm以下の場合は、せん断孔あけを行うことができますが、高力ボルト用の孔あけは精度の高いドリルあけを行います。また、設備配管用貫通孔や付属金物等の孔で、孔径が30mm以上の場合は、ガス孔あけを行うことができます。

　普通ボルトの孔径は、ボルトの公称軸径に0.5mmを加えた値、高力ボルトの孔径は、公称軸径＋2mm以内とします。溶融亜鉛めっき高力ボルトの孔径は、同じ呼び径の高力ボルトの孔径と同径です。

　なお、鉄骨鉄筋コンクリート造においては、コンクリートの充填性のために柱頭のトッププレートに、空気孔を設けることがあります。

8-1　曲げ加工、摩擦面処理

　鉄骨工事において曲げ加工を行う場合は、常温または加熱加工とし、

加熱加工は赤熱状態（850 ～ 900℃）で行います。青熱脆性域（200 ～ 400℃）では鋼材がもろくなるため、この温度での加熱加工を行ってはいけません。鋼板の曲げ加工を常温で行う場合、内側曲げ半径は部位に応じて板厚の 2 ～ 8 倍以上で加工します。また、厚さ 6mm 以上の鋼板に外側曲げ半径が厚さの 10 倍以上となる曲げ加工を行う場合、機械的性質等は加工前と加工後で同等となります。

　摩擦面処理は、摩擦面のすべり係数が 0.45 以上確保できるよう、赤錆の自然発生やブラスト処理などを行います。ショットブラストまたはグリットブラストにより摩擦面の表面粗度を 50 μ mRz 以上とした場合は、錆の発生は必要ありません。

　そのほか、鉄骨工事におけるポイントとして、組立て時の情報を鋼材に直接記入することをけがきといいます。一般には、墨差し、水糸等を用いますが、目的に応じてポンチやけがき針等を用いる場合もあります。ポンチ等による打痕は、応力集中を招くことから、高張力鋼、曲げ加工される外側の箇所には、たがねやポンチ等によって傷をつけてはなりませんが、490 N/mm^2 級以上の高張力鋼にけがきをする場合、孔あけにより除去される箇所にのみ、けがきにポンチ等を用いてもよいとされています。

　けがき寸法は、製作中に生じる収縮、変形及び仕上げ代を考慮した値とします。

　また、ひずみの矯正は、常温加圧または局部加熱して行いますが、常温加圧で行う場合は、プレスやローラー等を使用します。

8 - 2　建方

　建築物を組み立てることを建方といい、鉄骨工事においては一般に、ボルト締めや溶接、本接合が終わるまでの作業のことをいいます。建方精度の測定は、日照による温度の影響を考慮して、早朝の一定時間に行います。

　トラスなど重心の求めにくい部材には、危険防止のためにおおよその重心位置を印しておきます。

鉄骨工事における建方の許容差

建方	許容差
建物の倒れ (e)	$e \leqq \dfrac{H}{4000} + 7\text{mm}$ かつ $e \leqq 30\text{mm}$
建物の湾曲 (e)	$e \leqq \dfrac{L}{4000}$ かつ $e \leqq 20\text{mm}$
階高 (ΔH)	$-5\text{mm} \leqq \Delta H$ $\leqq +5\text{mm}$
柱の倒れ (e)	$e \leqq \dfrac{H}{1000}$ かつ $e \leqq 10\text{mm}$
梁の水平度 (e)	$e \leqq \dfrac{L}{1000} + 3\text{mm}$ かつ $e \leqq 10\text{mm}$
梁の曲がり (e)	$e \leqq \dfrac{L}{1000}$ かつ $e \leqq 10\text{mm}$

08

鉄骨工事

147

仮締め用ボルト

　仮締めに用いるボルトを仮ボルトといい、高力ボルトによって接合を行う場合、仮ボルトは中ボルト等を用い、仮ボルトはボルト一群に対して1/3以上かつ2本以上とします。また、溶接接合と高力ボルト接合の併用継手及び混用継手を行う場合は、仮ボルトは中ボルト等を用い、仮ボルトはボルト一群に対して1/2以上かつ2本以上とします。仮ボルトの本数が不足する場合は、本数を割り増す、または補強ワイヤ等を用いて安全性を高めます。

　高力ボルト接合と溶接接合をあわせて用いる場合は、原則として高力ボルトを締め付けた後に溶接を行います。梁の高力ボルト接合では、建方を容易にするため、梁の上フランジのスプライスプレートをあらかじめはね出しておきます。

　溶接接合部におけるエレクションピース等の仮ボルトは、高力ボルトを用いて、すべて締付けを行います。

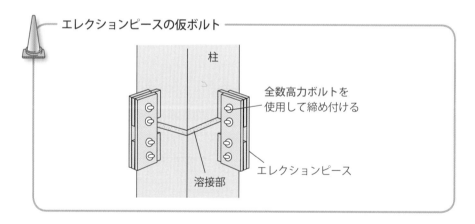

エレクションピースの仮ボルト

柱

全数高力ボルトを使用して締め付ける

エレクションピース

溶接部

8 - 3　建入れ直し

　建方後の柱、梁の倒れ、ゆがみ、曲がりを修正することを建入れ直しといいます。施工の順序として、まず建方を終えた後、建入れ直しによって調整を行い、その後に高力ボルトなどを用いて本締めや本接合を行います。

　建入れ直しは、工区ごとの建方が終了するごとに行います。ターンバックル付き筋かいを有する構造物では、建入れ直しにその筋かいを用いてはいけません。倒壊防止用のワイヤロープは建入れ直しにそのワイヤロープを使用してもよいとされています。

　そのほか、建入れ直しのポイントとして、計測値が設計値より小さかった場合は、接合部にくさびを打ち込む、または、ジャッキ等により押し広げて微調整を行います。

●ワイヤロープのポイント

①キンクしたワイヤロープは使用しない。

②建入れ直し用ワイヤロープの取付けピースは、あらかじめ鉄骨本体に取り付ける。

③倒壊防止用ワイヤロープは、建入れ直し用に兼用してもよい。

④柱現場溶接接合部に建入れ及び食違い調整機能の付いた治具を使用した場合は、ワイヤロープを用いずに建入れ直しを行うことができる。

⑤梁などの長寸法の部材を揚重する場合は、吊荷の端部にかいしゃくロープを取り付ける。

8－4　溶接接合

　溶接材料は乾燥した状態で保管し、変質、吸湿、汚れの付着したものは用いてはなりません。溶接は、ポジショナーなどの位置制御装置などによって適切な位置を確保しながら行います。

　開先（溶接のための溝）のある溶接材料の始点、終点にはエンドタブを取り付けますが、柱梁接合部にエンドタブを取り付ける場合は、直接柱梁に溶接を行わず、裏当て金に取り付けます。開先の加工は、自動ガス切断または機械加工により行います。

　スタッド溶接は、原則としてアークスタッド溶接の直接溶接により、下向き姿勢で行います。

08

鉄骨工事

溶接の種類

溶接の種類	溶接の範囲等と特徴
完全溶込み溶接（突合せ溶接）	溶接継手の全部分を完全に溶接する。突合せ継手は、応力集中を避け、許容余盛り高さは1mm以内とする。
部分溶込み溶接	接合面の一部を開先加工し、片面または両面から溶接面の一部分だけ溶け込ませて溶接する。引張力の作用しない箇所に用いることができる。
隅肉溶接	母材を垂直や重ねて接合する際、開先加工を行わずに溶接する。引張力の作用する箇所には用いない。有効長さは、隅肉サイズの10倍以上かつ40mm以上とする。溶接長さは、有効長さに隅肉サイズの2倍を加えた長さ以上とする。
スタッド溶接	スタッドに電流を流すことで溶接する。鉄骨梁とスラブコンクリートとのせん断力を高める場合等に用いる。

溶接の種類

●完全溶込み溶接

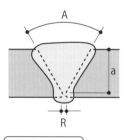

R：ルート間隔
A：開先角度
a：開先深さ

●隅肉溶接

a：のど厚
S：サイズ

●部分溶込み溶接

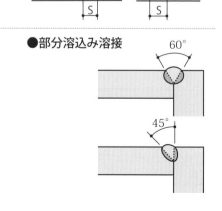

8 - 5　溶接施工の方法

　鉄骨工事では、気温が－5℃より低い場合、溶接を行ってはなりません。－5℃以上5℃以下の場合は、溶接線から100mm程度の範囲の母材部分を加熱して溶接を行うことができます。雨天または湿度の高い場合は、屋内であっても母材の表面などに水分が残っていないことを確認してから溶接を行います。

　鉄骨工事における主な溶接方法には、被覆アーク溶接棒などで、空気から遮断しつつ溶接を行う被覆アーク溶接（手溶接）、フラックスなどで、空気から遮断しつつ溶接を行うセルフシールドアーク溶接、ガスで空気から遮断しつつ溶接を行うガスシールドアーク溶接があります。

　ガスシールドアーク溶接は、セルフシールドアーク溶接と比べて風の影響を受けやすいため、風速が2m/s以上の場合は行わないようにします。

溶接の欠陥

　溶接においては、施工中、または施工後に、割れなどの欠陥が生じることがあります。割れが生じた場合は、その部分に対して再溶接を行います。表面割れは、その両端から50mm以上溶接部をはつり取り、補修溶接を行います。割れを防止するための対策としては、溶接する部分とその周辺を予熱し、溶接部の冷却速度を遅くすることなどがあげられます。

　引張強さ490 N /mm^{2}級の高張力鋼の組立て溶接を被覆アーク溶接で行う場合、組立て溶接のようなビード長さが短い溶接を行うと、溶接部が急熱または急冷されて割れを生じることがあるため注意が必要です。

　また、部材が掘られすぎて溝状になることをアンダーカットといいます。アンダーカットは、溶接速度が速い場合などに生じ、生じた場合は補修溶接を行います。

> 過大な余盛りは、グラインダーなどで適正な高さに削り取るよ。

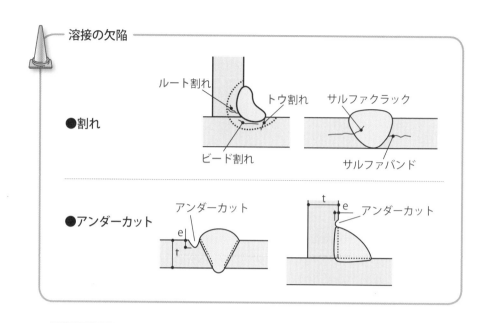

溶接の欠陥

●割れ

ルート割れ
トウ割れ
サルファクラック
ビード割れ
サルファバンド

●アンダーカット

アンダーカット
e
t
t
e
アンダーカット

8-6 高力ボルト接合

　高力ボルトを用いる接合には、高力ボルトの強力な締付けにより、接合部材間に生じる摩擦力を利用して応力を伝える摩擦接合と、材間圧縮力を利用して高力ボルトの軸方向の応力を伝える引張接合があります。

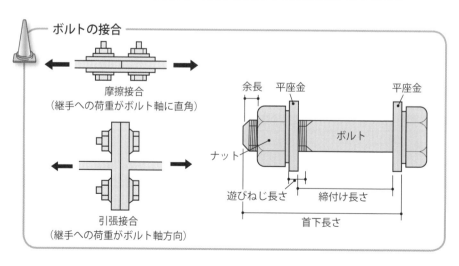

ボルトの接合

摩擦接合
（継手への荷重がボルト軸に直角）

引張接合
（継手への荷重がボルト軸方向）

余長
平座金
平座金
ナット
ボルト
遊びねじ長さ
締付け長さ
首下長さ

ボルトの締付け順序

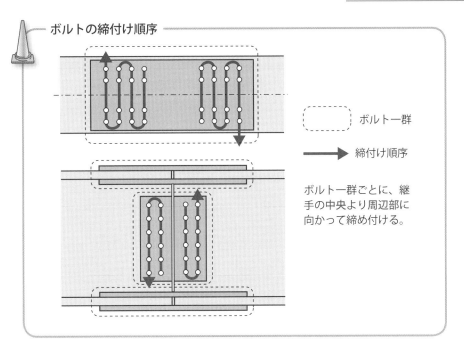

ボルト一群

締付け順序

ボルト一群ごとに、継手の中央より周辺部に向かって締め付ける。

08

鉄骨工事

●ボルトの接合におけるポイント

① 1度使用したボルトは、再使用してはならない。

②ボルトの相互間の中心距離は、その径の 2.5 倍以上とする。

③ボルトの余長は、ねじ山が 1〜6 山ほど出ているものとする。

④高力ボルトの締付けは、二度締めとし、一次締め、マーキング、本締めの順に行う。

⑤一群となっているボルトの締付けは、一次締め及び本締めともに、継手部分である群の**中央**から**周辺**に向かう順序で行う。

⑥高力ボルトの摩擦接合面は、グラインダー処理後に自然発生した赤錆状態であれば、すべり係数 0.45 を確保できていると判断できる。

⑦高力ボルト摩擦接合の摩擦面のブラスト処理は、ショットブラスト、グリットブラストにより行い、表面粗さは $50\,\mu$ mRz 以上を確保する。

⑧接合部に生じる肌すきが 1mm を超える場合は**フィラープレート**を入れて肌すきを補う。フィラープレートは両面とも摩擦面処理を行う。

⑨ボルト頭部またはナットと部材の接合面が、**1/20 以上傾斜**している場合は、勾配座金を使用する。

⑩ボルト孔の径は、高力ボルトの呼び径＋2mm（普通ボルトの場合は0.5mm）以内とする。

⑪ナットとボルトが共回りした場合、新しいセット（ボルト、ナット、座金）に取り換える。

⑫マーキングはすべてのボルトに行う。

 高力ボルト接合

トルシア形高力ボルト	作業等	JIS 形高力ボルト
専用電動レンチ等を用いてナットを回転させて行う。	一次締め	規定のトルク値でナットを回転させて行う。
ボルト軸、ナット、座金、鋼材面にマーキングする。	一次締め後	ボルト軸、ナット、座金、鋼材面にマーキングする。
専用レンチ等を用いてピンテールが破断するまで締め付ける。	本締め	トルクコントロール法またはナット回転法で締め付ける。
すべてのボルトの、マーキングのずれ、共回りや軸回りの有無等を目視で確認する。	本締め後の確認	すべてのボルトの、マーキングのずれ、共回りや軸回りの有無等を目視で確認する。
すべてのボルトのナット回転量を測定し、平均回転角度を出し、平均回転角度±30度以内のものを合格とする。	合格基準	トルクコントロール法の場合、すべてのボルトについて、トルクレンチを用いてナットを追締めし、ナットが回転を始めたときのトルク値が所要トルク値の±10%以内のものを合格とする。ナット回転法の場合、ナット回転量が規定値±30度以内のものを合格とする。
1セットに対して1枚の座金をナット側に用いる。	座金	1セットに対して2枚の座金をナット側に用いる。

マーキング

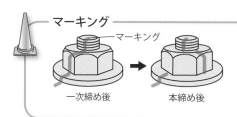

一次締め後　→　本締め後

✕ ナットとボルトが共回りした状態

✕ ナットと座金が共回りした状態

8-7　アンカーボルト

アンカーボルトには、構造耐力を負担する構造用のアンカーボルトと、負担しない建方用のアンカーボルトがあります。

構造耐力を負担するアンカーボルトを用いた鋼製フレーム固定法では、アングルやチャンネルなどで鋼製のフレームを設けた後、柱心をけがき、テンプレートなどを用いてアンカーボルトを取り付けてフレームに固定します。台直しによる位置ずれの修正などは行いません。

構造耐力を負担しない建方用のアンカーボルトを用いた埋込ボルト後溶接法では、アンカーボルトを裏面に溶接したアンカープレートを、基礎コンクリート打設上端レベルに取り付け、締付け用のボルトをアンカープレート上に溶接で固定します。

●アンカーボルトの施工に関するポイント

①アンカーボルトの頭部の出は、ナットの先端からネジ山が3山以上出る高さにする。

②柱建方用のフック付きアンカーボルトの定着長さは、フックの部分を含まない。

③柱脚のアンカーボルトのナットは、一般に、柱脚露出の場合は2重ナット、コンクリートに埋め込まれる場合は1重ナットとする。

④ベースプレートのアンカーボルト孔の径は、アンカーボルトの径に5mmを加えた値以下とする。

⑤ベースプレートの支持方法は、一般に、ベースモルタルの後詰め中心塗り工法とする。

⑥後詰め中心塗り工法に使用するベースモルタルは、無収縮モルタルとする。

⑦ベースモルタルの塗り厚は30～50mm以内、中心塗りモルタルの大きさは200mm角またはφ200mm以上とする。

⑧ベースモルタルは鉄骨建方までに3日以上の養生期間をとる。

　鉄骨工事においては、基本的に部材の錆を防止するために錆止めの塗装を施す必要があります。素地調整を行った鉄面など、錆びやすい箇所は直ちに錆止め塗装を行います。

　ただし、コンクリートの付着や耐火被覆の接着、接合部の摩擦面、工事現場での溶接、溶接後の検査等に支障を及ぼすおそれがある部分については、錆止め塗装を行いません。また、原則として、塗装場所の温度が5℃以下、または相対湿度が85％以上のときは行いません。

●錆止め塗装を行わない主な部分
①高力ボルト摩擦接合部の摩擦面
②コンクリートに密着する部分、埋め込まれる部分
③ローラー支承の摺動（回転）面で、削り仕上げした部分
④密閉される閉鎖形断面の内面
⑤現場溶接を行う箇所及びそれに隣接する両側それぞれの100mm程度の範囲
⑥超音波探傷試験に支障を及ぼす範囲
⑦組立てによって肌合わせになる部分
⑧耐火被覆材の接着する部分

頻出項目をチェック！

チェック◎ 1	鉄骨工事において曲げ加工を行う場合は、常温または加熱加工とし、加熱加工は<u>赤熱状態</u>（850 ～ 900℃）で行う。

青熱脆性域（200 ～ 400℃）では鋼材がもろくなるため、この温度での加熱加工を行ってはならない。

チェック◎ 2　普通ボルトの孔径は、ボルトの公称軸径に <u>0.5mm</u> を加えた値とする。

溶融亜鉛めっき高力ボルトの孔径は、同じ呼び径の高力ボルトの孔径と<u>同径</u>とする。

チェック◎ 3　溶接接合部のエレクションピースに使用する仮ボルトは、<u>高力ボルト</u>を用いて全数締め付ける。

ボルトの締付けは、ボルト群ごとに継手の<u>中央</u>より<u>周辺部</u>に向かう順序で行う。

こんな選択肢に注意！

鋼材の加熱曲げ加工は、~~200 ～ 400~~℃に加熱して行った。

鋼材の加熱曲げ加工は、<u>850 ～ 900</u>℃に加熱して行った。

ターンバックル付き筋かいを有する鉄骨構造物は、その筋かいを用いて建入れ直しを~~行った~~。

ターンバックル付き筋かいを有する鉄骨構造物は、その筋かいを用いて建入れ直しを<u>行ってはならない</u>。

摩擦面をブラスト処理とする場合は、~~サンドブラスト~~とする。

摩擦面をブラスト処理とする場合は、<u>ショットブラスト</u>または<u>グリットブラスト</u>とする。

工事現場溶接を行う箇所は、開先面~~のみ~~塗装を行わなかった。

工事現場溶接を行う箇所は、開先面<u>及びその両側 100mm 程度の範囲で</u>塗装を行わなかった。

08
鉄骨工事

木工事

　柱、梁、筋かい（柱と柱の間に斜めに入れる材）など、軸を組み立てて構築を進める構法を木造在来軸組構法といいます。

　木造在来軸組構法におけるポイントとして、筋かいと間柱が交差する部分では、筋かいは欠き取らず、間柱を欠き取ります。また、柱を化粧材として用いる場合、心持ち材には見え隠れ部分に背割りを入れ、干割れを防止します。また、柱や土台など、地面から1m以内の部分には防蟻措置、防虫措置を行い、化粧材となる床柱等の柱は、完成まで傷や汚れが付かないよう養生をします。

　建方完了後は屋根工事を行い、軸組を雨から防ぎ、屋根材等の荷重による軸組みの変形が落ち着いてから内外装工事にとりかかります。

9 - 1　継手

　2つ以上の部材をつなぎあわせる構造を継手といいます。継手は、つなぎあわせる場所やものによって、継ぎ方などが異なります。せいが異なる胴差どうしの継手は、柱心より150mm程度持ち出し、腰掛け鎌継ぎとし、短ざく金物当てボルト締め、またはひら金物当て釘打ちとします。土台の継手は、腰掛け鎌継ぎまたは腰掛けあり継ぎとし、上木となる方をアンカーボルトで締め付けます。大引の継手は、床束心より150mm程度持ち出して腰掛けあり継ぎとし、釘2本打ちとします。垂木の継手は、母屋の上でそぎ継ぎとし、釘打ちとします。根太の継手は、継手位置は乱に配置し、受材（大引）心で突付け継ぎ、釘打ちとします。軒桁の継手は、柱心から持ち出して、追掛け大栓継ぎとします。

　また、2つ以上の部材が交わる接合部を仕口といい、隅通し柱の土台への仕口は、筋かいが柱の下部に取り付く場合、土台へ扇ほぞ差しとし、ホールダウン金物当てボルト締めとします。

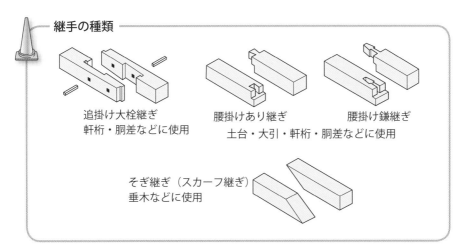

継手の種類

追掛け大栓継ぎ
軒桁・胴差などに使用

腰掛けあり継ぎ

腰掛け鎌継ぎ

土台・大引・軒桁・胴差などに使用

そぎ継ぎ（スカーフ継ぎ）
垂木などに使用

9 - 2　接合金物

　継手や仕口などの接合部に、補強のために用いられる金物を接合金物といい、接合金物には短ざく金物、かな折れ金物、火打ち金物、羽子板ボルトなどがあります。

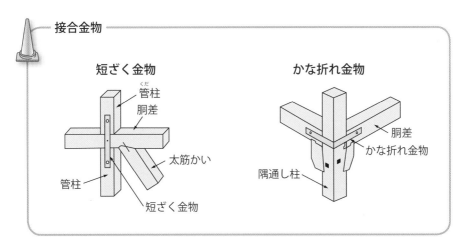

接合金物

短ざく金物

管柱
胴差
太筋かい
管柱
短ざく金物

かな折れ金物

胴差
かな折れ金物
隅通し柱

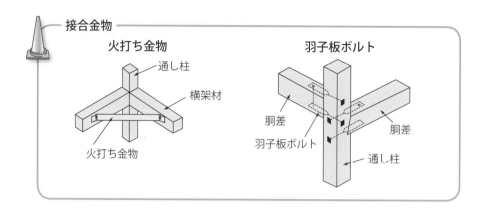

接合金物

火打ち金物

通し柱
横架材
火打ち金物

羽子板ボルト

胴差
羽子板ボルト
胴差
通し柱

●在来軸組構法による木工事のポイント

①建入れ直し完了後、接合金物を締め付けるとともに、本筋かい、火打材を固定する。

②土台の据付けは、遣方の心墨や逃げ墨を基準とする。

③土台を固定するアンカーボルトは、土台の両端部や継手の位置、耐力壁の両端の柱に近接した位置に設置する。

④筋かいにより引張力が生じる柱の脚部近くの土台には、柱心より150mm の位置にアンカーボルトを設置する。

⑤地震力等の水平荷重に対して、建築物にねじれを生じないように、筋かい等を入れた軸組を、梁間方向及び桁行方向にそれぞれにつり合いよく配置する。

⑥火打梁は、柱と梁との水平構面の入隅部に斜めに入れる。

⑦洋式小屋組における真束と棟木の取合いは、棟木が真束より小さい場合、わなぎほぞ差し、釘打ちとし、棟木の寸法が真束と同寸以上の場合は、長ほぞ差し、割くさび締めとする。

⑧内装下地や造作部材の取付けは、屋根葺き工事が終わってから行う。

継手の種類がたくさんあるけど、しっかり覚えよう。

頻出項目をチェック！

チェック◎ 1 　建入れ直し完了後、接合金物を締め付けるとともに、本筋かい、<u>火打ち材</u>を固定する。

内装下地や造作部材の取付けは、<u>屋根葺き</u>工事が終わってから行う。

チェック◎ 2 　木工事において、土台の継手は<u>腰掛け鎌継ぎ</u>、大引の継手は床束心より150mm程度持ち出して<u>腰掛けあり継ぎ</u>とする。

また、垂木の継手は母屋の上で<u>そぎ継ぎ</u>とし、根太の継手は継手位置は乱に配置し、受材心で<u>突付け継ぎ</u>とする。

こんな選択肢に注意！

土台の継手は、腰掛けあり継ぎとし、~~千木~~となる方をアンカーボルトで締め付けた。

土台の継手は、腰掛けあり継ぎとし、<u>上木</u>となる方をアンカーボルトで締め付けた。

火打梁は、柱と梁との~~鉛直~~構面の隅角部に斜めに入れた。

火打梁は、柱と梁との<u>水平</u>構面の隅角部に斜めに入れた。

根太の継手は、大引の心を~~避けて~~突付け継ぎとし、釘打ちとした。

根太の継手は、大引の心<u>で受けて</u>突付け継ぎとし、釘打ちとした。

その他の躯体工事

一次

レッスン 10

ここが Point！

重要度 ★★☆

その他の躯体工事には、改修工事、解体工事、ALC パネル工事などがあります。それぞれの工事の要点を押さえておきましょう。

10-1 耐震改修工事

鉄筋コンクリート壁の増設工事

　鉄筋コンクリート壁の増設工事は、既存の壁に新たに壁を増設して耐震性などを強めるもので、一般に、既存壁と増設壁の一体性が増すため、既存壁を目荒しにし、既存壁からシヤーコネクターを設けます。あと施工アンカーが多数埋め込まれる増設壁部分に割裂補強筋を用いる場合は、スパイラル筋やはしご筋等を用います。また、耐震壁を増設する場合、あと施工アンカーの躯体端面からのへりあき寸法は、アンカー径の 2.5 倍以上とします。

　接着系アンカーのアンカー筋の材料には、鉄筋コンクリート用棒鋼を用い、丸鋼は、接着剤の攪拌性及び付着性が悪いため、アンカー筋の材料としては用いません。

　また、接着系アンカーのカプセル型に用いるアンカー筋は、埋め込まれる先

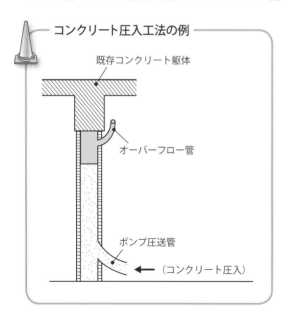

コンクリート圧入工法の例

既存コンクリート躯体

オーバーフロー管

ポンプ圧送管

←（コンクリート圧入）

端が斜め 45°に切断加工されたものを使用します。

　増設壁のコンクリート打設後、上部の隙間に行うグラウト材の充填は一度に行い、空気抜きからグラウト材が出ることで確認します。このとき、グラウト材の練上り時の温度は 10 ～ 35 ℃ の範囲とします。

　また、コンクリート壁の増設工事においては、コンクリートポンプ等の圧送力を利用して、密閉型枠内に流動性のよいコンクリートを打設するコンクリート圧入工法が用いられることがあります。コンクリート圧入工法におけるオーバーフロー管の先端の高さは、コンクリート圧入高さより高く、また、既存梁の下端より 5 ～ 10cm 程度高くします。

10 - 2　解体工事

鉄筋コンクリート造建築物の解体工事

　鉄筋コンクリート造建築物の解体工事では、大ハンマーやハンドブレーカを使用する手作業工法、大型ブレーカや圧砕機等を使用する機械作業工法、それらの併用工法が用いられます。

　また、施工要領で区分すると、ロングブーム仕様の圧砕機を地上に設置し、地上から解体する地上解体工法と、中・小型の解体用機械をクレーンで屋上や屋上直下階に吊り上げ、屋上から順に解体する階上解体工法があります。

　地上解体工法では、上階から下階へ、床→梁→壁→柱の順に解体します。各階の解体では、中央部分を先行して解体し、外周部を最後に解体します。階上解体工法では、最上階から解体し、解体で発生したコンクリート塊を利用してスロープをつくり、解体用機械を下階に移動させながら行います。

　外周部の転倒解体工法では、最初に壁下部の水平方向、壁及び梁端部の垂直方向の縁切りを行い、次に柱脚部の柱主筋をすべて切断した後に転倒させます。外周部を転倒させる床には、事前にコンクリート塊や鉄筋ダンゴなどをクッション材として積んでおきます。

木造建築物の解体工事

　木造 2 階建住宅の解体工事では、まず解体作業に先立ち、各種設備機

器の停止及び給水、ガス、電力、通信の供給が停止していることを確認し、作業の効率を高めるため、障子、ふすま、ドア等の建具は、1階部分から撤去します。

解体作業の大まかな流れは、まずエアコン等の建築設備を取り外し、その後、内装材の撤去、屋根葺き材の撤去と続きます。これらの作業は、手作業で行います。

壁及び天井のクロスは、せっこうボードを撤去する前にはがし、天井、床、外壁等に断熱材として使用されているグラスウールは、細断せずに、可能な限り原形のまま取り外します。蛍光灯は、有害な水銀を含んでいるため、割らないように注意して、適正に処分しなければなりません。

外装材、上部構造部分、基礎等の解体には、手作業と機械作業を併用します。

10-3　ALCパネル工事

ALCパネルは、多孔質で軽量、耐火性に優れるなどの特徴があり、屋根や床、外壁等に用いられます。パネルには表裏の方向があるので、正しい方向に建て込みます。

屋根及び床パネルは、長辺は突合せ、短辺小口相互の接合部には20mm程度の目地を設けて敷き込みます。

取付け下地として、梁は、パネルの両端を支持するように配置し、パネルのかかり代は支点間距離の1/75以上、かつ40mm以上としなければなりません。集中荷重が作用する部分では、その直下にパネルを有効に支持する小梁を設け、3点支持とならないようにします。

屋根パネルの水勾配は梁でとるものとし、屋根パネルは、パネルの長辺方向が水勾配に対して直角となるように敷き込みます。屋根面に開口がある場合には、有効な小梁を配置します。

床パネルの目地用鉄筋は取付け金物の穴に通し、パネルの長辺溝部に金物から両側に500mmずつとなるように敷設します。設備配管等がやむを得ず床を貫通する場合は、床用パネルの主筋を避けて直径50mm以下の孔を1箇所あけます。

　外壁、屋根、床用の ALC パネルには、原則として、溝掘り・孔あけを行いません。

頻出項目をチェック！

| チェック◎ 1 | **木造建築物の解体作業は、先ず<u>建築設備</u>の取外しを、次に<u>内装材</u>の取外しを手作業で行う。** |

屋根葺き材は、<u>内装材</u>を撤去した後、手作業で取り外す。

| チェック◎ 2 | **木造建築物の壁及び天井のクロスは、せっこうボードを撤去する<u>前</u>にはがす。** |

天井、床、外壁等に断熱材として使用されているグラスウールは、<u>細断</u>せず、可能な限り原形のまま取り外す。

 こんな選択肢に注意！

増設壁のコンクリートの打込みを圧入工法としたので、オーバーフロー管の流出先の高さは、既存梁の下端より~~低く~~した。

増設壁のコンクリートの打込みを圧入工法としたので、オーバーフロー管の流出先の高さは、既存梁の下端より<u>高く</u>した。

鉄筋コンクリート造の建築物の躯体の圧砕機による地上解体工事において、各階の解体は、~~外周部~~を先行して解体し、~~中央部分~~を最後に解体した。

鉄筋コンクリート造の建築物の躯体の圧砕機による地上解体工事において、各階の解体は、<u>中央部分</u>を先行して解体し、<u>外周部</u>を最後に解体した。

建設機械

レッスン 11

ここが Point！

重要度 ★★☆

パワーショベル、バックホウ等、建設ではさまざまな機械を使用します。似た形状のものもありますが、アームや走行部などそれぞれの特徴を見極めて、違いを理解しましょう。

11-1 掘削機械

掘削機械は、地盤を掘ったり削ったりするための機械で、掘削を行う場所や、地盤が軟弱か硬質かなど、条件に適した機械を使用することが求められます。

主な掘削機械

掘削機械	特　徴
パワーショベル(ローディングショベル)	アームの先の大きなショベルで掘削を行う機械。地表より高い部分の掘削に適しており、山の切り崩しなどに用いる。
バックホウ	アームの先の大きなショベルで掘削を行う機械。バックホウは、前方から手前にかくようにして掘削する。機械より低い部分の掘削に適しており、さまざまな土質に適応可能で、水中掘削もできる。足元を掘削する場合は、クローラを縦向きにする。
ドラグライン	ロープに懸垂した爪付きバケットを放り、ロープで引き寄せながら土砂をつかむ機械。機械より低い位置を盛ることに用いられ、軟弱地の改修工事、砂利の採取、大型溝掘削に適しているが、硬質地盤の掘削には適していない。
クラムシェル	開閉式バケットを開いたまま垂直下方に下ろし、それを閉じることによって土砂をつかむ機械。軟弱地盤の掘削に適しており、掘削深さは 40m 程度である。

掘削機械の特徴

	パワーショベル	バックホウ	ドラグライン	クラムシェル
掘削力	大	大	中	小
掘削度	硬土可	硬土可 水中掘削可	中程度の硬さ 水中掘削に適する	中程度の硬さ 水中掘削に適する
掘削場所	設置位置より高所	設置位置より低所	設置位置より低所	設置位置より低所

バケットは機械のアームに取り付けるものの1つで、軟らかい土質には角度を大きく、硬い土質には角度を小さくして掘削すると、効率よく掘削ができるよ。

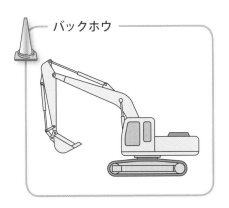
バックホウ

クラムシェル

11-2　揚重運搬機械

揚重運搬機械とは、荷をつり上げたり、運んだりしたりする機械のことで、クレーンなどが該当します。クレーンは、動力により荷をつり上げ（揚重）、水平方向に移動（運搬）する仕組みで、安全性を考慮し、荷重、ワイヤロープ、事業者などに関して、さまざまな規定があります。

11
建設機械

●クレーンに関する主な規定

①事業者は、移動式クレーンを用いて作業を行う場合、作業前に巻き上げ防止装置等の機能について点検を行う。

②事業者は、クレーン等の運転についての合図を統一的に定め、関係請負人に周知させる。

③運転者は、荷をつったまま運転席を離れてはならない。

④作業を行う場合は、検査証をクレーン内に備え付けておく。

⑤旋回範囲内やつり荷の下に労働者を立ち入らせてはならない。

⑥労働者をクレーンでつり上げてはならない（専用の搭乗設備を設ける場合を除く）。

⑦つり上げには、はずれ止め装置を使用する。

⑧重量物をつり上げる場合、地切り後にいったん巻き上げを停止して機械の安定や荷崩れの有無を確認する。

⑨定格荷重やジブの傾斜角を超えて使用してはならない。

⑩クレーンの定格荷重は、つり上げ荷重からフックやグラブバケットなどのつり具の重量に相当する荷重を除いた荷重とする。

⑪事業者は、定格荷重を常時知ることができるように表示しなければならない。

⑫屋外作業で、10分間の平均風速が 10m/s を超える強風のおそれがある場合は作業を中止し、転倒防止の措置をとる。

⑬瞬間風速が 30m/s を超える風が吹いた後のクレーン作業では、作業の前にクレーン各部を点検する。

⑭クレーンの落成検査時には、定格荷重の 1.25 倍を載荷し、走行、旋回作業の安全確認を行う。

⑮始業前及び月1回の点検、年1回の定期検査を実施し、記録を3年間保存する。

ワイヤロープ

　硬鋼線またはピアノ線を素材とするワイヤでつくられたロープを、ワイヤロープといいます。クレーンに用いるワイヤロープには、安全係数などが定められています。

●ワイヤロープに関する主な規定
①安全係数は 6 以上とする。
②素線の数の切断は 10%未満とする。
③直径の減少は公称径の 7% 以下とする。
④損傷（キンク）したもの、著しい型崩れがあるもの、腐食のあるもの
は使用しない。

11
建設機械

クレーンの主な種類

　クレーンには、トラッククレーンやクローラークレーンなど、搭載され
た装置、クレーンの形状、用途などが異なる、さまざまな種類があります。

クレーン等の主な種類

クレーン等	特　徴
トラック クレーン	トラック台車にクレーンが搭載され、トラック部（走行部）とクレーン部（旋回部）のそれぞれに運転席が設けられたもの。 トラッククレーンにおける最も荷重がかかるアウトリガーには、自重と荷物重量の合計の 75%がかかると考えられる。迅速に移動でき、機動性に優れる。
クローラー クレーン	走行部にクローラー（キャタピラ）を巻き、台車にクレーンを搭載し、上部の旋回部分には運転席、原動機、巻上げ装置が設けられたもの。 走行速度は遅いが、小回りがきき、安定性は高く、整備されていない道路や軟弱地盤などの悪路でも走行が可能となっている。つり上げ荷重はトラッククレーンに劣る。
ホイールクレーン（ラフテレーンクレーン）	走行とクレーンの操作を 1 つの運転席で行うもの。 機動性が高く、狭い場所での作業も可能となっている。アウトリガーを装備したものや前輪に鉄輪を装着したものもある。

タワークレーン	組立てにより昇降が可能なもので、傾斜ジブ（荷をつるための腕状のもの）の傾斜角を変えることにより作業半径を変えることができ、高揚程で大質量の揚重運搬が可能となる傾斜ジブ式タワークレーンや、水平なジブに取り付けたトロリにより、つり荷の水平移動が行える水平ジブ式タワークレーンがある。 高層ビルなどの高層建築物で用いられ、ブームの先端が60m以上の高さとなる場合は、航空障害灯を設置する。
建設用リフト	荷物の運搬を目的とするリフトで、ワイヤ式やラックピニオン式がある。 建設用リフトの運転者は機器を上げたまま運転位置から離れてはならない。建設用リフトの停止階では、荷の積卸口に遮断設備を設ける。
ロングスパン工事用エレベーター	人員や長い形状の材料の運搬を目的とするエレベーター。 昇降速度は0.17m/s以下とし、昇降路の出入口の床先と搬器の出入口の床先との間隔は4cm以下とする。また、搬器の傾きが1/10の勾配を超えないうちに動力を自動的に遮断する装置を設ける。

11-3　地盤転圧機械

　地盤転圧機械とは、地盤をローラなどで締め固める機械のことをいいます。地盤転圧機械では、ローラを用いて地盤を締め固めるロードローラが多く用いられています。

　複数のゴムタイヤを備えたタイヤローラは、機動性に優れ、砂質土の締固めに適していますが、粘性土や砕石の転圧には適していません。鉄などを用いたバラストの付加重量やタイヤの空気圧を変えることにより、接地圧を調節できます。

　振動ローラは、車輪内の起振機により転圧輪を振動させ、自重の1〜5倍の起振力で締め固める転圧機械で、少ない締固め回数で十分な締固め度が得られます。起振力、振動数等を変えることにより、締固め材料の性状に応じた締固めが可能です。

タイヤローラ

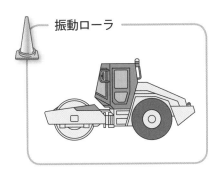

振動ローラ

　また、起振機（強制振動を起こす機械）を平板の上に備え、振動により地表面等を締め固めるものを、振動コンパクター（平板式振動締固め機械）といいます。そのほか、機械本体をはね上げて、落下する衝撃により締固めを行うタンパーなどもあります。

11−4　その他の建設機械

　ブルドーザーは、地盤の掘削、整地、押土や土砂の運搬等に用いられます。ブルドーザーの平均接地圧は、全装備質量が同等の場合、湿地用ブルドーザーは標準のブルドーザーの約半分程度となります。

　ミキサー車は、荷台にミキシングドラムを装備した車両で、プラントから工事現場までの走行中でもコンクリートを攪拌しながら運搬できます。ミキサー車の最大積載量の総重量は、最大混合容量が $4.5\mathrm{m}^3$ の場合、約20t です。ミキサー車により運搬されたフレッシュコンクリートを、ポンプ車のポンプによって型枠内に圧送します。

　バイブロハンマーは、起振機で上下方向の振動を鋼矢板や既製杭に与えて、打ち込んだり引き抜いたりするのに用いられます。

ミキサー車は、トラックアジテータとも呼ばれるよ。

11-5　その他

　機械の使用や、機械を用いる作業においては、次のようにさまざまな規定があります。

●機械に関する主な規定

①車両系建設機械は、運転座席以外に人を乗せてはならない。

②操作者は、バケット等を地上に下ろし、エンジンを切った後でないと運転席を離れてはならない。

③アーム、バケットにフック、シャックルを取り付けた時以外は、車両用建設機械で荷をつってはならない。

④明り掘削（露天の状態で掘る掘削）の作業において、ガス導管、地中電線路等、地下工作物の損壊により労働者に危険を及ぼすおそれがあるときは、掘削機械を使用してはならない。

⑤ゴンドラ検査証の有効期間は1年であり、その間の保管状況が良好である場合は1年を超えない範囲内で延長することができる。

⑥工事における道路の通行制限措置として、制限後に1車線となる場合は3.0m以上、2車線となる場合は5.5m以上の幅員を確保する。また、この場合、歩行者通路幅は0.75m以上、特に通行が多い箇所は1.5m以上の幅で、有効高さ2.1m以上を確保する。

⑦高所作業車を用いて作業を行う場合は、作業の指揮者を定めなければならない。

⑧高所作業車の乗車席及び作業床以外の箇所に労働者を乗せてはならない。

⑨高所作業車は、原則として、主たる用途以外の用途に使用してはならない。

頻出項目をチェック！

チェック◎ 1　タイヤローラは、粒度分布の良い<u>砂質土</u>の締固めに用いられる。

タイヤローラは、鉄などを用いたバラストの付加重量やタイヤの空気圧を変えることにより、<u>接地圧</u>を調節できる。

チェック◎ 2　トラッククレーンは、作業現場まで迅速に移動でき、<u>機動性</u>に優れている。

クローラークレーンは、狭い場所での車体の方向転換が<u>容易</u>である。

 こんな選択肢に注意！

ローディングショベルは、~~機械の位置よりも下方~~の掘削に用いられる。

ローディングショベルは、<u>地表より高い位置</u>の掘削に用いられる。

バックホウによる足元の掘削は、法肩崩壊時の危険回避のため、クロー ラ~~横~~向き掘削で行う。

バックホウによる足元の掘削は、法肩崩壊時の危険回避のため、クロー ラ<u>縦</u>向き掘削で行う。

タイヤローラは、~~含水比の高い粘性土~~の締固めに用いられる。

タイヤローラは、<u>粒度分布の良い砂質土</u>の締固めに用いられる。

問　題

問題 01

地盤の平板載荷試験に関する記述として、**最も不適当なもの**はどれか。

1 平板載荷試験は、地盤の N 値を調べる試験である。

2 実荷重受台は、載荷板の中心から 1.5 m 以上離して配置する。

3 試験地盤面は、載荷板直径の 3 倍以上の範囲を水平に整地する。

4 平板載荷試験で対象とする地盤の深さは、載荷面より載荷板直径の 1.5 〜 2 倍程度である。

➡ Lesson 01

問題 02

地業工事に関する記述として、**最も不適当なもの**はどれか。

1 粘性土の床付け地盤を乱した場合は、セメント等で表層改良を行う。

2 既製コンクリート杭の溶接は、原則としてアーク溶接とする。

3 敷砂利地業に用いる切込砕石は、コンクリートを破砕したものである。

4 砂地業に用いる砂は、締固めが困難にならないように、シルトなどの泥分が多量に混入したものを避ける。

➡ Lesson 04

問題 03

山留め工法に関する記述として、**最も不適当なもの**はどれか。

1 逆打ち工法では 1 階の床を先に施工し、山留め支保工として利用する。

2 地盤アンカー工法は、主に水平切梁工法が採用できない傾斜地の山留め工事に採用される。

3 アイランド工法は、水平切梁工法に比べ、切梁の長さが長くなる。

4 プレロード工法を終えた後は、ジャッキカバー等で補強する必要がある。

➡ Lesson 03

能力問題 01

レディーミクストコンクリートに関する記述として、**最も不適当なもの**はどれか。

1　コンクリート荷卸し時のスランプの許容差は、スランプの値により異なる。
2　コンクリートに含まれる塩化物は、原則として塩化物イオン量で 0.30 kg/m³ 以下とする。
3　空気量の許容差は、普通コンクリートよりも高強度コンクリートの方が大きい。
4　単位水量は、最大値を 185 kg/m³ とし、所定の品質が確保できる範囲内で、できるだけ少なくする。
5　普通ポルトランドセメントの水セメント比の最大値は、高炉セメントB種のそれよりも高い。

➡ Lesson 06

能力問題 02

型枠の締付け金物等に関する記述として、**最も不適当なもの**はどれか。

1　セパレータは、せき板に対して垂直となるよう配置した。
2　打放し仕上げとなる外壁コンクリートの型枠に使用するセパレータは、コーンを取り付けたものを用いた。
3　塗り仕上げとなる壁コンクリートの型枠に使用するフォームタイと座金は、くさび式を用いた。
4　柱の型枠に用いるコラムクランプは、セパレータと組み合わせて使用した。
5　外周梁の側型枠の上部は、コンクリートの側圧による変形防止のため、スラブ引き金物を用いて固定した。

➡ Lesson 07

正答と解説

問題 01　**正答**　1

　*N*値（地盤強度）を求める試験は標準貫入試験等である。平板載荷試験からは路盤や路床の支持力がわかり、地耐力、変形係数、地盤係数を求められる。

➡ 間違えた人は、Lesson 01 を復習しよう。

問題 02　**正答**　3

　切込砕石とは、天然岩石を砕いた砂まじりのものである。コンクリートを破砕したものは再生砕石である。

➡ 間違えた人は、Lesson 04 を復習しよう。

問題 03　**正答**　3

　アイランド工法は水平切梁工法に比べ、切梁の長さは短くなる。

➡ 間違えた人は、Lesson 03 を復習しよう。

能力問題 01　**正答**　3

3　空気量の許容差は、普通コンクリートも高強度コンクリートも同じく±1.5%の範囲である。

➡ 間違えた人は、Lesson 06 を復習しよう。

能力問題 02　**正答**　4

4　柱の型枠に用いるコラムクランプは、セパレータやフォームタイを必要としない。

➡ 間違えた人は、Lesson 07 を復習しよう。

いちばんわかりやすい！
2級建築施工管理技術検定 合格テキスト

4章 建築・仕上施工

（試験科目：建築学等）

① 防水工事

　水分は、木材においては柱や梁など建築物における重要な部分を腐食させたり、鉄骨においては骨組みに錆を生じさせ、強度を弱くさせたりするなど、多くの弊害を生じさせる要因となります。

　また、部材の劣化はもちろん、塗料のはがれなどによって美観が損なわれたり、室内においてはカビの発生要因として、健康障害を起こしうることも考えられます。

　そのため、建築物においては、水による弊害をあらかじめ防止、抑制するため、防水処理を施さなくてはなりません。

　雨漏りや漏水の可能性としては、屋根や外壁からの雨水によるもの、バルコニーなどに溜まった水をうまく排水できないために生じるもの、建物内部の給水管や排水管の破損によるものなど、さまざまなことが考えられます。

建築施工管理技士を目指す人には、どのような漏水のケースがあるのか、さらに、それを防止するためにはどうしたらいいかを考えることが求められるよ。

② 左官工事

　左官工事とは、壁や床の保護や化粧等を目的として、下地に壁土、モルタル、しっくい、プラスター等を塗り付ける工事のことをいいます。左官工事は、天気、気温、湿度など、そのときの状況を考慮しながら行う大変難しい工事であり、専門の高度な技術が求められます。

左官工事を行う人は、左官や左官職人と呼ばれることもあるよ。

③ 内装工事

　内装とは、建物の内部における仕上げ、装飾、用いる設備などに関することで、例えば、床、天井、壁などさまざまなことを検討しなくてはなりません。

　試験においては、特に床や壁の仕上げについて問われます。何の材料を使い、どのように仕上げるのか、不燃性、耐水性、耐候性といった材料がもつ特性も含め、それぞれのポイントを押さえるようにしましょう。

④ 外装工事

　外装とは、建物の外部における仕上げ、装飾などに関することで、例えば、屋根、外壁などについて検討しなくてはなりません。

　試験においては、特に外壁や屋根について問われます。内装工事と同様に、それぞれの特性をしっかり理解することが大切です。なかでも、各種材料をどの程度の間隔で施工するかは出題頻度が高くなっていますので、数値もあわせて覚えるようにしましょう。

試験で問われることは少ないけれど、実際の工事においては、材料の価格や、工事にかかるコストについても考慮しなくてはならないよ。

実際に建築施工管理技士として働くことをイメージしながら勉強すると、さらにやる気が出てきますね！

防水工事

レッスン 01

ここが Point！

重要度 ★★★

建築においては、アスファルトプライマーや防水用のシートを用いて、防水処理を行います。どのような防水の方法があるかを知りましょう。

1-1 アスファルト防水

　下地処理材にアスファルトプライマーを用いて、溶融アスファルトとアスファルトルーフィング類を交互に重ねて防水層としたものをアスファルト防水といいます。アスファルト防水では、継目は縦横とも 100mm 以上重ね合わせ、継目の位置が上下層で同一にならないようにして、水下側のルーフィングが下になるように張り付けます。平場部のルーフィング類の流張りでは、ルーフィングの両端から溶融アスファルトがあふれ出るように押し付けます。

　立上りのルーフィング類を平場と別に張り付ける場合は、平場のルーフィング類を張り付けた後、その上に重ね幅 150mm 程度をとって張り重ねます。

増張り

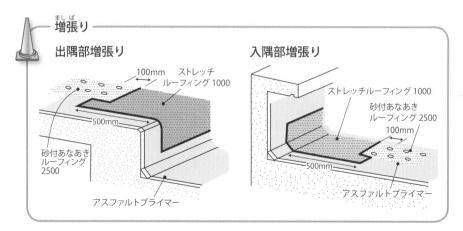

出隅部増張り

100mm　ストレッチルーフィング 1000

500mm

砂付あなあきルーフィング 2500

アスファルトプライマー

入隅部増張り

ストレッチルーフィング 1000

砂付あなあきルーフィング 2500

100mm

500mm

アスファルトプライマー

　また、スラブの打継ぎ箇所やひび割れ箇所には、幅50mm程度の絶縁用テープを張り付け、その上に幅300mm以上のストレッチルーフィングを増張り（ルーフィングを部分的に張り増しして防水層を補強すること）します。出隅、入隅にも、幅300mm以上のストレッチルーフィングを増張りし、ストレッチルーフィング相互の重ね幅は30mm程度とします。なお、壁同士が出あってできる外側部分の角（隅）のことを出隅、お互いが入りあって内側にできる角（隅）のことを入隅といいます。ルーフドレン回りのストレッチルーフィングの増張りも、幅300mm以上とし、ドレンのつばに100mm程度張り掛けます

絶縁工法

　絶縁工法は、防水層を下地に密着させない工法（ただし、立上りや周辺部は密着張りとする）で、防水層の最下層にあなあきルーフィングを用いることで、防水層の破断を防止します。絶縁工法で砂付あなあきルーフィングを用いる場合は、絶縁面である砂付き面を下向きにして突付け張りとします。立上り部の砂付あなあきルーフィングは省略します。

　また、スラブとパラペットとの取合い入隅部のストレッチルーフィングの増張りは、成形キャント材の取付け後に行います。なお、絶縁露出の仕様とするものには、防水層のふくれを抑えるために脱気装置を設けます。

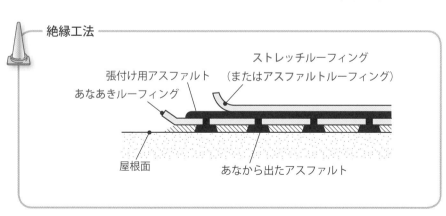

絶縁工法

ストレッチルーフィング
（またはアスファルトルーフィング）
張付け用アスファルト
あなあきルーフィング
屋根面
あなから出たアスファルト

01

防水工事

保護防水

　保護防水は、防水層の上にコンクリート等の保護層を設けることで、直射日光の遮断や外力による損傷を防止します。

　保護コンクリートに絶縁用シートを用いる場合は、伸縮目地材を設置する前に、平場のアスファルト防水層の全面にシートを敷きます。

　また、コンクリートに用いる成形伸縮目地材の目地は下面にまで達するようにし、目地幅は25mm程度とし、目地はパラペットなどの立上りから600mm程度離したところからおよそ3mの間隔で割り付けます。

　保護コンクリートは、仕上げを施さない場合は厚さ80mm以上とし、保護コンクリート内には、亀裂防止のために、線径6.0mm、網目寸法100mm角程度の溶接金網を設けます。溶接金網は、保護コンクリートの厚さのほぼ中央に設置します。

　また、保護コンクリートの動きによる立上り防水層の損傷を防止するために、成形緩衝材を立上り入隅部に取り付けます。

1－2　改質アスファルトシート防水

　改質アスファルトシート防水は改質アスファルトシートを用いた防水方法で、主にトーチ工法によって行います。トーチ工法は、アスファルトの溶融釜が不要、周辺環境への影響が少ないなどの施工面において優れています。

●改質アスファルトシート防水におけるポイント
①改質アスファルトシートの重ね部は、裏面（砂面）をあぶり、砂を沈めて重ね合わせにする。
②改質アスファルトシート相互の重ね幅は、縦も横も100mm以上とする。
③立上り部の出入隅部に200mm角程度の増張り用シートを張り付ける。
④出隅は小さな面を取り、入隅は直角とする。
⑤平場の張付けにおいて、シートの3枚重ね部は、中間の改質アスファルトシート端部を斜めにカットする。

1 - 3　合成高分子系シート防水

　合成高分子系シートは厚さ1.2〜2.5mmの薄い防水シートで、主に加硫ゴム系と塩化ビニル樹脂系のものが用いられます。合成高分子系シート防水は、ルーフィングと下地を接着することで防水層をつくりだします。そのため、下地のコンクリート面は、直均し金ごて仕上げとします。

　また、ALC屋根パネル面に施工する場合はALCパネル面にプライマーを塗布します。下地がALCパネルの場合は、パネルの短い辺の目地部に幅50mmの絶縁用テープを用います。

加硫ゴム系ルーフィングシート

　加硫ゴム系ルーフィングシートの接着には接着剤を用い、下地とシートの接着には、クロロプレンゴム系接着剤を用います。下地への接着剤の塗布は、プライマーの乾燥後に行い、プライマーを塗布する範囲は、その日にシートを張り付ける範囲とします。シートは、接着剤を塗布後、オープンタイム（放置時間）を置いて張り付けます。

　防水層立上り端部は、テープ状シール材を張り付けた後ルーフィングシートを張り付け、末端部は押さえ金物で固定し、不定形シール材を充填します。また、シートの接合部で3枚重ねとなる部分がある場合は、不定形シール材を充填します。

　そのほか、加硫ゴム系ルーフィングシートの施工におけるポイントとして、平場のシートの重ね幅は100mm以上とし、立上り部は150mm以上とします。下地がALCパネルの場合は、パネルの短辺接合部の目地部には絶縁用テープを張り付けます。

塩化ビニル樹脂系ルーフィングシート

　塩化ビニル樹脂系ルーフィングシートの接着は、熱風融着またはテトラヒドロフラン系の溶剤接着剤によって行います。下地とシートの接着には、エポキシ樹脂系接着剤を用い、下地面のみに塗布します。ルーフィングシート相互の接合部は、重ね面を溶剤溶着とし、端部は液状シール材を用いて処理します。下地には、ALCパネル下地の場合も、プライマーを塗布し、ALCパネル短辺の接合部の目地部には、絶縁用テープを張り付けます。

01

防水工事

183

出隅は小さな面を取り、入隅は直角とし、立上り部の出入隅角には、ルーフィングシートの施工後に成形役物を施工します。立上り末端部は、押え金物で固定し、不定形シール材を用いて処理します。

　シートの接合部で3枚重ねとなる部分は、熱風によって段差をなくし、平場のシートの重ね幅は、40mm以上とします。

　塩化ビニル樹脂系シート防水断熱工法においては、ルーフドレン回りの断熱材の張付けは、ドレンのつばから300mm程度手前で止め、端部は45°程度の勾配とします。

ルーフィングシートの接合幅

種　別	長手方向	幅方向	立上り部※1	接合方法
加硫ゴム系	100mm 以上	100mm 以上	150mm 以上	接着剤による接合（テープ状シール材併用）※2
塩化ビニル樹脂系	40mm 以上	40mm 以上	40mm 以上	溶剤接着または熱風融着（液状シール材併用）

※1　ルーフィングシートの平場と立上り部の取合い部
※2　ルーフィングシートの平場と立上り部の取合い部にはテープ状シール材は使用しない。

1－4　塗膜防水

　塗膜防水は、塗膜防水材を塗り重ねて防水層をつくりだすもので、主にウレタンゴム系塗膜防水が用いられます。ウレタンゴム系塗膜防水材の塗継ぎの重ね幅は100mm以上、補強布の重ね幅は50mm以上とし、ウレタンゴム系防水材の平場部の総使用量は、硬化物比重が1.0である材料の場合は、3.0kg/m²とします。

　防水層の施工は、立上り部→平場部の順に施工し、立上り部等は、補強布を用いて防水材を塗布します。

　出隅は小さな面を取り、入隅は直角とし、下地には、補強布を張り付けた後、補強塗りを行います。

　塗膜防水を施す工法には、主に圧着工法と通気緩衝工法があり、圧着工法で平たん部に張り付ける補強布は、仮敷きをし、防水材を塗って張り付

けます。通気緩衝工法で用いる通気緩衝シートは、平たん面の下地になじませ、接着剤やウレタン防水材で張り付けます。通気緩衝シートの継目は、すき間や重なり部をつくらないようにシート相互を突付けとし、ジョイントテープを張り付けます。

　通気緩衝工法において、立上り部の補強布は、平場の通気緩衝シートの上に 100mm 以上張り掛けて防水材を塗布します。また、水蒸気の排出には脱気装置を使用し、50 ～ 100m^2 に 1 箇所の割合で設置します。

1 - 5　シーリング工事

　シーリング材は、建物の構造上、どうしても生じてしまう隙間を埋めるための充填材をいい、防水性と気密性を有しています。シーリング工事は、部材の接合部の目地や、サッシの周囲などに行われます。

　ムーブメントが大きい目地をワーキングジョイント、ムーブメントが小さい目地をノンワーキングジョイントといいます。ワーキングジョイントの目地幅が 20mm の場合は、目地深さは 10 ～ 15mm とします。

　ワーキングジョイントは 2 面接着、ノンワーキングジョイントは 3 面接着とします。なお、目地が浅い場合におけるワーキングジョイントの 3 面接着を避けるために用いるテープ状のものをボンドブレーカーといい、シリコーン系及び変性シリコーン系以外のシーリング材用のボンドブレーカーには、シリコーンテープを使用します。

　コンクリート打継目地・ひび割れ誘発目地は、幅 20mm 以上、深さ 10mm 以上とし、ガラス回り目地は、幅・深さとも 5mm 以上、それ以外の目地は、幅・深さとも 10mm 以上とします。

　目地深さが所定の寸法より深い場合は、バックアップ材を用いて所定の目地深さになるように調整します。バックアップ材の裏面に粘着剤が付いている場合は、目地幅より 1 ～ 2mm 小さい幅のものを使用します。

　そのほか、シーリング材と部材などを接着し、シーリング材の機能を長く保つためには、プライマーなどを使用します。プライマーの塗布は、当日のシーリング工事範囲のみとします。

01

防水工事

185

●シーリングの充填におけるポイント

①シーリング工事は、一般に、気温 15 ～ 25℃、湿度 80%未満で晴天、無風状態で施工することが望まれる。

②部材が 5℃以下または 50℃以上になる場合は、プライマーの塗布やシーリング材の充填は行わない。

③プライマーの塗布後、乾燥したら速やかにシーリング材を充填する。

④シーリング材の充填は、目地の交差部または角部から行う。

⑤シーリング材の打継ぎは、目地の交差部や角部を避け、そぎ継ぎとする。

⑥充填する部分以外に付着したシリコーン系シーリング材は、硬化する前に取り除くと汚れが広がるため、硬化してから取り除く。

⑦目地まわりに張ったマスキングテープは、シーリング材のへら仕上げ終了後、直ちに除去する。

⑧シーリング材の硬化状態は指で、接着状態はへらで押さえて確認する。

⑨一般に、シリコーン系シーリングはシリコーン系のみ後打ちができ、変性シリコーンの後打ちは避ける。

⑩ポリサルファイド系シーリングには、変性シリコーン系シーリング等の後打ちができる。

⑪やむを得ず異種シーリング材を打ち継ぐ場合は、先打ちシーリング材が硬化してから、後打ちシーリング材を施工する。

 シーリングの働き

名　称	特　色		絶縁体	用　途
ワーキングジョイント	2 面接着ムーブメント大	シーリング材／接着面　絶縁体	バックアップ材ボンドブレーカー（テープ状）	金属パネル目地ALC パネル目地PCa パネル目地
ノンワーキングジョイント	3 面接着ムーブメント小	シーリング材／接着面	—	コンクリート打継ぎ目地コンクリート亀裂誘発目地

頻出項目をチェック！

チェック◎ 1 塩化ビニル樹脂系ルーフィングシート防水において、エポキシ樹脂系接着剤を用いて張り付ける場合、接着剤は、<u>下地面のみ</u>に塗布する。

加硫ゴム系ルーフィングシート防水接着工法において、シートの3枚重ね部は、内部の段差部に<u>不定形シール材</u>を充填する。

チェック◎ 2 シーリング工事において、目地深さが所定の寸法より深い場合は、バックアップ材を用いて所定の目地深さになるように調整する。

裏面に粘着剤が付いているバックアップ材は、目地幅より1～2mm <u>小さい</u>幅のものを使用する。

 こんな選択肢に注意！

アスファルト防水工事の平場のストレッチルーフィングの流し張りは、ルーフィングの両端からアスファルトが~~はみ出さないように~~押し付けながら張り付けた。

アスファルト防水工事の平場のストレッチルーフィングの流し張りは、ルーフィングの両端からアスファルトが**あふれ出るように**押し付けながら張り付けた。

シーリング材の充填深さは、~~ボンドブレーカー~~を用いて調整した。

シーリング材の充填深さは、<u>バックアップ材</u>を用いて調整した。

01

防水工事

一次 二次

石工事

レッスン
02

ここが Point!

重要度 ★★☆

石工事においては、外壁湿式工法、内壁空積工法、乾式工法のそれ
ぞれのポイントを押さえることが重要です。内壁と外壁、幅と高さ
など、似たものを混同しないようにしましょう。

　石材や石材に類似のテラゾーブロックなどを用いて、加工や石積みを行う工事を石工事といいます。石工事においては、ぬれ色及び白華を防止するため、湿式工法で石裏面に塗布するものを石裏面処理材、衝撃を受けた石材の飛散や脱落を防止するため、繊維補強するもの、または石材を樹脂で張り付けて補強するものを裏打ち処理材といいます。

　石材が白色系や透明度の高い大理石等の場合には、裏込めモルタルの色が表面に透けないよう、白色系の砕砂や白色ポルトランドセメントを用います。

2-1　外壁湿式工法

　外壁湿式工法は、モルタルを石裏全面に充填する工法で、高さ 10m 程度の中層建築で使用されます。外壁湿式工法は、外部からの衝撃に対して耐久性がありますが、2 日に 1 段しか施工できないため、工期が長びく場合があります。

●外壁湿式工法の主なポイント

①石材の厚さは 25mm 以上とする。

②一般目地幅は 6mm 以上とする。

③引き金物用の穴は、石材の上端の横目地合端に 2 箇所、両端部より
　100mm 程度の位置に設ける。

④だぼ用の穴は、石材の上端の横目地合端に 2 箇所、両端部より
　150mm 程度の位置に設ける。

⑤下地は、埋込みアンカーを縦横 450mm 程度の間隔であらかじめ躯体に打ち込む。

⑥下地の鉄筋の溶接箇所には、錆止め塗料を塗布する。

外壁湿式工法

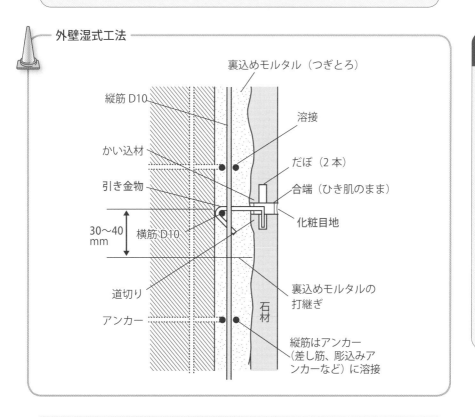

裏込めモルタル（つぎとろ）

縦筋 D10

溶接

かい込材

だぼ（2本）

引き金物

合端（ひき肌のまま）

化粧目地

30〜40
mm

横筋 D10

道切り

裏込めモルタルの
打継ぎ

アンカー

石材

縦筋はアンカー
（差し筋、彫込みアン
カーなど）に溶接

02

石工事

2 - 2　内壁空積工法

　内壁空積工法は、内壁用石材を内壁に取り付ける工法で、高さ 4m 以下の内壁において行います。

　この工法に関する主なポイントは、次ページのとおりです。

●内壁空積工法の主なポイント

①石材の厚さは 20mm 以上、形状は矩形を標準とし、石材 1 枚の面積は 0.8m^2 以下とする。

②一般目地幅は 6mm 以上とする。

③取付け代は 40mm 程度とする。

④引き金物用の道切りは、工事現場で加工する。

⑤引き金物と下地の緊結部分には、石裏と下地面との間に 50mm × 100mm 程度、モルタルを充填する。

⑥一般部の石材は、横目地あいばにだぼ及び引き金物を用いて据え付ける。

⑦幅木裏には全面に、幅木がない場合は最下部の石裏に、高さ 100mm 程度まで裏込めモルタルを詰めて固定する。

2 - 3　乾式工法

　乾式工法は、ステンレスファスナーで石材を 1 枚ごとに取り付ける工法で、高さ 31 m以下の建築物の外壁や内壁に用います。躯体の変形の影響を受けにくい、白華現象が起こりにくい、凍結による被害を受けにくい、地震時の躯体の挙動に追従できる、工期短縮が図れるなどの特徴があります。

●乾式工法の主なポイント

①石材の厚さは、外壁の場合は 30mm 以上、内壁の場合は 25mm 以上とする。

②一般目地幅は 8mm 以上とする。

③だぼ用の穴は、石材の上端の横目地合端に 2 箇所、両端部より 1/4 程度の位置とし、石材の板厚方向の中央に設ける。

④幅木部分は下端をモルタル、上端を引き金物で固定し、モルタルを充填する。

⑤乾式工法による外壁の張り石工事は、下地のコンクリート面の寸法精度± 10mm を標準とする。

乾式工法

ステンレスファスナー

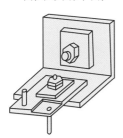

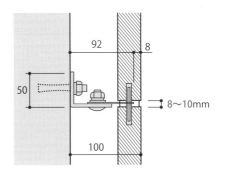

頻出項目をチェック！

チェック◎
1
外壁の張り石工事において、乾式工法は湿式工法と比較して、躯体の変形による影響を受けにくい。

乾式工法は、地震時の躯体の挙動に追従できる。

チェック◎
2
内壁空積工法による張り石工事において、一般部の石材は、横目地あいばにだぼ及び引き金物を用いて据え付ける。

内壁空積工法による張り石工事において、引き金物と下地の緊結部分には、モルタルを充填する。

こんな選択肢に注意！

内壁空積工法による張り石工事において、一般部の石材は、縦目地あいばにだぼ及び引き金物を用いて据え付けた。

内壁空積工法による張り石工事において、一般部の石材は、横目地あいばにだぼ及び引き金物を用いて据え付けた。

タイル工事

ここが Point !

重要度　★★☆

タイル工事においても、石工事と同様に、それぞれの工法の特徴を理解することが求められます。図も参照し、具体的なイメージをもちながら勉強するようにしましょう。

　タイル工事は、主に床や壁の仕上げにタイルを貼る工事で、気温や、使用するモルタル、試験などにおける規定が定められています。

●タイル工事等における主な規定

①施工箇所の気温が 3℃以下になる場合は、施工を行わない。

②外壁の伸縮調整目地は、水平、垂直ともに 3 〜 4m ごとに設け、躯体の亀裂誘発目地と同じ位置にする。

③タイル張りに用いる現場調合モルタルは、セメントと細骨材の容積比で調合する。

④床タイル張りに使用する敷きモルタルは、セメント 1 に対して細骨材は 3 〜 4 程度とする。

⑤床タイル張りの張付けモルタルは 2 層に分けて塗り、1 回の塗付け面積は、タイル工 1 人当たり 2m^2 以内とする。

⑥床タイルの張付けは、目地部分に張付けモルタルが盛り上がるまで、木づち等でたたき押さえる。

⑦小口タイル以上の大きさのタイルの役物をまぐさ部分に張り付ける場合は、なましステンレス鋼線の引金物を使用する。

⑧打診検査は、モルタルや接着剤が硬化した後、検査用のハンマーを用いて行う。

⑨接着力試験は、目地部分を下地のコンクリート面まで切断し、周囲と絶縁して行う。

⑩試験体の個数は、100m^2 ごと及びその端数につき 1 個以上、かつ全体で 3 個以上とする。

⑪接着力の合格基準は、引張接着強度 0.4N/mm^2 以上とする。

3−1　密着張り工法（ヴィブラート工法）

　密着張り工法は、タイル張り用振動機（ヴィブラート）を用いて行う工法で、下地面の張付けモルタルに密着させて張り付けます。張付けモルタルの塗り厚は5〜8mm程度、モルタルの塗付け面積は$2m^2$／人以内（20分以内にタイルを張り終える面積）、モルタルは2度塗りとします。張付けは、上部から下部へ1段置きに水糸に合わせて行います。

　目地深さはタイル厚さの1/2以下となるように張り付け、目地深さがタイル厚さの1/2を超えた場合は、1/2以下となるように目地詰めを行います。また、目地詰めは、タイル張付け後24時間以上経過した後、張付けモルタルの硬化を見計らって行います。

密着張り工法

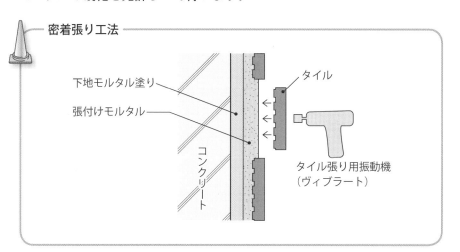

下地モルタル塗り
張付けモルタル
コンクリート
タイル
タイル張り用振動機
（ヴィブラート）

3−2　改良積上げ張り工法

　改良積上げ張り工法は、タイル裏面に張付けモルタルを塗り付け、木づち類でたたき締めて張る工法のことをいいます。塗置き時間は5分以内、張付けモルタルの塗り厚は4〜7mm程度、タイルは下部から上部へ張り、1日の張付け高さの限度は1.5m程度とします。

03

タイル工事

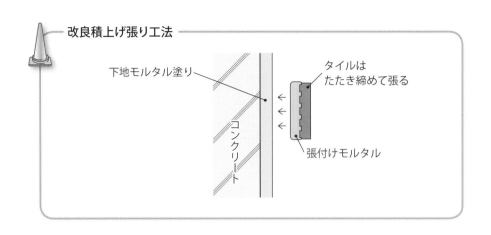

改良積上げ張り工法

下地モルタル塗り

タイルは
たたき締めて張る

コンクリート

張付けモルタル

3-3　改良圧着張り工法

　改良圧着張り工法は、張付けモルタルを2層に分けて塗り付けるもので、1層目を下地面に、2層目をタイル面に塗って圧着して張る工法のことをいいます。

　タイルの張付けは、タイル張りに用いるハンマー等でタイル周辺からモルタルがはみ出すまで入念にたたき押し、1段ごとに上から下に向かって張り進めます。

　張付けモルタルの塗り厚は、下地面は4〜6mm、タイル面は3〜4mm程度とし、モルタルの塗付け面積は、$2m^2$／人以内（60分以内にタイルを張り終える面積）とし、塗置き時間は30分程度とします。

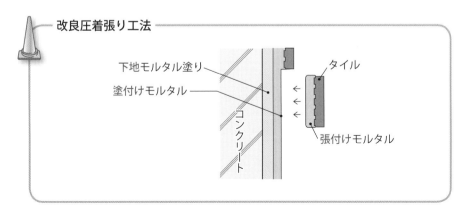

改良圧着張り工法

下地モルタル塗り

塗付けモルタル

コンクリート

タイル

張付けモルタル

3 − 4　マスク張り工法

マスク張り工法は、専用のマスク板をユニットタイル裏面にかぶせて張付けモルタルを塗り、マスクを外してから、モルタルが盛り上がるまでたたき締めて張り付ける工法です。

張付けモルタルの塗置き時間は5分以内、塗り厚は3〜4mm程度とします。

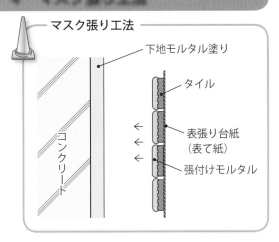

マスク張り工法

下地モルタル塗り
タイル
表張り台紙（表て紙）
張付けモルタル
コンクリート

3 − 5　モザイクタイル張り工法

モザイクタイル張り工法は、下地面に張付けモルタルを塗り付け、25mm角未満のモザイクタイルユニットをたたき締めて張り付ける工法です。張付けモルタルは2度塗りとし、塗り厚を3〜5mm程度とします。モルタルの塗付け面積は3m²／人以内（20分以内にタイルを張り終える面積）とします。

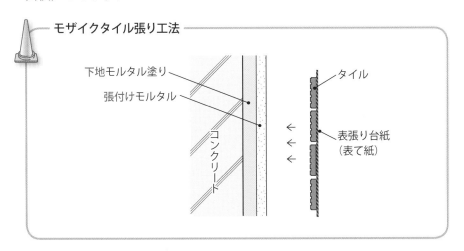

モザイクタイル張り工法

下地モルタル塗り
張付けモルタル
コンクリート
タイル
表張り台紙（表て紙）

03

タイル工事

195

3 - 6　接着剤張り工法

接着剤張り工法は、接着剤を下地に塗ってタイルを張り付ける工法で、常に水がかかるような場所などには使用しません。接着剤の1回の塗付け面積は3m²以内（30分以内にタイルを張り終える面積）とします。タイル接着力試験では、試験体

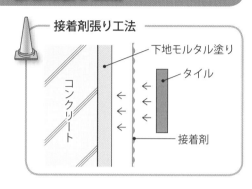

のタイルの目地部分をダイヤモンドカッターでコンクリート面まで切り込みを入れ、周囲と絶縁した後、引張試験を行います。なお、試験体のタイルの数は、100m²ごと及びその端数につき1個以上、かつ、全体で3個以上とします。

頻出項目をチェック！

チェック◎
1

床タイル圧着張りにおいて、タイルの張付けモルタルは、2層に分けて塗り付ける。

タイルの張付けモルタルは、1回に塗り付ける面積をタイル工1人当たり2m²以下とする。

こんな選択肢に注意！

密着張りにおいて、タイルの張付けは、手部から1段置きに水糸に合わせてタイルを張り、その後に間を埋めるように張った。

密着張りにおいて、タイルの張付けは、上部から1段置きに水糸に合わせてタイルを張り、その後に間を埋めるように張った。

屋根工事、とい工事

一次 二次

レッスン
04

ここが Point !

重要度 ★★☆

板や瓦などで屋根を覆うことを葺くといい、屋根工事においては葺くための工法などが主に問われます。

4 - 1 長尺金属板葺き

　長尺金属板葺きは、長い金属板を屋根に葺くもので、長尺金属板における折曲げは切れ目を入れずに行います。下葺き材はアスファルトルーフィングとし、上下は 100mm 以上、左右は 200mm 以上重ね合わせ、ステープル釘での重ね合わせ部間隔は 300 mm 程度とします。

　屋根を葺く際に、合わせ目の一端を折り曲げて板をとめる部分を小はぜといい、主に屋根本体の板と板、軒先などの合わせに用いられます。小はぜの折り返し幅は、15mm 程度とします。

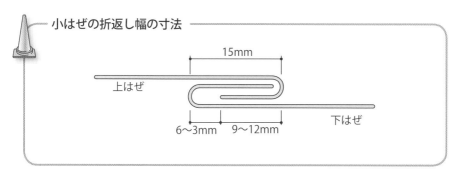

小はぜの折返し幅の寸法

15mm

上はぜ

下はぜ

6〜3mm　9〜12mm

心木なし瓦棒葺き

　心木なし瓦棒葺きは、心木の代わりに通し吊り子を用いて、両端を立ち上げた金属板の溝板を設け、キャップ（包む板）等で葺くものです。金属板を取り付けるために通し吊り子が用いられ、通し吊り子留め付け用の釘の間隔は 250mm（強風地域は 200mm）とします。

心木なし瓦棒葺きにおけるポイント

①キャップのはめ込みは、小はぜ掛けとし、折り返し幅は 15mm 程度とする。

②水上部分と壁との取合い部に設ける雨押えは、壁際では 120mm 程度立ち上げる。

③軒先の唐草は、ドリリングタッピンねじを用いて、母屋に固定する。

④棟覆いは、瓦棒に取り付けた固定金具に、ドリリングタッピンねじで固定する。

⑤けらばは、溝板のけらば端部を唐草につかみ込むようにする。

心木なし瓦棒葺き

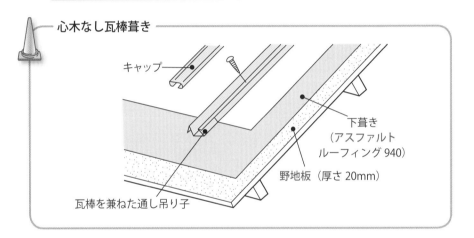

キャップ

下葺き
（アスファルト
ルーフィング 940）

野地板（厚さ 20mm）

瓦棒を兼ねた通し吊り子

平葺き

平葺き

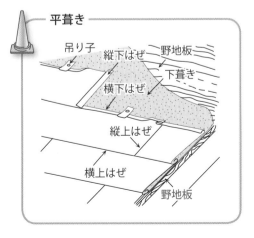

吊り子

縦下はぜ

野地板

下葺き

横下はぜ

縦上はぜ

横上はぜ

野地板

　平葺きは、葺板に立上りを設けず、平面に葺き上げる工法です。平葺きの吊り子は、葺板と同じ種類かつ同じ厚さのものとし、幅 30mm、長さ 70mm とします。平葺きを小はぜ掛けとする場合、折返し幅は、上はぜは 15mm、下はぜは 18mm 程度とします。

また、塗装溶融亜鉛めっき鋼板を用いた金属板葺きの留付け用釘類は、亜鉛めっき製を使用します。

横葺き

横葺きは、上下の葺板をはめ合わせ、吊り子を用いて下地に留めるものです。横葺きの葺板の継手位置は、縦に一直線にならないようにします。

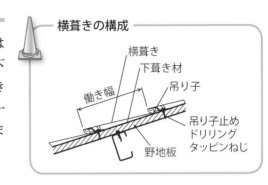

横葺きの構成

横葺き
下葺き材
働き幅
吊り子
吊り子止め
ドリリング
タッピンねじ
野地板

立て平葺き

立て平葺きは、両端を流れ方向と平行に立ち上げた葺板をはぜ継ぎによって葺くものです。立て平葺きの棟部は、溝板のはぜ締めを行った後、はぜを水平に倒して折り上げ、立上げ部分の先端に水返しを付けます。

4 - 2 折板葺き

折板葺きは、鋼板をV字に近い形に折り曲げたもので、屋根工事では、垂木、野地板を省略し、下地に直接取り付けたタイトフレームの上にかぶせることができます。

折板葺きにおけるポイント

①折板、または重ね形折板は、各山ごとにタイトフレームに固定ボルトで固定し、緊結時のボルト間隔は600mm程度とする。

②折板のけらば納めは、原則として、けらば包みによって行う。けらば包みの継手部は継手の重ねを60mm以上とし、継手位置は端部用タイトフレームの近くに設ける。

③変形防止材としてのけらば納めは、けらば先端部に1.2m以下の間隔で、折板の山間隔の3倍以上（3山ピッチ以上）の長さで取り付ける。

④軒先の先端部には、下底を約15°程度曲げ尾垂れを設ける。

⑤水上の先端には、雨水を防ぐための止水面戸を設ける。

⑥タイトフレームの下地への溶接は隅肉溶接とする。

⑦タイトフレームの溶接は、下地材やタイトフレームの表面に防錆処理が施されたまま行ってもよい。

⑧タイトフレームの墨出しは山ピッチを基準に行い、割付は建物の桁行方向の中心から始める。

折板葺き屋根

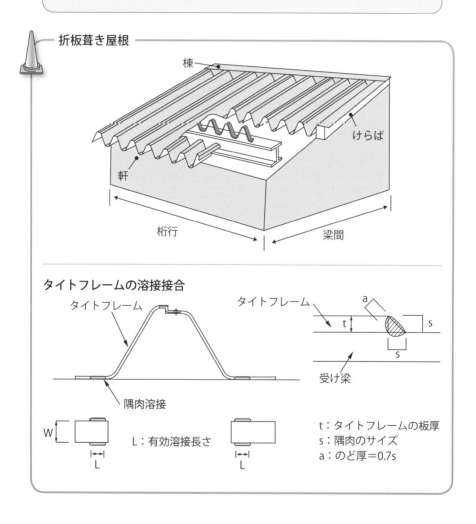

棟

けらば

軒

桁行

梁間

タイトフレームの溶接接合

タイトフレーム

隅肉溶接

W

L

L：有効溶接長さ

L

タイトフレーム

a

t

s

s

受け梁

t：タイトフレームの板厚
s：隅肉のサイズ
a：のど厚＝0.7s

けらば包みによるけらばの納まり

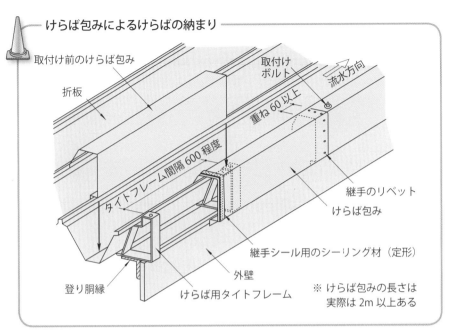

取付け前のけらば包み

折板

取付け
ボルト

流水方向

重ね 60 以上

タイトフレーム間隔 600 程度

継手のリベット

けらば包み

継手シール用のシーリング材（定形）

外壁

けらば用タイトフレーム

登り胴縁

※ けらば包みの長さは
実際は 2m 以上ある

変形防止材によるけらばの納まりの例

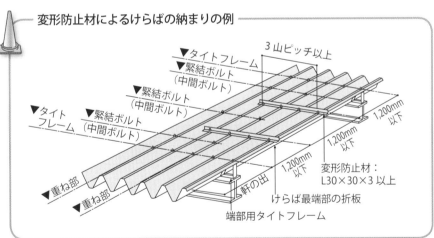

3 山ピッチ以上

▼タイトフレーム

▼緊結ボルト
（中間ボルト）

▼緊結ボルト
（中間ボルト）

▼タイト
フレーム

▼緊結ボルト
（中間ボルト）

1,200mm
以下

1,200mm
以下

1,200mm
以下

1,200mm
以下

変形防止材：
L30×30×3 以上

けらば最端部の折板

端部用タイトフレーム

軒の出

▼重ね部

▼重ね部

けらばとは、切妻部分の妻側の壁より出た屋根部分のこと
をいうよ。

04

屋根工事、とい工事

　屋根工事には、これまで説明したもののほかにも、粘土瓦葺や銅板平葺などがあります。

●粘土瓦葺などの主なポイント

①粘土瓦葺では、下葺き材のアスファルトルーフィングの重ね幅は、シートの短辺部 200mm 以上、長辺部 100mm 以上とする。

②粘土瓦葺では、のし瓦や冠瓦の緊結には、ステンレス線もしくは樹脂被覆された銅線を使用する。

③粘土瓦葺では、下葺きに用いるアスファルトルーフィングは、谷部を2重葺きとする。また、谷部に用いる金属板の材質は、厚さ 0.35mm 以上の銅板とする。

④瓦桟木は、断面寸法が幅 21mm 以上、高さ 15mm 以上の良質な杉を使用する。

⑤桟瓦の留付けには、径 2.3mm 以上、かつ、先端が野地板の厚さの 1/2 以上の深さまで届くステンレス釘を使用する。

⑥銅板平葺では、吊り子の留付けにはステンレス釘を用いる。

⑦大波スレート板葺（繊維強化セメント板）におけるスレート板の鉄骨母屋への留付けにはフックボルトを用いる。

ゴロ合わせで覚えよう！

●粘土瓦葺のポイント

面倒な瓦拭き。重ねてあるけど、
　（粘土瓦葺）　　　（重ね幅）

短い瓦は 200 枚、　長い瓦はあと 100 枚…
（短辺部 200mm 以上）　（長辺部 100mm 以上）

200

100

┃ 粘土瓦葺における下葺き材のアスファルトルーフィングの重ね幅は、シートの短辺部 200mm 以上、長辺部 100mm 以上とする。

4－4　硬質塩化ビニル雨どいの工事

　とい1本の長さは10m以内とし、といの伸縮は、軒どいとたてどいの接合部に設けられるあんこうまたは集水器で吸収するようにします。そのため、といの両端を集水器等に接着してはなりません。

　継手は、接着剤等を用いて行う冷間継手とします。

　軒どいの受け金物は、所定の流れ勾配をとり、1.0m以下の間隔で取り付け、軒どいは、とい受け金物に径1.2mm程度の金属線で取り付けます。

　たてどいの受け金物は、1.2m以下の間隔で通りよく取り付けます。

頻出項目をチェック！

チェック◎ **1**　**重ね形折板は、各山ごとにタイトフレーム上の固定ボルトに固定する。**

折板葺きのけらばの変形防止材には、折板の3山ピッチ以上の長さのものを用いる。

チェック◎ **2**　**といの両端は、集水器等に接着してはならない。**

たてどいの受け金物は、1.2m以下の間隔で通りよく取り付ける。

こんな選択肢に注意！

タイトフレームと下地材との接合は、~~スポット溶接~~とする。

タイトフレームと下地材との接合は、隅肉溶接とする。

表面仕上げ

レッスン 05

ここが Point！

重要度 ★★

表面仕上げは、主として金属材料の表面仕上げまたは表面処理が出題されます。それぞれの特徴を押さえましょう。

5 - 1　ステンレス板の表面仕上げ

ステンレス板の表面仕上げには、次のようなのものがあります。

ステンレス板の表面仕上げの種類

種　類	説　明
ヘアライン（HL）	・適当な粒度の研磨材で連続した磨き目がつくように研磨した仕上げ。
バフ（BA）	・冷間圧延して光輝熱処理を行い、さらに光沢を上げるために軽い冷間圧延をした仕上げ。
鏡面	・研磨線がなくなるまでバフ仕上げをした、最も反射率の高い仕上げ。
エッチング	・化学処理により研磨板に図柄や模様を施した仕上げ。
電解研磨	・電解溶液中で研磨物体を陽極として電解したもの。表面に不動態被膜が形成され、特有の光沢をもった仕上げ。
化学研磨	・研磨液に浸漬（しんせき）するだけで、電解なしに研磨したもの。操作が簡単で、短時間に多量のものが均一に処理できる、中ぐらいの光沢をもった仕上げ。
ダル	・つや消しロールで圧延するか、またはショットブラストで表面に細かい凹凸をつけたもの。にぶい灰色のつや消し仕上げ。
エンボス	・エッチングまたは機械的に模様を彫り込んだエンボス用ロールで圧延し、凹凸の浮出し模様の付いた仕上げ。

5－2　各種金属材料の表面処理

　鋼材などを電解液中で通電して、表面に皮膜金属を生成させることを電気めっきといい、溶融した亜鉛の中に鋼材を浸漬して亜鉛めっき皮膜を生成させたものを、溶融亜鉛めっきといいます。

　また、銅合金の表面に硫黄を含む薬品を用いてかっ色に着色したものを、硫化いぶし仕上げといいます。

　アルミニウム合金を硫酸その他の電解液中で電気分解して、表面に生成させた皮膜を陽極酸化皮膜といい、陽極酸化処理の後、塗装を施したものを、陽極酸化塗装複合皮膜仕上げといいます。

　また、アルミニウムの表面処理については、次のような性質と欠陥が規定されています。

アルミニウム表面処理用語

名　称	定　義
ダイマーク	・押出（引抜）材表面の押出（引抜）方向に現れる線状の細かい凹凸。
バフむら	・だれ、磨き目の不ぞろいなどバフ研磨のむら。
バフ焼け	・バフ研磨中の高熱のために生じた研磨面の不均一性。
チョーキング	・表面が粉末状になる現象。主として光による劣化が原因である。白亜化ともいう。
糸状腐食	・重ねた板の間または塗膜の下に生じる糸状の腐食。
接触腐食	・異種金属が接触し、電解質が介在して電気回路が形成されたときに生じる腐食。

エッチングは腐食加工のこと、エンボスは浮き上がらせることだよ。

金属工事

レッスン 06

ここが Point !

重要度 ★★★

金属工事は金属を用いる工事のことを指しますが、なかでも軽量鉄骨天井下地や軽量鉄骨壁下地は試験においてよく出題されます。

6-1 軽量鉄骨天井下地

　建築物の天井下地や壁下地には、不燃化、省資源、省力化等を主な理由として、木構造を除き、多くの場合で軽量鉄骨が使用されています。

　天井下地の野縁（天井板を張るために用いる細長い棒状の部材）には、シングルやダブルなどの種類がありますが、一般に、屋内には19形、屋外には25形が用いられます。なお、吊りボルトには、防錆処理されたφ9mm（ネジ山径）丸鋼を使用します。

野縁などの下地材

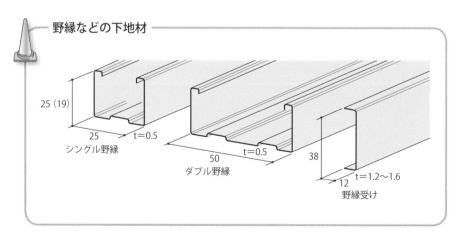

25（19）

25　t=0.5
シングル野縁

50　t=0.5
ダブル野縁

38

12　t＝1.2～1.6
野縁受け

野縁などの種類（単位：mm）

部　材	種　類	
	19形	25形
シングル野縁	25 × 19 × 0.5	25 × 25 × 0.5
ダブル野縁	50 × 19 × 0.5	50 × 25 × 0.5
野縁受け	38 × 12 × 1.2	38 × 12 × 1.6

軽量鉄骨天井下地の施工

軽量鉄骨の施工においては、主に次のような規定が定められています。

●**軽量鉄骨天井下地の施工の主な規定**

①天井下地は、中央部が高くなるよう、スパンの 1/500 〜 1/1,000 のむくりを付けて組み立てる。

②下地張りがなく、野縁が壁に平行な場合は、壁際の野縁にはダブル野縁を使用する。

③照明器具の開口のために、野縁及び野縁受けを切断した場合は、それぞれ同じ部材で補強を行う。

④天井ふところが、屋内 1.5m 以上、屋外 1.0m 以上の場合は、水平補強を縦横方向に間隔 1.8m 程度、斜め補強を縦横方向に間隔 3.6m 程度設ける。

⑤下がり壁による天井の段違い部分には、2.7m 程度の間隔で斜め補強を行う。

⑥軽量天井下地における高速カッターによる切断面は、亜鉛の犠牲防食作用が期待できるため、錆止め塗装を行わない。

⑦野縁受け、吊りボルト、インサートの間隔は 900mm 程度とし、周辺部は端から 150mm 以内とする。

⑧野縁受け及び野縁同士で隣り合うジョイントは、1 m以上ずらして千鳥に配置する。

⑨野縁はクリップで野縁受けに固定する。野縁受けの転倒防止や野縁のひずみを防止するために、クリップの向きは交互にし、野縁受け材に取り付ける。

⑩野縁は、野縁受けから150mm以上はね出してはならない。

⑪野縁の間隔は、屋内で下地張りのある場合は360mm程度、屋内で仕上材直張りの場合は300mm程度、屋外の場合は300mm程度とする。

⑫吊りボルトの取付け用インサートは、鋼製とする。

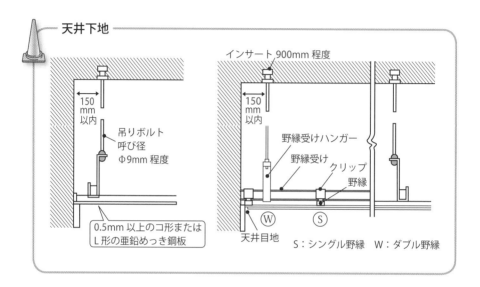

天井下地

インサート 900mm 程度

150mm以内

吊りボルト
呼び径
Φ9mm 程度

0.5mm以上のコ形または
L形の亜鉛めっき鋼板

野縁受けハンガー

野縁受け

クリップ

野縁

天井目地　　S：シングル野縁　W：ダブル野縁

天井用アルミモールディングの取付け

　アルミモールディングの取付けに先立ち、半端な寸法の材料が入らないように割付けを行います。アルミモールディングの留付けは、目立たぬよう目地底にステンレス製の小ねじ留めとします。また、長尺のアルミモールディングには、温度変化に対する伸縮調整継手を設けます。

本試験では、下地張りのある場合をボード2枚張り、下地張りがなく仕上げ材直張りの場合をボード1枚張りというよ。

6 - 2　軽量鉄骨壁下地

　軽量鉄骨壁下地の施工では、軽量鉄骨間仕切りの軸組みとして、ランナーやスペーサー、スタッドなどが用いられます。スタッドには、主に 65 形が使用されています。なお、スタッドの高さが 4.0m を超え 4.5 m 以下の場合、区分記号 90 形のスタッドを用います。同一壁面でスタッドの高さに高低差がある場合は、高い方のスタッドに適用される部材を使用します。

　ランナーは端部から 50mm 程度の位置で押さえ、突付け継ぎとします。また、900mm 間隔程度で打込みピンを打ち込み、床やスラブ下、野縁等に固定します。ランナーを固定するピンは、コンクリート打設後 10 日以上経過していることを確認し、固定強度を確保します。

　スタッドのねじれ防止等のためのスペーサーは、スタッドの建込み前に、間隔 600mm 程度で取り付けます。

　スタッドをコンクリート壁に取り付ける場合は、上下ランナーに差し込み、打込みピンでコンクリート壁に固定します。スタッドの間隔は、下地がある場合は 450mm 程度、仕上材直張りに用いる場合は 300mm 程度とします。スタッドは、上部ランナーの上端とスタッド天端の隙間が 10mm 以下となるようにします。

　また、部材の安定のために振れ止めを使用する場合、振れ止めは、床面から 1.2m 程度の間隔でスタッドに引き通し、スペーサーで固定します。ただし、上部ランナーから 400mm 以内に振れ止めが位置する場合は、スペーサーを省略できます。

　そのほか、補強材に関するポイントとして、垂直方向補強材は、上は梁、またはスラブ下に達するものとし、上下とも打込みピンなどで固定した取付け用金物に溶接、またはタッピングビス、ボルト類で取り付けます。垂直方向補強材の長さが 4.0m を超える場合は、上下端部及び間隔 600mm 程度に溶接したものを 2 本抱合せとし、スタッドに添えて補強します。

　亜鉛めっきされた補強材同士の溶接箇所は、鉛酸カルシウム錆止めペイントで塗装します。出入口枠のアンカーは、開口部補強材に溶接して取り付け、縦の開口部補強材は、上端部を梁、スラブ下等に固定します。

06

金属工事

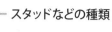

スタッドなどの種類

部材＼種類	50形	65形	90形	100形
スタッド	50 × 45 × 0.8	65 × 45 × 0.8	90 × 45 × 0.8	100 × 45 × 0.8
ランナー	52 × 40 × 0.8	67 × 40 × 0.8	92 × 40 × 0.8	102 × 40 × 0.8
振れ止め	19 × 10 × 1.2	25 × 10 × 1.2		
出入口及びこれに準じる開口部の補強材	——	〔-60 × 30 × 10 × 2.3	〔-75 × 45 × 15 × 2.3	2〔-75 × 45 × 15 × 2.3
補強材取付け用金物	——	L-30 × 30 × 3	L-50 × 50 × 4	
スタッドの高さによる区分	高さ2.7m以下	高さ4.0m以下	高さ4.0mを超え4.5m以下	高さ4.5mを超え5.0m以下

- ダクト類の小規模な開口部の補強材は、それぞれ使用した種類のスタッドまたはランナーとする。
- スタッドの高さに高低がある場合は、高いほうを適用する。
- 50形は、ボード片面張りの場合に適用する。

壁下地

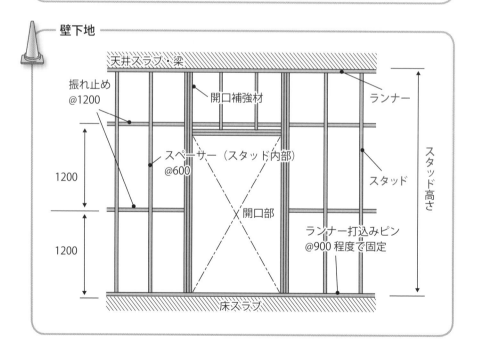

●そのほかの金属工事におけるポイント

①アルミニウム製笠木は、コーナー部材を先に割り付けた後、直線部材を割り付ける。

②アルミニウム製笠木をはめ込むための固定金具は、パラペットにあと施工アンカーで固定する。

③アルミニウム製笠木の天端の水勾配は、内側が低くなるように取り付ける。

④はめあい方式のアルミニウム製笠木のジョイント部は、排水機構の溝形断面形状をもつ金具を用い、オープンジョイントとする。

⑤アルミニウム製手すりの伸縮継手位置の割付け寸法は、温度変化による膨張率がアルミのほうが鉄より大きいため、鋼製手すりより短くする。

⑥バルコニーに設置するアルミニウム製の手すり笠木の端部は、外壁のコンクリートに埋め込まない。

頻出項目をチェック！

| チェック ◎ 1 | 軽量鉄骨壁下地の床ランナーは、端部を押さえ、900mm 間隔に打込みピンでコンクリート床に固定する。 |

出入口開口部の垂直方向の補強材の上部は、梁下またはスラブ下に固定する。

 こんな選択肢に注意！

ボード1枚張りであったので、スタッドの間隔を 450mm とした。

ボード1枚張りであったので、スタッドの間隔を 300mm とした。

06

金属工事

左官工事

ここが Point !

重要度 ★★★

左官工事とは、壁や床の保護等を目的として、仕上げに壁土、モルタル、しっくい、プラスター等を塗り付ける工事のことをいいます。

7-1　モルタル塗り

　モルタルは施工場所や下塗り、中塗りなどに応じて調合の割合、塗り厚などを決定します。モルタルを用いる場合は、収縮によるひび割れを防ぐため、仕上げに支障のない範囲でできるだけ粒径の大きい骨材を使用します。モルタルにおいては、1回の練混ぜ量は60分以内に使い切れる量とし、1回の塗り厚は7mm以下（床は除く）とし、全塗り厚は25mm以下（床は除く）とします。

調合及び塗り厚の標準値

下　地	施工箇所		下塗り・ラス付け		むら直し・中塗り		上塗り			塗り厚の標準値（mm）
			セメント	砂	セメント	砂	セメント	砂	混和材	
コンクリート、コンクリートブロック、れんが	床	仕上げ	—	—	—	—	1	2.5	—	30
		張物下地	—	—	—	—	1	3	—	
	内壁		1 ※1	2.5	1	3	1	3	適量	20
	外壁その他（天井の類を除く）		1	2.5	1	3	1	3	—	25以下
ラスシート、メタルラス	内壁		1 ※1	2.5	1	3	1	3	適量	15
	外壁		1	2.5	1	3	1	3	—	20

※1 内壁下塗り用軽量モルタルを使用する場合は、細骨材を砂に代えてセメント混和用軽量発泡骨材とし、塗り厚を5mm以内とすることができる。
・ラス付けの場合は、必要に応じて、すさを混入できる。
・ラス付けは、ラスの厚さより1mm程度厚くする。
・ラス付けは、塗り厚に含まない。
・ビニル床シート、ビニル床タイルなどの場合は、床モルタルの塗り厚には、張物材の厚さを含む。

●モルタル塗りの施工におけるポイント

①ひずみや不陸の著しい下地は、目荒しや水洗いを行った後にモルタルで補修し、14日以上放置する。

②壁塗りにおける下塗り及びラス付けは、14日以上放置し、ひび割れ等を十分発生させる。

③セメントモルタル塗りの表面状態には、金ごて仕上げ、木ごて仕上げ、はけ引き仕上げ、くし目引き仕上げがある。

④一般塗装下地、壁紙張り下地、防水下地の仕上げには金ごて仕上げが、一般タイル張り下地の仕上げには木ごて仕上げが用いられる。

⑤モルタル塗りの下地となるコンクリート面に吸水調整材を塗布することで、ドライアウト（モルタルが硬化不良や接着不良を起こしやすくなる現象）による付着力の低下を防ぐ。

⑥吸水調整材を塗りすぎると、モルタルのコンクリート面への付着力が低下するおそれがある。

⑦吸水調整材塗布後の下塗りまでの間隔時間は1時間以上とするが、長時間放置するとほこり等の付着により接着を阻害することがある。

⑧下地コンクリートの目違いや気泡穴を平たんにするためには、ポリマーセメントペーストを用いる。

⑨乾燥収縮によるひび割れを防ぐためには、メチルセルロース等の水溶性樹脂を保水剤として用いる。

⑩下塗り、むら直し、中塗り用の砂は、粒形の大きいものを用いる。

⑪壁塗りにおける下塗り面は、金ぐし類で荒し目をつける。下塗り後はモルタル表面のドライアウトを防ぐため、水湿しを行う。

⑫中塗り、上塗りの塗り厚を均一にするため、下塗りの後、むら直しを行う。

⑬上塗りモルタルの調合は、下塗りモルタルよりも貧調合とする。

07

左官工事

7-2　せっこうプラスター塗り

　せっこうプラスターは、水を加えて練り、加水後は、下塗り、中塗りは2時間以内、上塗りは1時間30分以内に使用します。調合で砂を入れすぎると、強度が低下したり、気泡が入り接着力が低下したりするおそれがあります。硬化時間や強度への影響を考慮し、セメント、消石灰、ドロマ

213

イトプラスターなどは絶対に混入してはいけません。塗り作業中はできるだけ通風をなくし、塗り面の硬化が十分に進行した後は、適度な通風を行い、余分な水分を乾燥させます。せっこうプラスターには、収縮によるひび割れなどを防ぐため、補強材料としてすさなどが用いられています。

　下塗りは、下地モルタルが十分乾燥した後に施工します。下地がせっこうボードの場合、下塗りは下塗り用の既調合プラスターを使用し、塗厚を6〜8mm程度とします。

　上塗りは、中塗りが半乾燥のうちに施工します。

　せっこうラスボード下地は、ボードの表紙がアルカリに侵されてはく離するため、アルカリ性以外のプラスターを用いなければなりません。

7-3　セルフレベリング工法

　セルフレベリング工法は、材料のもつ流動性を利用して、下地面に平滑な床面を形成する工法であり、金ごて仕上げを必要としません。また、セルフレベリング工法は、熟練した左官技術を必要とせず、省力化と工期短縮も可能という特徴もあります。

　下地処理では、下地コンクリートの乾燥期間は打込み後1箇月以上とし、吸水調整材は塗付け後に十分乾燥させておきます。

　セルフレベリング工法における塗り厚は10mm程度で、塗りは1回塗りとします。施工後硬化するまでの間は、塗り面に風が当たらないように窓や開口部をふさぎ、自然乾燥状態とします。

　セルフレベリング工法にせっこう系のセルフレベリング材を用いる場合は、水濡れの箇所での使用は避け、また、施工に先立ち鉄部の防錆処理を行います。

　セルフレベリング材の流し込み後の乾燥養生期間は、標準的な塗厚であれば7日以上を目安とし、低温の場合は14日以上とします。

7-4　仕上塗材

　仕上塗材を用いる仕上げは、下塗材と上塗材の組合せなどにおいて品質確保が求められるため、原則として、材料は同一製造所で製造します。強風時または降雨のおそれのある場合、施工場所の相対湿度が85％以上の場合には、原則として施工はできません。

仕上塗材の種類、仕上げの形状及び工法

種　類	呼び名	仕上げの形状	工　法
薄付け仕上塗材	可とう形外装薄塗材 E	砂壁状 ゆず肌状	吹付け
		平たん状 凹凸状	こて塗り
		ゆず肌状 さざ波状	ローラー塗り
	内装薄塗材 Si 内装薄塗材 E	砂壁状じゅらく ゆず肌状	吹付け
		平たん状 凹凸状	こて塗り
		ゆず肌状 さざ波状	ローラー塗り
	内装薄塗材 W	京壁状じゅらく ゆず肌状	吹付け
		平たん状 凹凸状	こて塗り
厚付け仕上塗材	内装厚塗材 C	吹放し 凸部処理	吹付け
		平たん状 凹凸状 ひき起こし かき落とし	こて塗り
複層仕上塗材	複層塗材 CE 複層塗材 Si 複層塗材 E 複層塗材 RE	凸部処理 凹凸状	吹付け
		ゆず肌状	ローラー塗り
軽量骨材仕上塗材	吹付け用軽量塗材	砂壁状	吹付け
	こて塗用軽量塗材	平たん状	こて塗り

●仕上塗材の施工のポイント

①下地となるコンクリートには、付着性の確保や目違いの調整のため、セメント系下地調整材等を使用する。

②下地のコンクリートの不陸が 3mm を超えている場合は、セメント系下地調整厚塗材を使用する。

③仕上塗材を施工する場合の所要量は、被仕上塗材仕上面の単位面積に対する希釈前の仕上塗材の使用質量とする。

④主材の基層塗り、複層仕上塗材の上塗りは 2 回塗りとし、ダレ、ピンホールがないように均一に塗り付ける。

⑤シーリング面への仕上塗材仕上げは、塗重ね適合性を確認し、シーリング材の硬化後に行う。

⑥スプレーガンによる吹付けは、スプレーガンのノズルを下地面に対してやや上向きにし、一定距離を保ちながら縦横 2 方向に吹き付ける。

⑦見本塗板は、所要量・塗厚が工程ごとに確認できるように作成する。

頻出項目をチェック！

チェック◎ 1	**セルフレベリング材塗りは、下地となるコンクリートの打込み後、1箇月経過したのちに行う。**

セルフレベリング材の流し込みは、吸水調整材塗布後、十分乾燥させてから行う。

こんな選択肢に注意！

上塗りの塗り厚を均一にするため、~~中塗り後~~、むら直しを行った。

上塗りの塗り厚を均一にするため、下塗り後、むら直しを行った。

一次 二次

建具工事

レッスン
08

ここが Point！

重要度 ★★★

建具は、部屋や外部の仕切りに用いるもので、主に、開け閉めができる障子、窓、戸などが該当します。

建具に共通する性能は次の6つで、等級が高い建具ほど性能はよくなります。建具は、機能上重要で使用頻度も高く、仕上げの基準ともなるため、建具における取付け精度の許容差は、±2mm程度と厳しくなっています。

建具に共通する性能

①耐風圧性：圧力差による変形に耐える程度
②気密性：圧力差による空気のもれを防ぐ程度
③水密性：圧力差による雨水などの浸入を防ぐ程度
④遮音性：音の侵入を防ぐ程度
⑤断熱性：熱の侵入を防ぐ程度
⑥面内変形追随性：地震によって生じる面内変形に追随しうる程度

※ただし、日本産業規格（JIS）の規定においては、普通性能のスライディングサッシ（引違い窓、片引き窓等）の場合、性能項目として遮音性、断熱性は定められていない。また、日本産業規格（JIS）の規定においては、普通性能のスイングドアセット（開き扉等）の場合、性能項目として遮音性、断熱性、面内変形追随性は定められていない。

8-1　アルミニウム製建具

アルミニウム製建具は、軽い、耐食性に優れている、不燃材料であるなどの特徴があります。

●アルミニウム製建具の施工におけるポイント

①枠、水切り等に使用する場合の厚さは1.5mm以上とする。

②枠、水切り等のアンカーの間隔は、開口部より150mm内外を端とし、中間は500mm以下とする。

③周辺にモルタルや鋼材を用いる場合、接触腐食を避けるため、絶縁処理を行う。

④建具枠周囲に充填するモルタルの調合は、容積比でセメント1に対して砂3とし、隙間のないように充填する。

⑤外部建具枠周囲に充填するモルタルに海砂を使用する場合は、NaCl換算0.04%以下（質量比）まで除塩する。

⑥外部建具枠の周囲に充填するモルタルに用いる防水剤は、塩化物系以外のものとする。

⑦外部建具周囲にモルタルを充填する際、外部周りの仮留め用くさびは、漏水の原因となるため取り除く。

⑧建具表面に、モルタル、プラスター、塗料などが付着した場合、しみの原因となるため除去する。

⑨建具の取付けは、くさび等により仮留めした後、コンクリートに固定したサッシアンカーなどに溶接する。

⑩建具枠に用いる補強材には、亜鉛めっき処理した鋼材を使用する。

⑪アルミニウムに接する小ねじは、ステンレス製のものを使用する。

⑫引違い建具の振れ止めや戸当たりは、耐久性を考慮し、合成樹脂製のものを使用する。

⑬加工、組立てにおいて、隅部の突付け部分にはシーリング材またはシート状の止水材を使用する。

8 - 2　鋼製建具

鋼製建具は、耐久性や防火性に優れているという特徴があります。

●鋼製建具の施工におけるポイント

①溶融亜鉛めっき鋼板の溶接痕は、表面を平滑に研磨し、変性エポキシ樹脂プライマーで補修する。

②鋼板の厚さは、つり元のように大きな力のかかる部分は2.3mm以上、そのほかの部分は1.6mm以上とする。

③外部に面する鋼製ドアのくつずりの材料は、ステンレス鋼板とする。

④外部に面する鋼製ドアのステンレス製くつずりは、両端を縦枠より延ばし、縦枠の裏面で溶接する。

⑤くつずり、下枠等のモルタル充填が困難な場所は、あらかじめ裏面に鉄線等を取り付けておき、モルタル詰めを行った後に取り付ける。

⑥フラッシュ戸では、外部に面する戸は下部を除き三方の見込み部を表面板で包み（三方曲げ）、内部に面する戸は上下部を除き二方の見込み部を表面板で包み込む（二方曲げ）。

⑦フラッシュ戸の組立てでは、中骨は間隔 300mm 以下とする。

⑧フラッシュ戸の表面板と中骨は、溶接または構造用接合テープで接合する。

⑨鋼製両面フラッシュ戸の表面板裏側の見え隠れ部分は、防錆塗装を行わない。

⑩建具枠の取付けにおいて、枠の取付け精度は対角寸法差 3mm 以内とする。

⑪丁番、ドアクローザー等の取り付く箇所の建具枠の裏面には、補強板を取り付ける。

⑫防火戸に設けるがらりは、防火ダンパー付きのものとする。

⑬防錆塗装は 2 回塗りとし、1 回目を工場で行い、2 回目を工事現場で行う。

08

建具工事

8 - 3　重量シャッター

　重量シャッターは、防煙や防火を目的に用いられるシャッターです。防煙シャッターは、防火シャッターのうち、遮煙性能をもつものをいいます。防火シャッターは、スラット及びケース等の鋼板の厚さを 1.5mm 以上とします。

　スラットにはインターロッキング形とオーバーラッピング形があり、主に、防火シャッターには一般にインターロッキング形が、防煙シャッターにはオーバーラッピング形が用いられています。

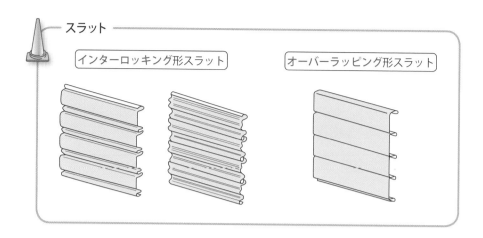

スラット

| インターロッキング形スラット | オーバーラッピング形スラット |

●重量シャッターの施工におけるポイント

①シャッターのスラット相互のずれ止めとして、スラットの端部に端金物を取り付ける。

②外部に面し、耐風圧性が必要な場合は、フック等のはずれ止めを設ける。

③埋込み型のガイドレールのアンカーは、ガイドレールの両端を押さえ、中間部の間隔は 600mm 以下とする。

④特定防火設備の防火シャッターのスラット及びケースの鋼板の厚さは、1.5mm 以上とする。

⑤特定防火設備の防煙シャッターのスラットの形状は、オーバーラッピング形とする。

8－4　木製建具

　木製建具は軽く加工性がよいという特徴がありますが、天候による影響を受けやすい性質もあります。木製建具は主に戸に用いられます。

　かまちと桟でつくった骨組みの両面に面材を張って平面に仕上げた戸を、フラッシュ戸といいます。かまち及び中骨に用いる木材は、加工及び組立て時の含水比を、天然乾燥で 18％以下、人工乾燥で 15％以下とします。また、建具の膨らみを防止するため、上・下かまち及び横骨には 3mm

程度の空気穴を設けます。表と裏の面材は、反りが生じないよう、同一の
ものとします。

　中骨の間隔は、150mm 程度とし、縦かまちと横骨の取合いは、両面に
ステープルを用いて固定します。

　縦かまちは 3 枚はぎ以上、かつ、見付け 60mm 以上、上・下かまちは
3 枚はぎ以上、かつ、見付け 75mm 以上とします。戸の錠前当たりの部
分は、高さ 300mm 以上の増し骨で補強を施します。

08
建具工事

主な木製建具

種　類	概　要
かまち戸	4 辺をかまちで組み、鏡板などをはめ込んだもの。
障子	周囲の 4 辺にかまちを回し、縦横に組んだ格子状の組子の外側に障子紙を張ったもの。
格子戸	通風を目的とし、縦格子に貫を通して格子状に組み立てたもの。
ふすま	芯材として格子状に組んだ骨組の両面にふすま紙を張り、4 辺に縁をはめ込んだもの。
戸ぶすま	フラッシュ戸の表面と周囲を、ふすまと同様に仕上げたもの。
鏡板	板戸のかまちと桟の間にはめ込まれる一枚板。
額縁	窓や出入口などの開口部と周囲の壁仕上げの境目を隠すための見切り材。

フラッシュ戸の心材には、中骨式のほかに、横骨の間にペーパーコアを充填したペーパーコア式があるよ。

8 - 5　建具金物

　建具金具は、主に建具のつり込み、開閉、戸締りを行うために用いられ
ます。

主な建具金物

種　類	概　要
シリンダー箱錠	デッドボルトとラッチボルトを有する、シリンダー式施錠機構の錠。外部の錠として有効。
モノロック	内外の握り玉の同一線上で施解錠ができる錠で、押しボタンやシリンダーが設けられている。
本締り錠	デッドボルトを有し、錠またはサムターンで施解錠できる錠。
空錠	ラッチボルトを有し、鍵を用いずに握り玉やレバーハンドルで、開閉できる錠。
クレセント	引違い戸の閉鎖を保持する金具。
サムターン	鍵を使用しないで、主に開き戸を施解錠する金具。
フロアヒンジ	床に埋め込まれる扉の自閉金物で、自閉速度を調整できる。
ピボットヒンジ	戸を上下から軸で支える機構で、一般には持出し吊りが多い。

8 - 6　ガラス

　建具工事においてガラスを用いる場合、ガラスの切り口はエッジ強度の低下を防ぐため、クリーンカットとします。ガラスにはさまざまな種類がありますが、網入板ガラスは防火設備として認定されているため、防火設備として使用できます。

　線入板ガラスは防火設備としては使用できないよ。

　網入板ガラスを用いる場合は、ガラス切り口に対する水密加工を行い、下部小口の網材の錆を防ぎます。また、水分による発錆を防ぐため、サッシ下枠内に水抜き穴を設けます。なお、複数のガラスを重ねあわせて複数の層をつくり出すガラスを複層ガラスといい、複層ガラスを外部に面するサッシに使用する場合は、水分による接着力の低下を防ぐため、サッシ下枠内に水抜き穴を設けます。

　ガラスの留め材にはシーリング材、グレイジングガスケット、構造ガスケット、セッティングブロックなどがあります。

　グレイジングガスケットには、グレイジングチャンネルとグレイジングビードの2種類があり、グレイジングチャンネルは、かまちが分割できる場合に用いられます。いずれも、継目はガラスの上辺中央部とし、隙間がないようにします。

●ガラスの施工におけるポイント

①厚さ8mm以上の合わせガラスには、ガラス周りの止水性に優れた不定形シーリング材構法が適している。

②不定形シーリング材構法におけるセッティングブロックの設置位置は、ガラス両端部より横幅寸法のおよそ1/4の箇所とし、ガラス1枚につき2箇所設置する。

③不定形シーリング材構法において、可動窓の場合、開閉時の衝撃によるガラスの損傷を避けるため、エッジスペーサーを設ける。

④グレイジングガスケット構法におけるガスケットは、伸ばさないようにし、各隅を留め付ける。

⑤グレイジングチャンネル構法のグレイジングチャンネルの継ぎ合わせ位置は、水密性、気密性が低下しないよう、ガラスの上辺中央部とする。

⑥複層ガラスには、止水性に劣るグレイジングチャンネルは用いない。

⑦ガラスブロック積み工法では、伸縮調整目地を6m以下ごとに設ける。

⑧ガラスブロック積み工法における水抜きプレートは、金属枠の下枠溝内に組み込み、塩化ビニル樹脂等の合成樹脂製とする。

⑨主に風圧力による変形に対するクリアランス（隙間、余裕）で、ガラスの両サイドに生じるものを面クリアランスといい、主に地震時の変形に対するクリアランスで、ガラスの下部に生じるものをエッジクリアランスという。

⑩カーテンウォールの全面に熱線反射ガラスを使用した場合は、映像調整を行う。

⑪型板ガラスは、型模様面を室内側とする。

⑫熱線反射ガラスは、反射膜コーティング面を室内側とする。

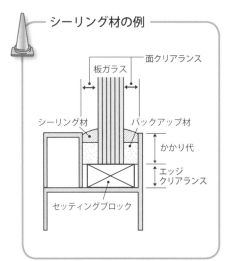

シーリング材の例

面クリアランス
板ガラス
シーリング材
バックアップ材
かかり代
エッジクリアランス
セッティングブロック

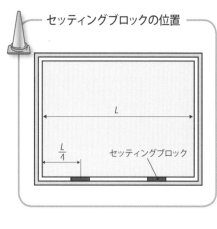

セッティングブロックの位置

L

$\frac{L}{4}$

セッティングブロック

頻出項目をチェック！

チェック◎ 1 **不定形シーリング材構法におけるセッティングブロックは、ガラス両端部より横幅寸法のおよそ <u>1/4</u> の箇所に設置する。**

グレイジングチャンネルの継目の位置は、ガラスの<u>上辺</u>中央部とする。

こんな選択肢に注意！

外部に面する鋼製両面フラッシュ戸の見込み部は、~~上下を除いた左右2方向のみ~~、表面板で包んだ。

外部に面する鋼製両面フラッシュ戸の見込み部は、<u>下部を除いた3方を</u>、表面板で包んだ。

塗装工事

ここが Point !

重要度 ★★☆

塗装においては、用いる塗料や塗り面が、耐水性、付着性、耐アルカリ性等、どのような性質をもっているかを押さえることが求められます。

　塗装は部材の保護や、見た目における装飾などを目的とし、ローラーブラシ、小ばけ、スプレーガンなどを用いて行います。塗る際の注意点としては、スプレーガンは、塗り面に直角に向け平行に使用し、1列ごとの吹付け幅が 1/3 ずつ重なるようにします。エアスプレーガンは、空気圧が低すぎると噴霧が粗く、塗り面はゆず肌状となり、高すぎると塗料のロスが多くなります。

　隅やちり回りなどは、小ばけなどを用いて塗装します。アンゴラや山羊の毛を素材としたモヘアのローラーブラシは、ほとんどの塗料に使用できますが、強溶剤系の塗料には使用できません。

9 - 1　素地ごしらえ

　素地とは塗装を行う素材の面のことをいい、素地ごしらえでは塗装をスムーズに行うための準備を行います。

　素地ごしらえとして、素地に付着したアスファルトや油類は溶剤でふき取り、十分に乾燥させます。鉄鋼面に付着した溶接のスパッタは、水溶液ではなく、ディスクサンダーなどの動力工具やスクレーパーなどの手工具を用いて取り除きます。また、鉄鋼面に付着した機械油などの鉱物油は、アルカリ性溶液では分解できないので、石油系溶剤などを用いて取り除きます。鉄鋼面にりん酸塩化成皮膜処理をした場合、空気中の水分によって塗装を妨げる酸化被膜を生じることがあるため、処理したあとはなるべく早く錆止め塗料を塗り付けます。

●素地ごしらえにおけるポイント

①透明塗料塗りをする木部面に著しい色むらがある場合は、着色剤を用いて色むら直しを行う。

②不透明塗料塗りの木部面は、節止めの後に穴埋め・パテかいを行う。

③木部面の節止めにセラックニスを塗布した場合、気温が 20℃のときの工程間隔時間は 2 時間以上とする。

④鉄鋼面に付着した機械油の除去は、石油系溶剤を用いて行う。

⑤鉄鋼面の錆及び黒皮の除去は、サンドブラストを用いて行う。

⑥鉄鋼面の錆落しは、油類除去の後に行う。

⑦モルタル面に行うシーラー塗り（吸込み止め）は、穴埋めやパテかいの前に行う。

⑧けい酸カルシウム板面の吸込み止めは、穴埋めやパテかいの前に行う。

⑨ ALC パネル面の吸込み止めは、下地調整の前に行う。

⑩ ALC パネル面の吸込み止めは、合成樹脂エマルションシーラーを用いて行う。

⑪せっこうボード面のパテかいは、合成樹脂エマルションパテを用いて行う。

9－2　塗装工事、塗装の欠陥

　塗装の材料にはそれぞれ特徴があるため、使用する場合には、乾燥時間や塗る部分を考慮します。

　合成樹脂調合ペイント塗り（SOP）は、塗膜が耐アルカリ性に劣るため、コンクリートやモルタル等の素地には適しません。また、木部に下塗りを行う場合は木部下塗り用調合ペイントを用います。中塗り後の工程間隔時間は 24 時間以上とし、上塗りは、材料を希釈せずにはけ塗りができます。

　合成樹脂エマルションペイント塗り（EP）は水による希釈が可能で、加水することで流動性をもたせることができます。また、中塗り後の工程間隔時間は、セメント系素地及びせっこうボード素地面の場合、3 時間以上とします。

　また、塗装は乾燥や流動性などを原因とする欠陥が生じる場合があります。それら欠陥を防止するためには、欠陥にあわせた対策をとることが求められます。

●**塗装工事におけるポイント**

①木部の塗装工事において、塗装場所の相対湿度が85％以上の場合は、原則として塗装作業を行わない。

②木材保護塗料塗りにおいては、塗料は希釈せず原液で使用する。

③木部のクリヤラッカー塗りの下塗りには、ウッドシーラーを用いる。

④木部のクリヤラッカー塗りにおける着色は、下塗りのウッドシーラー塗布前に着色する。

⑤オイルステイン塗りは、耐候性が劣るため、建築物の屋外には使用しない。

⑥オイルステイン塗りの色濃度の調整は、シンナーによって行う。

⑦オイルステイン塗りでは、中塗り及び上塗り後に、全面をむらのないようにウエスで軽くふきとる。

⑧合成樹脂調合ペイント塗りの下塗りと中塗りの塗付け量は0.09kg/m^2、上塗りの塗付け量は0.08kg/m^{2}とする。

⑨合成樹脂調合ペイント塗りの標準工程間隔時間（気温20℃のとき）は、24時間以上である。

⑩合成樹脂エマルションペイント塗りの標準工程間隔時間（気温20℃のとき）は、3時間以上である。

⑪合成樹脂エマルションペイント塗りにおいて、天井面等の見上げ部分では研磨紙ずりを省略できる。

⑫強溶剤系の塗料をローラーブラシ塗りとする場合は、モヘアではなく、ウールのローラーブラシを用いる。

⑬エアレススプレーによる吹付け塗りは、高粘度、高濃度の塗料による厚膜塗装に適している。

⑭エアスプレーによる吹付け塗りは、スプレーガンの空気圧が低過ぎると噴霧が粗く、塗り面がゆず肌状になる。

⑮上塗りに用いる塗料が少量だった場合は、同一製造所の同種塗料を用いて現場調色とする。

塗装の欠陥の原因と対策

塗料の状態または塗装作業中の欠陥

欠陥の種類	原　因	対　策
はけ目	・塗料の流展性が不足している場合（調合ペイント等）	・十分均一になるよう、むらなく塗る ・希釈率を適正にする
流れ（だれ）	・過度の厚塗り ・過度の希釈 ・素地にまったく吸込みのないとき	・一度に厚塗りしない ・希釈率を適正にする ・希釈を抑え、はけやローラーの運行を多くする
しわ	・油性塗料を厚塗りする（上乾きによる表面の収縮） ・温度を上げて乾燥を促進（上乾きによるしわ）	・厚塗りを避ける。特にコーナー、ボルトの頭等で塗料がたまるのを防ぐ ・下塗りを十分に乾燥させる ・乾燥温度に注意し、温度の急激な上昇を避ける
糸ひき	・吹付け塗装で溶剤の蒸発が速すぎる、塗料粘度が高いなどの場合（スプレーガン口から被塗物に届く前に乾燥し、糸状に吹付けられる）	・シンナーの希釈量の調整、蒸発の遅いシンナーの使用等により、塗料粘度を調整し吹き付ける
白化（ブラッシング、かぶり）	・湿度が高いときに、塗膜から急激に溶剤が蒸発すると塗面が冷えて水が凝縮し白化 ・塗装後気温が下がり、空気中の水分が塗面で凝縮し白化	・リターダーシンナーを用いる ・湿度が高いときは塗装を避ける ・湿度が高く昼夜の気温差が大きい屋外では、夕刻までに指触乾燥するよう塗装する
はじき	・素地に水、油、ごみ等が付着している ・スプレーエアーに水、油などが入っている ・はけやローラーに水、油が付着している ・下塗りが平滑で硬すぎる	・素地調整を入念に行う ・エアストレーナーを交換または取り付ける ・はけやローラーを洗浄する ・サンディングする、または塗料を変える ・はけやローラーで入念に塗装する

塗装作業後の塗膜の欠陥・経時変化

色分かれ	・混合不十分 ・溶剤の過剰添加 ・顔料粒子の分散性の違いにより、2色を混ぜると色分かれを起こすことがある	・十分に攪拌して混合する ・厚塗りを避け、また、はけ目が多いと色分かれが目立ちやすいので均一に塗装する
つやの不良	・下地の吸込みが著しい ・下塗りプライマー等の面が粗すぎる場合 ・シンナーが不適当または希釈しすぎた場合	・吸込みを止める、下塗り塗料を塗る ・上塗りを塗り重ねる ・適切なシンナーの使用、適切な希釈率で希釈する

ひび割れ	・塗膜面の収縮膨張	・表面乾燥を起こすような厚塗りを避ける ・下塗りを十分乾燥させる
ふくれ	・水分が塗膜に浸透し、塗膜下の水溶性物質を溶かす ・塗膜下に錆が発生 ・乾燥不十分な木材やコンクリート面に塗料を塗る	・素地の養生を十分に行い、また素地調整、前処理に注意する
白亜化 （チョーキング）	・熱・紫外線・風雨等による塗膜の劣化	・耐候性のよい塗料を使う

09

塗装工事

頻出項目をチェック！

チェック◎ 1 鉄鋼面に付着した機械油の除去は、石油系溶剤を用いて行う。

鉄鋼面の錆及び黒皮の除去は、サンドブラストを用いて行う。

チェック◎ 2 木部のクリヤラッカー塗りの下塗りには、ウッドシーラーを用いる。

強溶剤系の塗料をローラーブラシ塗りとする場合は、ウールのローラーブラシを用いる。

 こんな選択肢に注意！

スプレーガンは、塗り面に直角に向け平行に使用し、1 列ごとの吹付け幅が ~~1/2~~ ずつ重なるようにする。

スプレーガンは、塗り面に直角に向け平行に使用し、1 列ごとの吹付け幅が 1/3 ずつ重なるようにする。

内装工事

レッスン
10

ここが Point !

重要度　★★★

内装工事では、主に、床、フローリング、壁面などにおける仕上工事について問われます。

10 - 1　ビニル床シート

　ビニル床シートは、水や湿気の影響を受けやすい箇所に用いる場合、エポキシ樹脂系またはウレタン樹脂系接着剤を用います。寒冷期に施工する際は、シート、下地ともに 5℃以下にならないようにします。

　シートに関する注意点として、シート類は、長手方向に縮み、幅方向に伸びる性質があるため、長めに切断して仮敷きし、24 時間以上放置して巻きぐせを取ります。床シート張付け後は接着剤が完全に硬化してから、はぎ目や継手を電動溝切り機または溝切りカッターで溝切りを行います。溝は床シート厚の 2/3 程度とし、V 字形または U 字形の断面形状で幅は均一とします。また、床シートの立上り部の処理方法には、天端をシリコーン系シーリング材でシールする方法、キャップをかぶせる方法などがあります。

●ビニル床シートの溶接に関するポイント

①溶接は、シート張り後、12 時間以上放置した後に行う。

②溶接は、熱溶接機を用いて溶接棒と床シートを同時に溶接する。

③熱溶接機を用いる場合、溶接する際の溶接部の温度は 180 ～ 200℃を目安とする。

④溶接棒は床シートと同じ材質のものを用いる。

⑤溶接が終わった後は、溶接部が冷却するのを待ってから、余盛りを削り取り平滑にする。

ビニル床シートの熱溶接

$\frac{2}{3}$ t　　ビード

t

突出部を削り取り平滑にする

10 - 2　カーペット

　カーペットを施工する場合、防炎ラベルを貼りつけなければならない場合は、防炎ラベルは1区画（室、通路）ごとに貼り付けます。カーペットの施工には、グリッパー工法やタイルカーペット張り工法などがあります。

　グリッパー工法は、部屋の周囲に壁際からの隙間を均等にとって釘の出た板（グリッパー）を固定し、それにカーペットの端を引っ掛けて留める工法で、クッション性を増すために、カーペットの下にフェルトなどの下敷き材を敷き込みます。下敷き材のフェルトの端部は、グリッパーに突付けとします。カーペットの敷込みに用いるグリッパーは、壁際からの隙間を均等に取り固定します。この隙間にカーペットの端部を押し込みます。グリッパー工法における張り仕舞いには、カーペットの伸展用工具であるニーキッカーやパワーストレッチャーが使用されます。

　タイルカーペット全面接着工法は、タイルカーペットを接着剤で全面接着する工法で、原則、市松敷きとし、接着剤には粘着はく離形接着剤を使用します。フリーアクセスフロア下地の場合、タイルカーペットの目地は、フリーアクセスフロアの床パネルの目地とずらして割り付けます。

　カーペットの施工には、これらのほかに、下地全面に接着剤を塗布しカーペットを床に固定する全面接着工法などもあるよ。

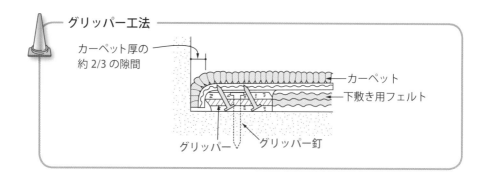

10 − 3　合成樹脂塗床

　合成樹脂を配合したパテ材や樹脂モルタルでの下地調整は、一般にプライマーの乾燥後に行い、下地調整に用いるパテ材は、塗床材と同質の樹脂とセメント等を混合したものを使用します。下地の吸込みが激しく、塗膜を形成しない場合には、全体が硬化した後、吸込みが止まるまで数回にわたってプライマーを塗布します。

　合成樹脂塗床においては、施工場所の湿度が80％を超える可能性が高い場合は、結露による仕上がり不良が生じやすいため、作業を中止します。また、ピンホールができるのを防ぐため、施工中に直射日光が当たるのを避け、直射日光が当たる部分には仮設の日除け設備を設置します。

　合成樹脂にウレタン樹脂系を用いる場合、厚塗りを避け、ウレタン樹脂の1回の塗布量は2kg/m^{2}以下とし、塗り厚は2mm以下とします。重ね塗りをする場合は、先に塗った層が硬化する前に行います。また、防滑仕上げの表面仕上げは、塗床材に弾性骨材（ウレタンチップ等）を混合して塗り付けた後、トップコートを塗り付けます。流しのべ工法とする場合は、下地コンクリート表面の仕上げを金ごて仕上げとします。

　エポキシ樹脂系を用いる場合は、主剤と硬化剤の練混ぜ量は、30分以内に使い切れる量を目安とし、原則として、施工場所の気温が5℃以下となるおそれのある場合には、作業を行いません。エポキシ樹脂モルタル仕上げとする場合は、下地との密着性をよくするためにタックコートを塗布します。樹脂モルタルのベースコートの練混ぜにおいては、主剤と硬化剤を十分に攪拌した後、骨材を最後に加えます。

10 - 4　フローリング張り

　フローリングを張るための工法には、釘で留める釘留め工法や、接着剤によって張る接着工法などがあります。

　釘留め工法は、板の割付けを行って、雄ざねの付け根から斜めに隠し釘留めを行います。また、床鳴りを防止する場合には、接着剤も併用します。下張り材がある場合は、下張り材とフローリング材の継手が合致しないように調整し、150mm 程度離して張り付けます。

　根太張り工法を用いる場合、フローリング材は厚さ 15mm 以上とし、釘打ちと併用する接着剤は、エポキシ樹脂系接着剤とします。

　そのほか、施工におけるポイントとして、フローリング板の伸縮を考慮し、幅木や敷居下には隙間を設ける必要があります。また、体育館のように、フローリング板とほかの床材が取り合う箇所には、エキスパンションゴムを設置します。体育館の壁とフローリングボードの取合いは、突付けとせず、20 ～ 30mm のすき間を設けます。また、フローリング板に目違いが生じた場合は、養生期間を終えた後に、サンダー掛けなどで目違いを解消します。

　モルタル下地へ接着剤によって直接張り付ける接着工法では、接着剤にエポキシ樹脂系接着剤を使用し、接着剤塗布用のくし目ごてを用いて均一に塗布します。

10 - 5　せっこうボード張り

　せっこうボード張りにおけるポイントとして、木製下地にせっこうボードを釘打ちする場合は、ボード厚さの 3 倍程度の長さのボード用釘を用います。壁を 2 重張りとする場合は、下張りと上張りの継目位置が重ならないようにし、下張りと上張りボードの張付けには、接着剤とステープルを併用します。

　軽量鉄骨下地にせっこうボードを直接取り付ける場合、ドリリングタッピンねじは亜鉛めっきしたものを使用し、長さは下地の裏面に 10mm 以

10

内装工事

上の余長が得られる長さとします。ドリリングタッピンねじの位置はボードの端部から 10mm 程度内側とします。また、鋼製下地に張り付ける場合のドリリングタッピンねじの留付け間隔は、ボードの中間部より周辺部を小さくし、ねじの頭は、ボード面よりやや低くなるように締め込みます。

せっこうボードの留付け間隔

下地	施工箇所	下地材に接する部分の留付け間隔 (小ねじの場合)	
		周辺部	中間部
軽量鉄骨下地 木造下地	天井	150mm 程度	200mm 程度
	壁	200mm 程度	300mm 程度

直張り工法（GL 工法）

　直張り工法はせっこう系接着材を用いて直接張り付ける工法で、使用する接着材は 1 時間以内に使い切れる量とし、仕上げ厚は 9.5mm ボードで 20mm、12.5mm ボードで 25mm を標準とします。接着材の 1 回の塗付け面積は、張り付けるボード 1 枚分の面積とし、盛上げ高さは、接着するボードの仕上がり面までの高さの 2 倍以上とします。接着材の塗付け間隔は、ボードの周辺部を中央部より小さくします。

　そのほか、直張り工法におけるポイントとして、ボードを圧着するときは、定規でボードをたたきながら不陸がないように張り付け、床面からの水分の吸上げを防ぐため、ボードの下端を床面から 10mm 程度浮かして張り付けます。

　コンクリート下地面には、専用のプライマーを塗布した後、乾燥させて、直張り用接着材を塗り付けます。外壁の室内面では、ポリスチレンフォーム断熱材にプライマー処理を行ってからボードを張り付けます。ALC パネルを下地とするせっこうボードの場合も、直張り工法では、ALC パネル面にプライマー処理を行います。

　鉄筋コンクリート壁の両側にせっこうボードを直張りした場合、共振現象により遮音性が低下することがあるため、遮音材を挟むなどの対策が望

まれます。せっこうボード表面に仕上げを行う場合は、ボードを張り付けた後、仕上材に通気性がある場合は 7 日以上、通気性がない場合は 20 日以上おき、接着材の乾燥を確認してから仕上げにとりかかります。

　なお、ボードを突付けとせず、隙間をあけて底目地をとる目透し工法で仕上げる場合は、スクエアエッジのボードを使用します。

直張り用接着材

直張り用接着材の間隔

施工箇所	接着材の間隔
ボード周辺部	150 ～ 200mm
床上 1.2m 以下の部分	200 ～ 250mm
床上 1.2m を超える部分	250 ～ 300mm

接着材の盛上げ高さ

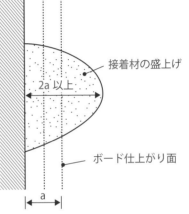

接着材の盛上げ

$2a$ 以上

ボード仕上がり面

a

10 - 6　壁紙張り

　壁紙張りにおけるポイントとして、接着性をあげるために下地にはシーラーを全面にむらなく塗布し、下地ボード張りのビス、釘等の頭は、原則として防錆処理を行います。下地がせっこうボードの場合は、下地を傷つけないよう下敷きを用いて重ね切りを行います。

　素地面の見え透くおそれのある壁紙を張る場合、素地面の色違いはシーラーで処理します。また、せっこう系接着材で直張りしたせっこうボード下地は、十分に乾燥させてから壁紙を張り付けます。

　壁紙を重ね張りする場合は、影の影響を考慮し、原則として、強い光の

入る側から張ります。施工中、室内温度や湿度が高い場合には、紙や布がはがれやすくなるので、換気を行います。

　張上げ後は、急激な乾燥を避けるため、通風や直射日光を避け、接着剤を自然乾燥させます。壁紙表面に接着剤等が着いている場合は、張り終わったところからふき取ります。

壁紙は、下地との組合せによって防火性能が定められる場合があるよ。

10 - 7　カーテン

　カーテンは用途や種類によって、縫い方や仕上げの長さなどが決められています。まず、1枚のカーテンに対し、きれ地幅 1/2 未満のはぎれは使用できません。カーテンの両端、すその縁加工は伏縫（ふせぬ）いとし、すその返しは 100 〜 150mm とします。遮光用カーテンの下端は、窓の下枠より 400 〜 500mm 長く仕上げ、引分け式遮光用カーテンは、中央召合せを 300mm とします。カーテン上端の折返し長さは、使用するフック（ひるかん）の長さにより定めます。

　主な縫い方として、レースカーテン等の幅継ぎは合わせ縫い、レースカーテン等の上端の縁加工はカーテン心地を入れて袋縫い、ドレープカーテン及び遮光用等の幅継ぎは袋縫いとします。

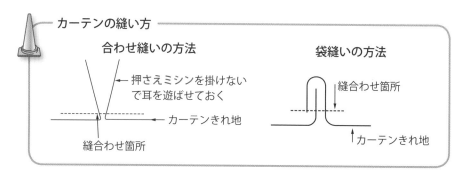

カーテンの縫い方

合わせ縫いの方法

押さえミシンを掛けないで耳を遊ばせておく
カーテンきれ地
縫合わせ箇所

袋縫いの方法

縫合わせ箇所
カーテンきれ地

カーテンレールに取り付けるランナーの数は、1m当たり8個とし、カーテンレールがダブル付けのカーテンボックスの奥行き寸法は、150〜180mm程度とします。レースカーテンのカーテンボックスは、窓幅に対して片側各々150mm程度長くします。

また、中空に吊り下げるカーテンレールの吊り位置は、間隔を1m程度とし、曲がり箇所及び継目部分にも設けます。

10 - 8　フリーアクセスフロア

フリーアクセスフロアとは、床下に電源や通信用の配線、空調設備等の機器を収納できるフロアのことをいいます。支柱調整式と置敷き式があります。また、支柱とパネルが分離している支柱分離型と、支柱とパネルが一体化している支柱一体型があります。

フリーアクセスフロア用パネルの各辺の長さの寸法精度は、500mm以下の場合は±0.5mm以内、500mmを超える場合は±0.1%以内とします。また、フリーアクセスフロア用パネル取付け後の水平精度は、隣接する床パネルどうしの高さの差を±0.5mm以内とします。

フリーアクセスフロア用パネルと仕上材のタイルカーペットの目地は、重なり合わないように割り付け、支柱分離型の独立支柱は接着剤でスラブに固定します。床パネル取付け完了後には、取り外して再度取り付ける時の作業を容易にするため、床パネルには方位のマーキングを行います。

10

内装工事

フリーアクセスフロアの例

支柱調整式支柱一体型

置敷き式支柱一体型

頻出項目をチェック！

チェック ◎ 1　ビニル床シート張りにおける熱溶接工法において、溶接部のシートの溝部分と溶接棒は、180 ～ 200℃の熱風で加熱溶融する。

溶接完了後は、溶接部が完全に冷却したのちに、余盛りを削り取り平滑にする。

チェック ◎ 2　カーテンレールがダブル付けのカーテンボックスの奥行き寸法は、150 ～ 180mm 程度とする。

レースカーテンのカーテンボックスの長さは、窓幅に対して片側各々 150mm 程度長くする。

 こんな選択肢に注意！

ウレタン樹脂系塗床材の 2 層目の塗重ねは、先に塗った層が~~完全に硬化してから~~行った。

ウレタン樹脂系塗床材の 2 層目の塗重ねは、先に塗った層が**硬化する前に**行った。

体育館における、フローリングボードと壁との取合いは、~~すき間が生じないよう突き付けた~~。

体育館における、フローリングボードと壁との取合いは、**20 ～ 30mm のすき間を設ける**。

外装工事

ここが Point！

重要度 ★★★

外装工事では、主に、ALC パネルや、壁、床、屋根に関する工法、壁面などにおける構法について問われます。

11 - 1　ALC パネル張り

　ALC は、高温高圧蒸気養生された軽量気泡コンクリート（Autoclaved Lightweight Aerated Concrete）の略で、ALC パネルは、軽量、耐火性及び断熱性に優れているが、吸水率が大きく表面強度が低いという特徴があります。

　ALC パネルは、パネルの短辺小口に種類が表示されており、表裏の方向があるため正しい方向に建て込みます。積み重ねて保管する場合は、原則として高さ 2.0 m 以下とします。補強鉄筋が露出している、または、ひび割れのあるパネルなどは使用してはなりません。

　外壁パネルの孔あけ加工は 1 枚当たり 1 箇所とし、孔径はパネル短辺幅の 1/6 以下とします。間仕切り壁等の伸縮目地など、耐火性能が求められる箇所には、モルタルではなく耐火目地材を充填します。

ALC パネル張りに用いる壁構法

　ALC パネルを縦壁（たてかべ）として取り付ける場合には、一般にロッキング構法が用いられます。縦壁ロッキング構法は、パネルの重量をパネル下部中央の自重受け金物で支持する構法で、パネル間の縦目地の出隅部、入隅部及び接合部には伸縮目地を設け、それ以外の縦目地にはシーリング材を充填します。パネル間の目地シーリングは、隣接するパネル相互の挙動に追従できる 2 面接着とします。また、パネルとコンクリートスラブの間は、パネル裏面に絶縁材を設けてモルタルを充填します。

　縦壁フットプレート構法では、パネル上部と間仕切チャンネルの溝底

との間に 20mm の隙間を設け、パネル上部の間仕切チャンネルへ 20mm のかかり代を確保して取り付けます。また、パネルの出隅、入隅部の縦目地とパネルとの間に 10 〜 20mm 程度の伸縮目地を設けます。

横壁^{よこかべ}アンカー構法では、パネル積上げ段数 5 段以下ごとに受け金物を設けます。

床材や屋根材としての ALC パネル

床パネルや屋根パネルに関する主な規定として、床パネルの孔あけは、原則として直径 50mm 以下とし、床パネルで集中荷重が作用する部分には、その真下に荷重受け梁を設け、パネルを梁上で分割して敷き込みます。

屋根パネルは、パネル間の長辺目地上面に設けられた溝部に、短辺目地に固定したスラブプレートを介して鉄筋を敷設し、溝部に目地モルタルを充填して取り付けます。

11 - 2　押出成形セメント板

押出成形セメント板は、セメント、けい酸質原料、繊維質原料及び混和剤を練り混ぜて、パネル状に押出成形したもので、ALC パネルに比べ、断熱性に劣るが、吸水率は小さく表面強度は高いという特徴があります。

押出成形セメント板においては、パネルに欠込みなどを行う場合には、一般に、パネル幅の 1/2 以下かつ 300mm 以下とします。また、出隅及び入隅のパネル接合目地は、伸縮調整目地とします。

押出成形セメント板に用いる工法

押出成形セメント板の施工には、主に、縦張り工法と横張り工法が用いられ、縦張り工法では、段ごとに構造体に固定した下地材で受け、取付金物は上下にロッキングできるように取り付けます。横目地の幅は縦目地より大きく、横目地幅は 15mm 以上とします。

横張り工法では、パネル積上げ枚数 3 枚以下ごとに構造体に固定した下地材で受け、取付金物は左右にスライドできるように取り付けます。縦目地の幅は横目地より大きく、縦目地幅は 15mm 以上とします。

パネルの取付け金物（Z クリップ）は、下地鋼材にかかり代を 30mm

以上確保し、取付けボルトがルーズホールの中心に位置するように取り付けます。間仕切壁工事における縦張り工法のパネル上部の Z クリップは、回転防止のため、下地鋼材に溶接し、横張り工法の Z クリップは、スライドできるように、パネルの左右端部に取り付けます。

　なお、工事現場でのパネルへの取付けボルトの孔あけは、回転ドリルを用いて行います。

頻出項目をチェック！

チェック◎ 1
ALC パネルの縦壁ロッキング構法におけるパネル間の縦目地は、2 面接着のシーリングとする。

ALC パネルとコンクリートスラブの間は、パネル裏面に絶縁材を設けてモルタルを充填する。

チェック◎ 2
押出成形セメント板の横張り工法の目地幅は、横目地よりも縦目地の方を大きくする。Z クリップは、取付けボルトがルーズホールの中心に位置するように取り付ける。

外壁の押出成形セメント板張りにおいて、パネルへの取付けボルトの孔あけは、回転ドリルを用いて行う。

 こんな選択肢に注意！

外壁 ALC パネル工事の縦壁ロッキング構法において、パネル重量を、パネル下部の~~両端~~に位置する自重受け金物により支持した。

外壁 ALC パネル工事の縦壁ロッキング構法において、パネル重量を、パネル下部の中央に位置する自重受け金物により支持した。

11

外装工事

その他の工事

 一次 二次

レッスン 12

ここが Point !

重要度 ★★★

造作工事、断熱工事、改修工事にはどのような工法があるか、それぞれ注意すべきポイントはどこかを知りましょう。

12 - 1 造作工事

　造作工事は、木工事において、骨組が完成した後に施工される内外の木工事全般のことをいいます。造作材には、敷居、鴨居、長押、畳寄せ、廻り縁、幅木、額縁、見切材などがあります（下地材は含まれません）。

●造作工事におけるポイント

①木材は木表に向かって反るため、敷居、鴨居の溝じゃくりは、木表に溝を掘る。

②和室の鴨居は、一方を横ほぞ入れ、他方を突付け隠し釘打ちとして柱に取り付ける。

③竿縁天井の天井板は、継手位置を乱とし、竿縁心で突付け継ぎとする。

④木レンガを接着工法により取り付ける場合、湿気のおそれのある箇所には、エポキシ樹脂系接着剤を用いる。

⑤天然木化粧合板を接着剤張りする際、仮留めを行う場合は、目地部分を 300mm 間隔程度に、とんぼ釘を用いて押さえる。

⑥角材の両面仕上げの場合の削り代は 5mm とする。

⑦釘の長さは、原則として、打ち付ける板材の厚さの 2.5 倍以上とする。

⑧化粧面となる造作材の釘打ちは、表面から見えないように隠し釘打ちとする。

12-2　断熱工事

　鉄筋コンクリート造等の建物に用いられる断熱工法には、内断熱工法と外断熱工法がありますが、ここでは、問われることが多い内断熱工法の硬質ウレタンフォーム吹付け工法、押出法ポリスチレンフォーム打込み工法について説明します。

> 内断熱工法は壁や屋根の内側に、外断熱工法は外側に断熱材を入れて仕上げる工法だよ。

硬質ウレタンフォーム吹付け工法

　硬質ウレタンフォームは、断熱性に優れており、自己接着性が大きいため接着剤を必要とせず、下地に直接吹き付けて発泡させることにより接着できます。施工におけるポイントとして、吹付け作業中、そして硬化後も火気厳禁であり、換気の少ない場所では酸欠状態とならないよう強制換気などを行います。なお、下地コンクリート面の温度と乾燥度は、発泡倍率や接着性に影響を与えるため、下地コンクリート面を充分に乾燥させた状態で吹付けを行います。

　作業は吹付けの厚みを測定しながら行います。吹付け厚さの許容誤差は 0 ～ 10mm、一層の吹付け厚さは 30mm 以下、1 日の総吹付け厚さは 80mm 以下とします。厚く吹き付けすぎた箇所は、カッターナイフで削るなどの処理を行います。

押出法ポリスチレンフォーム打込み工法

　押出法ポリスチレンフォームは、断熱性に優れ、加工しやすい、躯体との密着性があり、内部結露が生じにくいという特徴があり、型枠に断熱材を張り付けて躯体に打ち込みます。施工においては、断熱材の継目は突付けとし、型枠の継目を避けて割り付け、テープ張りをしてからコンクリートを打設します。

　また、窓枠周りなど防水剤入りモルタル詰めを行った部分には、断熱材

として現場発泡の硬質ウレタンフォームを充填します。土間コンクリートの場合、床下に敷き込む押出法ポリスチレンフォームの位置は、床下防湿フィルムの直上とします。

12 - 3　改修工事

改修工事は、劣化した箇所などを修繕し、さらにその機能を向上させるために行う工事のことをいいます。

防水改修工事

アスファルト防水改修工事では、既存の保護コンクリートは、ハンドブレーカー等を使用して、取合い部の仕上げ材や躯体に損傷を与えないように撤去します。既存のルーフドレン回りは、ルーフドレン端部から500mm 程度までを四角形に撤去します。

既存防水層撤去後の下地コンクリート面の軽微なひび割れは、アスファルト防水用シール材により補修し、ひび割れが 2mm 以上の場合は、U カットのうえ、ポリウレタン系シーリング材を充填します。

既存アスファルト防水層の上に、アスファルト防水熱工法で改修する場合は、アスファルト系下地調整材を用います。トーチ工法で改修する場合は、ポリマーセメントモルタルを下地調整材として用います。

内装改修工事

モルタル塗り下地の合成樹脂塗床の撤去は、電動ケレン棒や電動はつり器具、ブラスト機械等を用いて、下地モルタルとも撤去し、コンクリート下地表面から 3mm 程度の深さまで削り取ります。

ビニル床シート張り床の撤去は、ビニル床シートをカッター等で適切な大きさで切断し、スクレーパー等を用いて他の仕上材に損傷を与えないよう撤去します。また、モルタル下地面に残った接着剤は、ディスクサンダー等を用いて除去します。

モルタル下地の磁器質床タイルの張替え部は、ダイヤモンドカッター等を用いて縁切りをし、電動ケレン棒や電動はつり器具等によりタイル片を撤去します。乾式工法のフローリング張り床材の撤去は、丸のこ等で適切

な寸法に切断し、ケレン棒等によりはがし取ります。

外壁改修工事

外壁タイル張り仕上げにおいて、下地モルタルと構造体コンクリートの間の1箇所の浮き面積が $0.25\mathrm{m}^2$ 以上の場合は、アンカーピンニング全面エポキシ樹脂注入工法等、1箇所の浮き面積が $0.25\mathrm{m}^2$ 未満の場合は、アンカーピンニング部分エポキシ樹脂注入工法等で補修します。アンカーピン固定部の穿孔の深さは、構造体コンクリート面から30mm程度とし、アンカーピン固定用エポキシ樹脂は、手動式注入器を用いて、孔の最深部から徐々に充填します。モルタルの浮き部分に使用するアンカーピンの本数は、一般部分を 16 本 $/\mathrm{m}^2$ とします。

Uカットシール材充填工法は、コンクリート打放し吹付タイル仕上げ等の外壁ひび割れ部の改修工法です。

頻出項目をチェック！

チェック◎ 1	コンクリート下地の合成樹脂塗床材は、ブラスト機械等を用いてコンクリート<u>表面とともに</u>削り取る。

モルタル下地の磁器質床タイルの張替え部は、<u>ダイヤモンドカッター</u>等で存置部分と縁切りをする。

こんな選択肢に注意！

アンカーピン固定用エポキシ樹脂は、手動式注入器を用いて、孔の<u>表面側</u>から徐々に充填した。

アンカーピン固定用エポキシ樹脂は、手動式注入器を用いて、孔の<u>最深部</u>から徐々に充填した。

練習問題にチャレンジ！

問　題

問題 01

アスファルト防水に関する記述として、**最も不適当なもの**はどれか。

1　スラブの打継ぎ部には、絶縁テープを張り付けた後、ストレッチルーフィングを増張りした。
2　絶縁工法で、防水層の最下層にアスファルトルーフィングを用いることで、防水層の破断を防止した。
3　保護防水を施すコンクリートに用いる成形伸縮目地材の目地は下面にまで達するようにした。
4　絶縁露出仕様には、ふくれを低減するため、脱気装置を設けた。

➡ Lesson 01

問題 02

外壁の張り石工事において、湿式工法と比較した乾式工法の特徴として、**最も不適当なもの**はどれか。

1　凍結による被害を受けにくい。
2　白華現象が起こりにくい。
3　工期短縮が困難である。
4　躯体の変形による影響を受けにくい。

➡ Lesson 02

問題 03

折板葺きに関する記述として、**最も不適当なもの**はどれか。

1　折板葺きにおける水上の先端には、雨水を止めるために止水面戸を用いた。

2　タイトフレームと下地材との接合はスポット溶接とし、スラグ除去後に錆止め塗装を行った。

3　折板のけらば納めはけらば包みとし、継手部の継手重ねは 60mm とした。

4　重ね形折板のけらばの変形防止材は、折板の山間隔の 3 倍以上の長さのものを用いた。

➡ Lesson 04

練習問題

問題 04

鋼製建具に関する記述として、**最も不適当なもの**はどれか。

1　外部の面する鋼製ドアのくつずりをステンレス鋼板にした。

2　フラッシュ戸の表面板と中骨の固定は、構造用接合テープを用いて接合した。

3　建具枠の取付けにおいて、枠の取付け精度を対角寸法差 5mm とした。

4　内部に設置するフラッシュ戸だったので、二方曲げを行った。

➡ Lesson 08

能力問題 01

セメントモルタルによるタイル後張り工法に関する記述として、**最も不適当なもの**はどれか。

1　密着張りにおいて、タイルの張付けは、下部から上部にタイルを張った。

2　改良積上げ張りにおいて、小口タイルの張付けは、1 日の張付け高さを 1.5m とした。

3　モザイク張りのたたき押えは、紙張りの目地部分がモルタルの水分で濡れてくるまで行った。

4　改良圧着張りにおいて、張付けモルタルの 1 回に塗り付ける面積は、タイル工 1 人当たり $2m^2$ とした。

5　マスク張りにおいて、タイル裏面への張付けモルタルは、金ごてを用いて塗り付けた。

➡ Lesson 03

正答と解説

問題 01　**正答　2**

絶縁工法では最下層から順に、<u>穴あきルーフィング</u>、<u>張付け用アスファルト</u>、<u>アスファルトルーフィング</u>または<u>ストレッチルーフィング</u>を用いて防水層の破断を防止する。

➡ 間違えた人は、Lesson 01 を復習しよう。

問題 02　**正答　3**

湿式工法は<u>2</u>日に1段しか施工できず、乾式工法は湿式工法に比べ、<u>工期短縮</u>が図れる。

➡ 間違えた人は、Lesson 02 を復習しよう。

問題 03　**正答　2**

タイトフレームと下地材との溶接は<u>隅肉溶接</u>とする。

➡ 間違えた人は、Lesson 04 を復習しよう。

問題 04　**正答　3**

建具枠の取付けにおいて枠の取付け精度は対角寸法差<u>3</u>mm 以内である。

➡ 間違えた人は、Lesson 08 を復習しよう。

能力問題 01　**正答　1**

1　密着張りにおけるタイルの張付けは、<u>上部</u>から<u>下部</u>へ1段おきに行う。

➡ 間違えた人は、Lesson 03 を復習しよう。

いちばんわかりやすい！
2級建築施工管理技術検定 合格テキスト

5章 施工管理

（試験科目：施工管理法）

① 施工管理

　施工管理は、工事現場の作業において、工事が安全かつ円滑に進むよう、施工計画を立てたり、工程管理を行ったりすることなどを指します。

　施工管理に関する業務はさまざまですが、本章では、工事において重要な、また、出題頻度が比較的高い項目を中心に取り上げます。

② 施工計画

　施工計画は、工事が安全性、品質の確保、経済性などを考慮したうえで、工期どおりに進むことを目的として立てられる、工事全体の計画のことをいいます。

　工事は、施工計画において作成する施工計画書に則って進められますが、施工に関する計画書は施工計画書だけではなく、基本工程表、工種別施工計画書、品質管理計画書などさまざまなものがあります。

③ 工程管理

　工程管理とは、工程ごとの進捗や作業手順をまとめるもの、つまり、管理するもののことをいいます。工程管理では、工事において、決められた納期のうちに納品ができるよう、機械設備や資材、作業者などを適切に振り分けることが求められます。

　また、工程管理では、施工計画に基づいて工程表を作成し、工事を工程表に従って進めます。工程表には、ガントチャート工程表、バーチャート工程表、曲線式工程表、ネットワーク工程表などさまざまな種類がありますが、このなかでネットワーク工程表については、例年、出題される傾向にあり、非常に重要な項目となっています。

　ネットワーク工程表は、7章で学ぶ第二次検定において出題されることもありますので、本章で特徴をしっかりと身につけましょう。

④ 品質管理

　品質管理は、QC（Quality Control）ともいい、顧客に提供する品物等の品質や価格、納期が一定の基準に達するように、統計的手法等を用いて、検査や試験、必要に応じて改善等も行う、品質確保のための総合的な管理のことをいいます。

　一定の基準以上の品質を確保するため、プロセス管理の最適化、不良発生要因の除去、最適な業務分担など、さまざまなことを考慮する必要があります。

品質管理では、QC7つ道具と新QC7つ道具について問われるので、レッスン内の図も参照しながらそれぞれの特徴を理解しよう。

⑤ 安全管理

　安全管理は、工事における災害を未然に防止するために行う総合的な管理のことをいいます。安全管理のために行う行動では、機械設備の点検、安全教育の徹底、危険な作業に対する事前の対策など、さまざまなことが考えられます。

　試験においては、作業区分に応じて選任が義務付けられている作業主任者について、また、クレーンやデリックなどの建設機械を運転するために必要な資格について、出題頻度が高くなっています。それぞれの建設機械の運転には、運転士免許、技能講習、特別教育のいずれかが必要になるので、必ず押さえておきましょう。

工事では、いろいろな「管理」が行われるんですね。

施工計画

レッスン 01

ここが Point！

重要度 ★★★

施工計画は、施工管理における工程管理、品質管理、安全管理及び環境保全管理を適切に行うための計画であり、工事の進め方、効率的な施工方法、品質の確保など、さまざまなことを考慮します。

1-1 施工計画に関する計画書

施工計画においては、施工する内容を具体的に記した施工計画書や、工事の工程を記した基本工程表など、さまざまな計画書が用いられます。計画書には記載すべき内容や、いつ作成するかなどが定められています。

施工計画に関する主な計画書

計画書の種類	概　要
施工計画書	仮設計画、安全・環境対策、工程計画、品質計画、養生計画等を記載するもので、請負者が着工前に作成する。施工計画書には、総合施工計画書と工種別施工計画書の2種類がある。
総合施工計画書	総合仮設を含んだ工事の全体的な施工手順や、主要な工事の施工方法、仮設資材及び工事用機械の配置状況などを記載するもので、請負者が着工前に作成する。
工種別施工計画書	各工事の施工計画を具体的に検討した上で品質管理計画、施工要領などを記載するもので、工事の進捗を踏まえながら請負者が作成する。使用材料については使用材料名、商品名、メーカー名等を使用工事ごとに記載する。なお、工種別施工計画書は工種別工程表を含んでいる。
品質管理計画書	工事における品質管理を記載するもので、工事の進捗を踏まえながら請負者が作成する。施工者は、この品質管理計画書に基づいて自主検査を行う。
基本工程表（総合工程表）	主要な工事項目及び検査や承認予定の日程等を記載するもので、請負者が着工前に作成する。

1-2　事前調査

　工事に着工する前には、どのような現場なのかを事前に調べる事前調査や、工事のための準備工事などを行います。

　主な事前準備として、関係者立会いのもと、道路及び隣地境界線の確認を行います。地業工事で振動が発生する場合は、近隣への影響を調査します。

　鉄骨搬入を行う予定の場合は、大型車両が問題なく通行できるか搬入経路の道路制限などを調査します。そのほか、事前に調査する主なものとして、タワークレーンや足場の影響による近隣に対する電波障害や、総合仮設計画の作成にあたっては、電柱や架空電線が搬出入を妨げないかなどを調べます。

　また、建築物等の高さ及び位置の基準となるベンチマークは、2箇所以上設けて、相互にチェックできるようにします。

01

施工計画

施工計画と事前調査

施工計画の内容	主な調査事項
総合仮設計画	敷地周辺の電柱及び架空電線の現状調査
根切り工事計画	前面道路や周辺地盤の高低の現状調査 周辺道路の交通規制及び地中埋設物の有無の調査
山留工事計画	試験掘削による土質性状の追加調査 近接家屋の現状調査
場所打ちコンクリート杭工事計画	敷地の形状及び工事用水の供給施設の調査 敷地内の地中障害物の有無の調査
解体工事計画	近隣の商店や工場の業種の調査 産業廃棄物処分場所の調査
地下水の排水計画	公共桝の有無と下水道の排水能力の調査

防護棚の設置計画では、敷地地盤の高低及び地中埋設配管等の調査は必要ないよ。

1-3 仮設計画

仮設物の施工に関する計画を仮設計画といいます。仮設計画においては、次のことが定められています。

●仮設計画における規定

①仮囲いは、雨水が浸入したり、流れ出たりしないように構築し、仮囲いの高さは 1.8m 以上とする。

②ゲートは、空荷時の生コン車が通過できる以上の高さとする。

③現場事務所を工事現場から離れて設置する場合には、工事現場内に出先連絡所を設ける。

④出入口が数箇所ある場合は、最も主要な出入口に守衛所を設ける。

⑤作業員詰所は、工事用事務所の近くで、連絡や管理がしやすい場所に設置し、また一般に、職種数や作業員の増減に対応できるよう、大部屋方式とする。

⑥下小屋は、材料置場の近くに設置して、電力及び水道等の設備を設ける。

⑦ボンベ類置場は、通気をよくするため、1面は開放とし、他の3面は上部に開口部を設ける。

⑧塗料や溶剤、ボンベ類、火薬等の危険物の保管場所は、仮設建築物、隣地の建築物、材料置場等から離れた場所に設ける。

⑨入口、通常口等は、引戸または内開きとする。

⑩ハンガー式門扉は、重量と風圧を軽減するため、上部を網状の構造とする。

所定の高さを有し、かつ、危害を十分防止し得る既存の塀を、仮囲いとして使用することができるよ。

254

1 – 4　材料の保管

　工事ではさまざまな材料を使用します。材料を安全に使用するため、それぞれの材料について、保管の方法などが定められています。

●材料の保管に関する主な規定

① ALC パネルは横置き（平積み）で保管し、原則として、1 単位（1.0m）以下、最大 2 段までとする。

②ガラス、アルミニウム製建具、アスファルトルーフィング、ビニル床シート等は縦置きで保管する。

③壁紙等の巻いた材料は、立てて保管する。

④ロール状カーペットは、横に倒して保管し、最大 3 段程度までの俵積みとする。

⑤セメントなどの袋の積重ねは 10 袋以下、タイルなどの箱積みは 10 段重ね以下とする。

⑥袋詰めセメントは、乾燥状態を保ち、風に当たらないように養生して保管する。

⑦鉄筋は、有害な錆を発生させないよう枕木を利用し地面から 10cm 以上浮かせて保管する。また、風雨やごみ・土・油等の付着を避ける。

⑧石、レンガ、コンクリートブロック等の積上げ高さは、1.6m 以下とする。

⑨せっこうボードは、湿気が少なく水がかからない場所で、パレットなどの台の上に平積みで保管する。

⑩高力ボルトは、箱の積み上げ高さを最大 5 段程度までとし、乾燥した場所に整理して保管する。

⑪溶剤系のビニル床タイル用接着剤は、換気のよい室内に保管する。

⑫シーリング材は、直射日光や雨露の当たらない場所に密封して保管する。

⑬フローリング類は、シートを敷いた上に角材を並べ、その上に保管する。

⑭型枠用合板は、日光に当たらないよう、シートをかけて保管する。

⑮砂や砂利は、周辺地盤より高い場所に置場を設置して保管する。

工事を行うためには、定められた機関などへ、申請や届出を行わなければなりません。

主な申請・届出

関連法規	申請・届出名称	申請・届出者	提出先	提出時期	備考
建築基準法	建築確認申請	建築主	建築主事または指定確認検査機関	着工前	※1
	建築工事届	建築主	都道府県知事		10m²以下は不要
	中間検査申請	建築主	建築主事または指定確認検査機関	特定工程後4日以内	※1
	完了検査申請	建築主		完了後4日以内	
	建築物除却届	施工者	都道府県知事	着工前	10m²以下は不要
建築物省エネ法	省エネ措置の届出	建築主	所管行政庁	着工21日前まで	
道路法	道路占用許可申請	道路占用者	道路管理者	着工前	※2
道路交通法	道路使用許可申請	施工者	警察署長	着工前	
騒音規制法 振動規制法	特定建設作業実施届	施工者	市町村長	着工7日前	騒音8種 振動4種
	特定施設設置届	設置者		着工30日前	
大気汚染防止法	ばい煙発生施設設置届	設置者	都道府県知事または市長	着工60日前	
消防法	危険物設置許可申請	設置者	都道府県知事または市町村長	着工前	
	同上完成検査申請	設置者		完成時	
	消防用設備等着工届	甲種消防設備士	消防長または消防署長	着工10日前	
	消防用設備等設置届	対象物の所有者、管理者または占有者		完了後4日以内	
電気事業法	工事計画届	設置者	経済産業大臣	着工30日前	※3

労働安全衛生法	建築工事計画届		厚生労働大臣	仕事開始30日前	※ 4
		事業者		仕事開始14日前	※ 5
	機械等設置届		労働基準監督署長	工事開始30日前	※ 6
	特定元方事業者の事業開始報告	特定元方事業者または施工者		工事開始後遅滞なく	
	統括安全衛生責任者・総括安全衛生管理者・安全管理者・衛生管理者・産業医の選任報告	事業者		選任後遅滞なく	

※ 1　指定確認検査機関への届出、検査を受ければ、あらためて建築主事の届出、検査は不要。
※ 2　通常は両方に出す。コンクリート打設に伴うポンプ車設置などは一時使用なので、使用届だけで占用届までは不要。
※ 3　この他電気工作物使用届など、電気関連だけは適用外で、経済産業省の管轄。
※ 4　高さ 300m 以上の塔の建設工事。
※ 5　・高さ 31m を超える建築物、工作物の建設・改造・破壊・解体等。
　　　・高さまたは深さが 10m 以上の地山の掘削作業。
　　　・石綿等吹付け建築物の石綿等の除去作業。
※ 6　・60 日以上設置する足場（つり足場・張出し足場以外は高さ 10m 以上）。
　　　・高さ及び長さが 10m 以上の架設通路。
　　　・支柱の高さ 3.5m 以上の型枠支保工。
　　　・3t 以上のクレーン、2t 以上のデリックの設置。
　　　・1t 以上のエレベーターの設置。
　　　・積載荷重 0.25t 以上、ガイドレールの高さ 18m 以上の建設用リフトの設置。
　　　・ゴンドラの設置。

ゴロ合わせで覚えよう！

●中間検査申請、完了検査申請

中間管理職になるか、官僚になるか
（中間検査申請）　　　　（完了検査申請）

堅実なほうがよいなあ
（建築主）　　　（4 日以内）

中間検査申請は特定工程後 4 日以内、完了検査申請は完了後 4 日以内に建築主が提出する。

01

施工計画

257

頻出項目をチェック！

チェック◎ 1 **工事ゲートの有効高さは、空荷時の生コン車の高さとする。**

ガスボンベ置場は、小屋の壁の1面は開放とし、他の3面の壁は上部に開口部を設ける。

チェック◎ 2 **建築工事届は、都道府県知事に提出する。**

建設工事計画届は、労働基準監督署長または厚生労働大臣に提出する。

 こんな選択肢に注意！

鋼板製仮囲いの下端には、雨水が流れ出やすいようにすき間を設けることとした。

鋼板製仮囲いの下端には、雨水が流れ出ないようにすき間をあけないこととした。

工事ゲートの有効高さは、鉄筋コンクリート造の工事なので、最大積載時の生コン車の高さとすることとした。

工事ゲートの有効高さは、鉄筋コンクリート造の工事なので、空荷時の生コン車の高さとすることとした。

工程管理

レッスン 02

ここが Point！

重要度 ★★★

バーチャート工程表に関しては出題率が高く、例年、出題されています。用語や特徴は必ず覚えましょう。

2-1 工程管理の基本事項

工事においては、施工計画に基づき基本工程表（総合工程表）を作成し、基本工程表に従って工事を進めます。工事の工程上、重要な区切りとなる時点をマイルストーン（管理日）といい、基本工程表はマイルストーンの設定も行います。

基本工程表

基本工程表における重要点	マイルストーンの例
• 作業可能日、作業開始時間、作業終了時間 • 労務、資材、機材の調達状況 • 使用可能な前面道路の幅員、交通規制 • 工場製作材料の製作日数 • 使用揚重機の性能と台数 • 設定したマイルストーン	• 山留杭打ち開始日 • 掘削開始日、完了日 • 地下コンクリート打設完了日 • 最上階躯体コンクリート打設完了日 • 鉄骨建方開始日 • 屋上防水完了日 • 外部足場の解体完了日 • 受電日

工程計画を立てる方式としては、工事の開始から考える積上方式（順行型）と、工事の完了から考える割付方式（逆行型）があるよ。

2-2　工程表の種類

工程表にはさまざまな種類があり、判断できることがそれぞれ異なるため、実際の現場においては、状況に適した工程表を用います。主に用いられるのは、ガントチャート、バーチャート、曲線式、ネットワークです。また、このほか工程表に類するものとして、労務や資材の必要量を日数ごとに合計してその変化を示す山積工程表、日数間で人員を平均化して人員の効率的な配置を図る山崩し、高層建築物など基準階が複数ある場合、直列に連結された作業を何回も繰り返して行うタクト工程などがあります。

各種工程表の特徴

工程表の種類　　　　項目	ガントチャート	バーチャート	曲線式	ネットワーク
作業の手順	不明	漠然	不明	判明
作業に必要な日数	不明	判明	不明	判明
作業進行の度合い	判明	漠然	判明	判明
工期に影響する作業	不明	不明	不明	判明
図表の作成	容易	容易	やや複雑	複雑
表示	作業 A B C 工期	作業 A B C 工期	バナナ曲線	A B　C
備考	基本的に作業の進行度合いを示す。	作業手順や進行度合いは漠然としかわからない。	工種ごとの進捗度は不明。	長期の複雑な工期の管理に適している。

2-3　バーチャート工程表

バーチャート工程表は、縦軸に工事項目を、横軸に各工事日数を示し、各作業を横線で表したものです。手軽に作成することができ、視覚的に工程を理解しやすい工程表です。

　各作業の開始時期、終了時期など、作業の流れと各作業の所要日数が把握しやすく、主要な工事の節目をマイルストーンとして工程表に付加すると、工程の進捗状況が把握しやすくなります。また、出来高の累計を重ねて表現すれば、工事出来高の進捗状況を併せて把握しやすくなります。

　しかし、各作業の順序関係や、各作業に対する先行作業、並列作業、後続作業の相互関係は明確に把握しにくく、各作業の全体工期への影響度は不明確になりがちです。工程上のキーポイントや、重点管理しなければならない作業も判断しにくく、多くの種類の関連工事間の工程調整には適していません。

頻出項目をチェック！

| チェック◎ 1 | バーチャート工程表は、縦軸に工事項目を、横軸に各工事日数を示し、各作業を横線で表したものである。 |

バーチャート工程表では、各作業の開始時期、終了時期及び所要日数を把握することができる。

こんな選択肢に注意！

バーチャート工程表は、各作業に対する先行作業、並列作業、後続作業の相互関係が把握~~しやすい~~工程表である。

バーチャート工程表は、各作業に対する先行作業、並列作業、後続作業の相互関係が把握**しにくい**工程表である。

レッスン
03

ここが Point！

重要度 ★★★

品質管理においては、QC7つ道具と新QC7つ道具について、そして、品質をチェックするための試験と検査について問われます。

3 - 1 品質管理の基本事項

　品質管理（QC：Quality Control）とは、顧客に提供する品物等の品質や価格、納期が一定の基準に達するように、統計的手法等を用いて、検査や試験、必要に応じて改善等も行う、品質の確保のための総合的な管理のことをいいます。一定の基準以上の品質を確保するためには、プロセス管理の最適化、不良発生要因の除去、最適な業務分担など、さまざまなことを考慮します。

　品質管理に関する機関として、国際標準化機構（ISO）があり、ISO は、国際的に通用するあらゆる製品、用語等の規格の標準化を推進しています。ISO は品質管理等に関する規格の用語集を出しており、例えば、品質管理及び品質保証に関する国際規格として、ISO 9000 ファミリー規格を出しています。なお、この中の ISO 9000 を日本語訳したものを JIS Q 9000（品質マネジメントシステム―基本及び用語）といいます。

　そのほか、品質管理に関する用語として、品質目標を達成するための計画を品質計画（QP：Quality Planning）、目標とする品質を保証するための仕組みなどを品質保証（QA：Quality Assurance）といいます。さらに、品質管理においては、計画（Plan）、実施（Do）、検査（Check）、処置（Action）が重要とされ、この一連の流れを PDCA サイクルといいます。

●品質管理に関する用語

標準化：　　　　作業方法や使用機材を統一し、実行可能な規定を具体的に数値化し、品質の安定を図ること。

有効性：　　　　作業などが実行され、その作業が達成された結果の程度を示すこと。

トレーサビリティ：あるものについての履歴、適用、所在等の追跡ができること。

予防処置：　　　不具合や欠陥等の発生等を防止するために、あらかじめ対応する処置のこと。

是正処置：　　　検出された不具合や欠陥等の原因を除去すること。

誤差：　　　　　測定値から真の値を引いた差。

偏差：　　　　　測定値からその期待値を引いた差。

許容差：　　　　規定された基準値と想定された限界値との差。試験データのばらつきが許容される限界。

公差：　　　　　規定された許容最大値と許容最小値の差。

範囲（レンジ）：測定値の最大値と最小値の差。

不適合品率：　　不適合品の個数を、検査品数で割った値。
　　　　　　　　不適合品率＝不適合品数÷検査品数

ロット：　　　　等しい条件下で生産され、または生産されたと思われる品物の集まり。

偶然原因：　　　測定値がばらつく原因のうち、取り除くことが困難でやむを得ないとするもの。

03

品質管理

　品質管理においては、品質の確認のため、また、要求事項と比較して適合しているかを判定するため、検査や試験を行います。検査には抜取検査（ぬきとり）と全数検査があり、建築工事では主に抜取検査を行います。

　抜取検査はロットから一定数の製品を抜き取り品質を確認する検査、全数検査は対象となる製品をすべて確認する検査をいい、それぞれ、合格品質水準（AQL）を満たしているか調べ、製品の合格、不合格を判定します。

　抜取検査は、検査項目の多い場合、多数のものである程度の不良品の混入が許される場合、製品がロットとして処理できる場合、品質判定基準や抜取検査方式が明確に決まっている場合、行うことができます。

そのほか、品質管理における検査には、規格証明書など品質情報、技術情報に基づき、抜取試験を省略する無試験検査、供給側のロットごとの検査成績を必要に応じて確認することにより、受け入れ側の試験を省略する間接検査、抜取検査を複数回行い、品質を確認し、製品の合格、不合格を判定する多回抜取検査などがあります。

検査費用を考慮しても得られる効果が大きい場合、不良品が大きな事故につながるおそれがある場合には、少しの不良品の混入も許されないため、全数検査を行うよ。

3 - 2　QC7つ道具と新QC7つ道具

品質管理においては、問題解決や品質改善に向けてデータを分析するための図法等であるQC7つ道具と、品質改善や課題解決に向けて、言語データを視覚化し、データを判別するための図法等である新QC7つ道具と呼ばれるものが使用されます。

QC7つ道具

QC7つ道具	概　要
パレート図	原因や現象の発生個数を棒グラフで、累積を折れ線グラフで表した図。大きな不良項目などが判別できる。
特性要因図	原因と結果の関係を表した図で、これらを体系的に整理することができる。魚の骨のような図となることが特徴。
グラフ	データを一定の幅ごとに区分し、度数を棒グラフで表した図。正規分布を示すことが多く、データの全体像がわかる。
管理図	折れ線グラフの中に、中心線、管理限界線を表した図で、自然なばらつきと異常原因のばらつきを区別することができる。
チェックシート	データの分類や項目別の分布や出現状況を把握することができる記録用紙。
ヒストグラム	データを区間に分け、その度数を棒グラフで表した図。データのばらつきを把握することができる。

| 散布図 | 2つのデータを縦軸と横軸で表した図で、2つのデータの関連性をみることができる。 |
| 層別 | データの特性を、適当な範囲別にグループ（層）に分け、視覚化する。 |

特性要因図

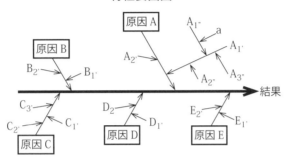

パレート図

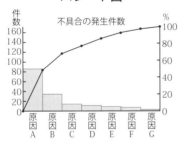

ヒストグラム

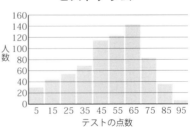

散布図

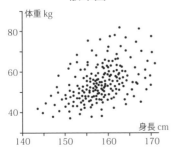

管理図

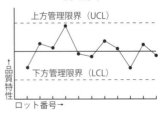

新QC7つ道具

新QC7つ道具	概　要
親和図法	言語データをグループ分けして整理、体系化する図法。問題の親和性や構造を整理することができる。
連関図法	原因と結果、目的と手段などの関係を論理的につなぐ図法。複雑な問題の因果関係を明らかにすることができる。
系統図法	目的と手段を系統づけて対策を整理する図法。
マトリックス図法	系統図法によって導いた方策の優先度を決めるのに使用する図法。2つの要素を行と列に並べて、対応関係を明確にすることができる。
マトリックス・データ解析法	2つ以上のデータを解析することによって傾向を明確にする方法。問題の整理や解決の糸口を探すことができる。
アローダイアグラム法	問題解決の作業が複数関係している場合、各作業の関係と日程のつながりを明確にする方法。
PDPC法	目標達成までの不測の事態に対応した代替案を示すための方法。事前に考えられるさまざまな予測をたてる。

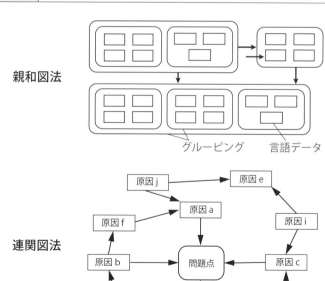

266

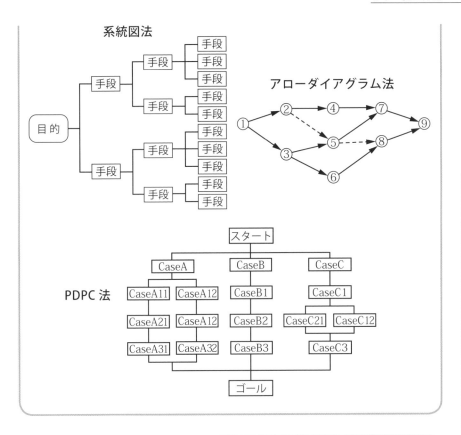

3 - 3　施工品質管理表（QC 工程表）

　個別の製品において、品質やコストなどを管理するための管理表を、施工品質管理表（QC 工程表）といいます。施工品質管理表は工種別または部位別に作成し、機械（Machine）、人（Man）、材料（Material）、方法（Method）、測定（Measurement）など、一般に 5M と呼ばれるものを記載した上で、材料、作業手順、作業の相互関係、期間等に関する管理項目を明示します。

　管理項目は、目標値、確認頻度などを明記することが重要であり、また、管理項目ごとに、工事監理者、施工管理者、専門業者などの分担を明確にします。そのほか、管理値を外れた場合の対処方法も明示します。

QC 工程表の例

QC 工程表	制定	2012/10/15 改訂第3版	承認	作成
	文書番号	MSM-Q-0107	16.09.25	16.09.20
	工種	コンクリート工事		

プロセス フロー工程	管理項目		チェック			担当	標準図書 準拠図書	管理資料 記録	管理水準を 外れた場合 の処置
	管理特性	管理水準	方法	時期	頻度				
施工	材料性状	スランプ	15.2cm ± 2.5cm	スランプ コーンテ スト	荷卸し時	1回/日 かつ1回 /150m³	山田	設計図書×× △△施工計画 書	コンクリート試験結果	管理者と協議を行い、構造補強等の対応策を検討する

3 – 4　工事における主な試験など

　品質管理のため、各工事または使用する部材によって、試験や検査を行わなくてはなりません。

地業工事

　打込み杭は、鉛直度、貫入量（かんにゅう）、杭頭（くいとう）の位置等の検査、場所打ち杭は、杭径、掘削孔（くっさく）の深さや形状、杭頭の位置や高さ等の検査を行い、どちらも杭載荷試験、支持力算定等を行います。支持地盤の地耐力の確認は、平板載荷試験によって行います。また、埋込み杭の根固め液の確認は、圧縮強度試験によって行います。

木工事

　木材の含水率の測定を、電気抵抗式水分計または高周波水分計によって行います。木材の含水率は構造材で20％以下、造作材で15％以下とします。

鉄筋工事

　鉄筋圧接の超音波探傷試験を用いる抜取検査は、1ロットにつき30箇所の抜取検査を行い、すべての合格によってロット合格とします。超音波探傷試験で不合格となった部分は、切り取って再圧接する、または、鉄筋によって補強します。再加熱して再圧接してはいけません。再圧接してもよいのは、ふくらみの直径が足りない場合、ふくらみに著しい曲がりを生じた場合です。なお、鉄筋圧接のふくらみ、ずれ、亀裂の有無などの形状

は、全数を外観検査します。ガス圧接部のふくらみの直径の測定は、デジタルノギスを用いて行います。

コンクリート工事

コンクリート工事においては、品質管理試験などの試験を行います。

品質管理に関するコンクリート工事の主な試験

試験	留意すべきことや試験内容など
品質管理試験	打込みは、塩化物を含むおそれのある骨材を用いる場合は、打込み当初及び 150m³ に 1 回以上、そのほかの骨材を用いる場合は、1 日 1 回以上行う。
コンクリート強度の推定試験	試験に用いる供試体は、現場水中養生とする。 1 回の試験に用いる 3 個の供試体は、適切な間隔をあけた 3 台の運搬車から採取する。
コンクリート骨材の粒度試験	骨材の粒度分布を求めて、コンクリート用骨材として適当かを判定する。 コンクリート製造時に行う。
スランプ試験	スランプコーンと呼ばれる試験用の入れ物に 3 層に分けて生コンを入れ、突棒で 25 回ずつ攪拌したあとで垂直上にスランプコーンを抜き取り、コンクリート頂部の高さがどれくらい下がったかをスランプゲージで測定する。数値が大きいほど下がりが大きいので生コンの流動性が高いといえる。測定は、生コンクリートを詰めはじめてからコーンを抜き終わるまで 3 分以内に行う（スランプフロー試験は 2 分以内に行う）。
圧縮強度試験	試験に用いる供試体の形状は、直径の 2 倍の高さをもつ円柱形とし、その直径は、粗骨材の最大寸法の 3 倍以上、かつ 100mm 以上とする。
レディーミクストコンクリートの受入検査	強度は、3 つの試験体のうち、1 つでも呼び強度値の 85%未満であってはならず、かつ 3 つの平均値が呼び強度値以上とする。 普通コンクリート（空気量 4.5%）、軽量コンクリート（空気量 5.0%）、舗装コンクリート（空気量 4.5%）において、空気量の許容差は、いずれも± 1.5%とする。 スランプ 8cm 未満のときはスランプ許容差は± 1.5cm、スランプ 8cm 以上 18cm 以下のときはスランプ許容差は± 2.5cm、スランプ 18cm 超のときはスランプ許容差は± 1.5cm とする。 塩化物含有量は 0.30kg/m³ 以下（購入者の承認を得れば 0.60kg/m³ 以下）とする。

鉄骨工事

鉄骨の梁（はり）の製品精度は、長さの限界許容差を± 5mm とします。また、鉄骨の建方（たてかた）における柱の倒れの管理許容差は、柱 1 節の高さの 1/1,000 以下、かつ 10mm 以下とします。

溶接に関する検査として、溶接の裏当て金取付き突合せ溶接のルート間隔の検査は、限界ゲージで測定します。隅肉溶接の検査において、のど厚を確保するための余盛りの高さは 0.6S 以下かつ 6mm 以下とします。また、スタッド溶接は、打撃により角度 15 度まで曲げた後、溶接部に割れその他の欠陥が生じていなければ合格です。溶接検査のうち、放射線透過試験、磁粉探傷試験、浸透探傷試験は非破壊試験ですが、マクロ試験は、

溶接部の断面や表面を研磨または腐食液で処理し、肉眼で欠陥などの状態を調べる破壊試験です。なお、溶接金属中に生じる球状の空洞をブローホールといい、超音波探傷試験によって確認します。ブローホールは、目視（もくし）による外観検査では確認できない内部欠陥です。

　高力ボルトは、ナット回転法による場合はナット回転角の全数締付け検査を行います。トルシア形高力ボルトの締付け検査は、ピンテールの破断とナットの回転量などを目視検査で行います。トルシア形高力ボルトの1次締め後のマーキングは、マークのずれによる本締め完了の確認、共回り及び軸回りの有無の確認、ナット回転量の確認のために行います。高力ボルトの摩擦面の処理状況を確認するためには、すべり係数試験を行います。

タイル工事

　タイルにおいては、吸水率、曲げ強度、接着強度などの検査を行います。木材と異なり、含水率に関する検査はありません。

　タイルの接着力試験では、一般に、タイルと同形状の鋼製アタッチメントを用いて、油圧式簡易引張試験器を使用します。接着力試験の個数は、3個以上かつ$100m^2$またはその端数につき1個以上とし、二丁掛けタイルの接着力試験においては、試験体を小口タイル程度の大きさ（H60×W108）に切断して行います。

　屋外、屋内の吹抜け部分のタイルは、全面に打診検査を行います。外壁タイル張りは、タイルの接着強度が$0.4N/mm^2$以上のものを合格としますが、型枠先付け工法の場合は、$0.6N/mm^2$以上を合格とします。

部材等の主な検査

①塗装は、塗布面積に対する使用量をもとに、コンクリート面の塗膜厚さを専用測定器で検査する。

②セメントモルタル塗りでは、モルタル面のひび割れや浮きなどの欠陥がないか、目視や打診検査によって確認する。

③塗装下地のコンクリート、モルタル面のアルカリ分の測定は、pHコンパレーター等を用いて行い、pHが9以下を合格とする。

④外部に面するシーリング材は接着性試験を行う。接着性試験は、特記

がなければ簡易接着性試験を行う。

⑤2成分シーリング材は、1組の作業班が1日に行った施工箇所を1ロットとし、ロットごとにサンプリングを行う。

⑥硬質ウレタンフォーム吹付け後の断熱材厚さの測定は、ワイヤゲージなどを用いて行う。吹付け厚さの許容誤差は 0 ～ 10mm とする。

⑦吹付けロックウールによる耐火被覆材の厚さの確認は、確認ピンを用いて行う。

⑧アスファルトの硬さを調べるためには針入度試験が行われ、数値が大きいほど軟らかいアスファルトである。

頻出項目をチェック！

チェック◎ 1	鉄筋のガス圧接部の検査は、目視による<u>外観検査</u>を全数検査とし、<u>超音波探傷試験</u>を抜取検査とする。

鉄筋のガス圧接部のふくらみの直径の測定は、<u>デジタルノギス</u>を用いて行う。

 こんな選択肢に注意！

品質を確保するためには、~~手順の改善を行う~~より、~~検査を強化する~~方がより有効である。

品質を確保するためには、**検査を強化する**より、**手順の改善を行う**方がより有効である。

既製コンクリート杭地業工事において、埋込み杭の根固め液の確認は、~~針入度~~試験によって行った。

既製コンクリート杭地業工事において、埋込み杭の根固め液の確認は、<u>圧縮強度</u>試験によって行った。

安全管理

レッスン 04

ここが Point！

重要度 ★★☆

安全管理では、安全衛生活動のほか、作業主任者を選任すべき作業や、足場の安全管理をしっかり押さえましょう。

4 - 1 労働災害

労働災害は、労働者の就業に係る建築物、設備等により、または作業行動などに起因して、労働者が負傷、疾病、死亡することなどをいいます。労働災害は労働者の人的災害であり、物的災害は含まれません。

労働災害に関する用語の定義として、死傷者は、死亡者及び 1 日以上の休業となる負傷者のこと、重大災害は、1 度に 3 名以上の労働者が業務上死傷するか罹病した災害のことをいい、労働損失日数は、死亡及び永久全労働不能の場合は 7,500 日、一時労働不能の場合は、暦日休業日数× 300 ／ 365 日とします。

労働災害により労働者が死亡または 4 日以上休業した場合は、労働基準監督署に遅滞（ちたい）なく報告しなくてはならず、4 日未満の休業の場合は、4 半期ごとに報告しなければなりません。

労働災害の程度を示すものには、年千人率、度数率、強度率などがあり、それぞれ、次のように求めます。

$$年千人率＝\frac{1\,年間の死傷者数}{1\,年間の平均労働者数}×1,000$$

$$度数率＝\frac{労働災害による死傷者数}{延べ実労働時間数}×1,000,000$$

$$強度率＝\frac{延べ労働損失日数}{延べ実労働時間数}×1,000$$

4 – 2　安全衛生活動

　現場において安全衛生を維持しながら施工作業を行うため、一定の流れをパターン化し、それをサイクルとして実施することを安全施工サイクルといいます。

安全施工サイクルの例

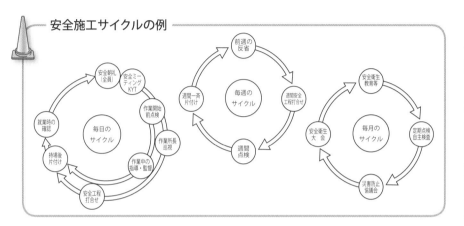

04

安全管理

安全衛生活動に関する用語

用　語	意　味
危険予知活動	作業に伴う危険性・有害性に対し、作業グループが正しい行動を互いに確認し合う活動。
QC サークル	職場内で品質管理活動を自主的に行う小規模なグループ。
ヒヤリ・ハット報告	作業者が作業中に危険を感じて「ヒヤリ」としたり、「ハット」したりした経験を報告すること。
建設業労働安全衛生マネジメントシステム（COHSMS コスモス）	建設業における労働災害の減少を目的として、労働災害発生の潜在的な危険性や有害性を事前に低減させるため、組織的、継続的に安全衛生管理を実施するシステム。
ツールボックスミーティング	作業開始前の時間を使い、職長を中心に、当日作業の安全のために話し合う活動。

4－3 作業主任者

労働災害を防止するための一定の作業については、その作業区分に応じて作業主任者の選任が義務付けられています。事業者は、作業主任者の氏名等を作業所の見やすい場所に掲示しなければなりません。

作業主任者の選任と資格

名　称	作業主任者を選任すべき作業	資　格
ガス溶接作業主任者	アセチレン溶接装置またはガス集合溶接装置を用いる金属の溶接、溶断または加熱の作業	免許者
コンクリート破砕器作業主任者	コンクリート破砕器を用いて行う破砕の作業	技能講習修了者
地山の掘削作業主任者	掘削面の高さが 2m 以上となる地山の掘削（ずい道及びたて坑以外の坑の掘削を除く。）の作業（岩石の採取のための作業を除く。）	技能講習修了者
土止め支保工作業主任者	土止め支保工の切りばりまたは腹起しの取付けまたは取り外しの作業	技能講習修了者
型枠支保工の組立て等作業主任者	型枠支保工（支柱、梁、つなぎ、筋かい等の部材により構成される建設物におけるスラブ、桁等のコンクリートの打設に用いる型枠を支持する仮設の設備をいう。）の組立てまたは解体の作業	技能講習修了者
足場の組立て等作業主任者	つり足場（ゴンドラのつり足場を除く。）、張出し足場または高さが 5m 以上の構造の足場の組立て、解体または変更の作業	技能講習修了者
建築物等の鉄骨の組立て等作業主任者	建築物の骨組みまたは塔であって、金属製の部材により構成されるもの（その高さが 5m 以上であるものに限る。）の組立て、解体または変更の作業	技能講習修了者
木造建築物の組立て等作業主任者	軒の高さが 5m 以上の木造建築物の構造部材の組立てまたはこれに伴う屋根下地もしくは外壁下地の取付けの作業	技能講習修了者
コンクリート造の工作物の解体等作業主任者	コンクリート造の工作物（その高さが 5m 以上であるものに限る。）の解体または破壊の作業	技能講習修了者
石綿作業主任者	石綿を取り扱う作業または石綿等を試験研究のために製造する作業	技能講習修了者

作業主任者の主な職務内容

作業主任者の職務の内容 ＼ 作業の名称	ガス溶接作業	コンクリート破砕器による作業	地山の掘削作業	土止め支保工作業	型枠支保工の組立て等作業	足場の組立て等作業	建築物等の鉄骨の組立て等の作業	木造建築物の組立て等の作業	コンクリート造の工作物の解体等作業	酸素欠乏危険作業	有機溶剤作業	石綿の製造・取扱い業務
作業方法の決定	○	○	○	○	○	○	○	○	○	○	○	○
労働者の配置	—	—	—	—	—	○	○	—	○	—	—	—
作業の直接指揮	○	○	○	○	○	—	○	○	○	○	○	○
作業の進行状況の監視	—	—	—	—	—	○	—	—	—	—	—	—
材料の欠点の有無と不良品の除去	—	—	—	○	○	○	—	—	—	—	—	—
器具・工具の点検と不良品の除去	—	—	○	○	○	○	○	○	○	—	—	—
要求性能墜落制止用器具等・保護帽の点検・不良品の除去	—	—	—	—	○	○	○	○	○	—	—	—
要求性能墜落制止用器具等・保護帽の使用状況の監視	—	—	○	○	○	○	○	○	○	—	—	—
保護具・空気呼吸器等の使用状況の監視	○	—	—	—	—	—	—	—	—	○	○	○
機器及び安全装置の点検	○	—	—	—	—	—	—	—	—	—	—	—
点火に伴う安全確認待避場所経路の指示	—	○	—	—	—	—	—	—	—	—	—	—
測定器具の点検	—	—	—	—	—	—	—	—	—	○	—	—
酸素濃度の測定・換気装置等の点検	—	—	—	—	—	—	—	—	—	○	—	—
従事者の安全指導等一定の安全措置等	○	○	—	—	—	○	—	—	—	—	—	—
局所排気装置等の月例点検	—	—	—	—	—	—	—	—	—	—	○	○
タンク内作業等の措置の実施確認	—	—	—	—	—	—	—	—	—	—	○	—

※建築施工に関わりが深く、主要な職務

コンクリート打設作業、鉄筋の組立て作業、外壁プレキャストコンクリート板の建込み作業などは、作業主任者を選任すべき職務には含まれていないよ。

04

安全管理

4－4　建築工事の足場

建設現場に設置する通路や足場等に関しては、墜落などの危険を防止するため、様々な規定が設けられています。また、高さが 5m 以上の構造の足場の組立て・解体・変更の作業を行う場合には、事業者は、足場の組立て等作業主任者を選任する、作業の時期、範囲及び順序を当該作業に従事する労働者に周知させる、作業を行う区域内には、関係労働者以外の労働者の立入りを禁止する、強風、大雨、大雪等の悪天候のため、作業の実施について危険が予想されるときは、作業を中止する、材料・器具・工具等を上げ下ろしするときは、つり綱・つり袋等を労働者に使用させるなどの措置を講じなければなりません。

●足場等に関する規定

①作業床の幅は 40cm 以上とし、作業床間の隙間は 3cm 以下（つり足場は、隙間なし）とする。

②床材と建地との隙間は、12cm 未満とする。

③足場の脚部には、足場の滑動・沈下を防止するため、ベース金具を用い、かつ、敷板、敷角等を用い、根がらみを設ける。

④単管足場の建地の間隔は、けた行方向を 1.85m 以下、はり間方向は 1.5m 以下とする。

⑤単管足場の地上第一の布は、2m 以下の位置に設ける。

⑥単管足場の壁つなぎの間隔は、垂直方向 5m 以下、水平方向 5.5m 以下とする。

⑦枠組足場の墜落防止設備として、交さ筋かい及び高さ 15cm 以上の幅木を設置する。

⑧枠組足場の最上層及び 5 層以内ごとに水平材を設ける。

⑨高さが 5m 以上の枠組足場の壁つなぎの間隔は、垂直方向 9m 以下、水平方向 8m 以下とする。

⑩折りたたみ式の脚立は、脚と水平面との角度を 75 度以下とし、開き止めの金具で止める。

⑪つり足場の上では、脚立、はしご等を用いて労働者に作業させてはならない。

⑫架設通路の勾配は、30度以下とし、勾配が15度を超えるものには、踏さんその他の滑止めを設ける。

⑬手すりの高さは、85cm以上とする。

⑭建設工事に使用する高さ8m以上の登り桟橋には、7m以内ごとに踊場を設ける。

4 - 5　高所作業車を用いる作業

04

安全管理

事業者は、高所作業車を用いて作業を行う場合は、原則として、主たる用途以外の用途に高所作業車を使用してはならず、また、高所作業車の乗車席及び作業床以外の箇所に労働者を乗せてはなりません。

作業は、作業計画を定めて行わなければならず、その日の作業を開始する前に、作業開始前点検を行わなければなりません。

頻出項目をチェック！

| チェック◎ 1 | 高所作業車は、原則として、主たる用途以外の用途に使用してはならない。 |

その日の作業を開始する前に、高所作業車の作業開始前点検を行わなければならない。

こんな選択肢に注意！

~~ゼロエミッション~~とは、作業に伴う危険性または有害性に対し、作業グループが正しい行動を互いに確認し合う活動である。

危険予知活動とは、作業に伴う危険性または有害性に対し、作業グループが正しい行動を互いに確認し合う活動である。

練習問題にチャレンジ！

問　題

問題 01

　仮設計画に関する記述として、**最も不適当なもの**はどれか。

1　仮設工事事務所の使用水量は、1人当たり1日50Lを見込んで計画した。
2　工事用の出入口が数箇所となるので、守衛所はメインの出入口に設置し、その他は警備員だけを配置することとした。
3　ガスボンベ置場は、小屋の壁の1面は開放とし、他の面の壁は上部に開口部を設けることとした。
4　工事ゲートの有効高さは、鉄筋コンクリート造の工事なので、最大積載時の生コン車の高さとすることとした。

➡ Lesson 01

問題 02

　工事現場における材料等の保管に関する記述として、**最も不適当なもの**はどれか。

1　シーリング材は、直射日光や雨露の当たらない場所に密封して保管する。
2　アルミニウム製建具は、床に角材を敷き、平積みにして保管する。
3　高力ボルトは、残ったものを保管する場合は、再包装し直し乾燥した場所に保管する。
4　壁紙など巻いた材料は、くせが付かないように立てて保管する。

➡ Lesson 01

問題 03

　建築工事に係る提出書類とその届出先または申請先との組合せとして、**最も不適当なもの**はどれか。

1　特定建設作業実施届—労働基準監督署長
2　電気工作物使用届—経済産業大臣
3　クレーン設置届—労働基準監督署長
4　道路使用許可申請書—警察署長

➡ Lesson 01

問題 04

　バーチャート工程表に関する記述として、**最も適当なもの**はどれか。

1　工事出来高の累積値を表現しているため、工事進捗度合が把握しやすい工程表である。
2　各作業に対する先行作業、並列作業、後続作業の相互関係が把握しやすい工程表である。
3　作業間調整に伴う修正が容易な工程表である。
4　各作業ごとの日程及び工事全体の工程計画が、比較的容易に作成できる工程表である。

➡ Lesson 02

問題 05

　作業主任者を選任すべき作業として、「労働安全衛生法」上、**定められていないもの**はどれか。

1　高さ 5m の足場の変更の作業
2　土止め支保工の切りばりの取り外しの作業
3　軒高 5m の木造建築物の構造部材の組立て作業
4　ALC パネルの建込み作業

➡ Lesson 04

正答と解説

問題 01　正答　4

最大積載時の生コン車は重い状態であるので車高は<u>下がって</u>いる。ゲートの高さは<u>空荷</u>時の生コン車が通過できる高さとする。

➡ 間違えた人は、Lesson 01 を復習しよう。

問題 02　正答　2

アルミ建具に限らず、建具は<u>ゆがみ</u>を防ぐために<u>縦置き</u>で保管する。

➡ 間違えた人は、Lesson 01 を復習しよう。

問題 03　正答　1

著しい騒音・振動を発生する作業は騒音規制法・振動規制法により、<u>特定建設作業</u>として定められており、<u>市町村長</u>への届出を行わなければならない。

➡ 間違えた人は、Lesson 01 を復習しよう。

問題 04　正答　4

バーチャート工程表は、縦軸に工事<u>項目</u>、横軸に各工事<u>日数</u>を示したもので、手軽に作成でき、作業の流れや所要日数を把握しやすい。

➡ 間違えた人は、Lesson 02 を復習しよう。

問題 05　正答　4

<u>ALC パネルの建込み作業</u>には、作業主任者の選任は必要ない。

➡ 間違えた人は、Lesson 04 を復習しよう。

いちばんわかりやすい！
2級建築施工管理技術検定 合格テキスト

6章

法 規

（試験科目：法規）

① 法令用語の特徴を知ろう

　建築施工においては、建築基準法、建設業法、労働基準法など、さまざまな法令が関わっています。

　法令に使われる言葉には、日常的に使われる言葉とはやや異なる面があり、一般には同じような意味に使われている言葉が、法令用語としては、はっきり使い分けられていることもありますので、まずは用語の特徴を知りましょう。

> 法令用語の特徴を知っておくと、法令について、より理解しやすくなるよ。

②「及び」と「並びに」の使い分け

　一般的には、「及び」も「並びに」も、英語の"and"に相当する接続詞として、特に区別されることなく用いられていますが、法令用語としては、これは次のように明確に使い分けられています。

●**いくつかのものを同列につなげるときは「及び」を用いる**

　AとBを単に結びつけるときは、「A 及び B」といいます。A、B、C、D…のように対象の数が増えても、それらがすべて同列の関係である場合は、「及び」を用います。この場合、「A、B、C 及び D」のように、途中は読点で区切り、最後の2つの語句だけを「及び」で結ぶのが一般的です。

●**段階があるときは、上位の結合に「並びに」を用いる**

　A、B、C、D…のように、結びつける対象が多くあり、しかも、その関係がすべて同列ではなく、結合に上位、下位の関係があるときは、下位の結合に「及び」を用い、上位の結合に「並びに」を用います。

③「または」と「もしくは」の使い分け

「または（又は）」も「もしくは（若しくは）」も、英語の"or"に相当する接続詞ですが、法令用語としては、次のように使い分けられます。

●いくつかのものを同列に並べるときは「または」を用いる

A、B、C、Dを同列に並べる場合は、「A、B、C または D」のように、途中は読点で区切り、最後の2つの語句を「または」で結びます。

●段階があるときは、上位の関係に「または」を用いる

最も上位の関係に「または」を、下位の関係には「もしくは」を用います。

④「その他」と「その他の」の使い分け

「A、B、C その他 D」と書かれている場合は、A、B、C と D はそれぞれ独立していて、並列の関係にあります（並列的例示）。

「A、B、C その他の D」と書かれている場合は、A、B、C も D の中に含まれます（包括的例示）。

> 日常的に使用している言葉でも、法令においては違いがあるんだね。

建築基準法

レッスン 01

ここが Point！

重要度 ★★★

法令においては、その定義を誤解なく覚えることが重要です。「及び」や「もしくは」などの違いにも注意しましょう。

1-1　建築に関する法令と用語

　建築には、さまざまな法令が関わっています。試験に出題されることが多い主な法令は、建築基準法、建設業法、労働基準法、労働安全衛生法などで、また、このほかにも、騒音規制法、振動規制法、廃棄物処理法、資源有効利用促進法、建設リサイクル法などからも出題されます。法令を学ぶにあたって、まずは主な用語を覚えましょう。

　なお、文化財保護法による国宝や重要文化財等の建築物には、建築基準法の規定が適用されません。

主な用語

名　称	概　要
建築物	土地に定着する工作物のうち屋根及び柱もしくは壁を有するものをいう。また、これに付属する門や塀、地下や高架の工作物内の事務所、建築設備を含む。鉄道の線路敷地内の運転保安に関する施設、跨線橋、プラットホームの上家、貯蔵槽等は含まない。
特殊建築物	学校、体育館、病院、劇場、観覧場、集会場、共同住宅、工場、倉庫、自動車車庫などをいう。専用住宅、事務所以外のほとんどが特殊建築物に該当する。
建築設備	煙突、昇降機、避雷針、電気・ガス・給水・汚物処理等の設備をいう。
居室	居住、執務、作業、集会、娯楽等の目的のために継続的に使用する室をいう。住宅の浴室、洗面所等は居室に含まない。
主要構造部	壁、柱、梁、屋根、階段（内部）などをいう。構造上重要でない間仕切壁、最下階の床、屋外階段などは含まない。また、主要構造部は防火上重要な構造部分を示し、基礎は含まない。
耐火構造	鉄筋コンクリート造、れんが造などの構造で、耐火性能を有するものをいう。なお、鉄骨造は耐火構造ではない。

耐火建築物	主要構造部が耐火構造または耐火性能の技術基準に適合しており、かつ外壁開口部で延焼のおそれのある部分に防火戸その他の政令で定める防火性能を有するものをいう。
防火構造	建築物の外壁または軒裏の構造で、防火性能を有するものをいう。
不燃材料	コンクリート、れんが、瓦、陶磁器質タイル、繊維強化セメント板、金属板、ガラス、モルタルなどの不燃性能を有するものをいう。
耐水材料	石、れんが、コンクリートなどの耐水性の建築材料をいう。
構造耐力上主要な部分	基礎、基礎杭、壁、柱、土台、方づえ、火打ち材などをいう。階段は含まない。
建築物の高さ	平均地盤面を基準とした建築物の高さをいう。
道路斜線制限の高さ	建築物の道路に面する一定部分の高さを制限することを道路斜線制限といい、前面道路の中心線を基準とする。
地階	床が地盤面下にある階で、床面から地盤面までの高さがその階の天井高さの1/3 以上のものをいう。
床面積	建築物の各階またはその一部で、壁その他の区画の中心線で囲まれた部分の水平投影面積をいう。
準耐火建築物	耐火建築物以外の建築物で、主要構造部を準耐火構造としたもの、またはそれと同等の準耐火性能を有するもので、外壁の開口部で延焼のおそれのある部分に所定の防火設備を有するものをいう。
設計図書	工事用の図面（現寸図、施工図を除く）及び仕様書をいう。
設計者	設計図書を作成した者をいう。
建築	建築物の新築、増築、改築、移転などのことをいう。
大規模の修繕	建築物の主要構造部の 1 種以上について行う過半の修繕をいう。
避難階	直接地上へ通ずる出入口のある階をいう。

01

建築基準法

コンビニエンスストアも、特殊建築物に含まれるよ。

1-2　手続き

　建築物を建築しようとする者は、その建築物が法令に準拠するよう計画し、その計画が適切かどうかを確認検査機関等に対して確認申請をして、確認済証の交付を受けなければなりません。

防火区域及び準防火地域外において、増築する部分の床面積が $10m^2$ 以内の場合、確認申請の必要はありませんが、防火区域及び準防火地域内、または新築の場合は、面積にかかわらず確認申請が必要となります。

確認申請が必要な建築物

区域	用途・構造		規模	工事種別
都市計画区域外を問わず全域	①特殊建築物	(1)劇場、映画館、演芸場、観覧場、公会堂、集会場	その用途に供する部分の床面積の合計＞$200m^2$	新築、増築、改築、移転、大規模の修繕、大規模の模様替、特殊建築物への用途変更
		(2)病院、診療所（患者の収容施設のあるもの）、ホテル、旅館、下宿、共同住宅、寄宿舎、児童福祉施設等		
		(3)学校、体育館、博物館、美術館、図書館、ボーリング場、スキー場、スケート場、水泳場、スポーツの練習場		
		(4)百貨店、マーケット、展示場、キャバレー、カフェー、ナイトクラブ、バー、ダンスホール、遊技場、公衆浴場、待合、料理店、飲食店、物品販売業を営む店舗（床面積が $10m^2$ 以内のものを除く）		
		(5)倉庫		
		(6)自動車車庫、自動車修理工場、映画スタジオ、テレビスタジオ		
	②木造		次のいずれかに該当するもの ・階数≧3 ・延面積＞$500m^2$ ・高さ＞13m ・軒高＞9m	
	③木造以外		・階数≧2または延面積＞$200m^2$	

都市計画区域、準都市計画区域、準景観地区または知事の指定地区	④　①から③を除くすべての建築物	新築、増築、改築、移転

●確認申請に関する規定

①建築確認申請が必要な建築物の工事の実施は、確認済証の交付を受けた後でなければならない。

②指定確認検査機関の確認または検査を受ければ、建築主事の確認または検査は不要である。

③完了検査は、完了検査申請受理後7日以内に実施しなければならない。

④一定規模以上の建築物については、検査済証の交付を受けた後でなければ建築物を使用してはならない。ただし、仮使用の承認を受けた場合、または、完了検査申請受理日から7日を経過した場合、検査済証の交付前でも建築物を使用することができる。

⑤工事施工者は、当該工事現場の見やすい場所に、建築主、設計者、工事施工者及び現場管理者の氏名または名称、並びに建築主事または指定確認検査機関の建築確認があった旨の表示をする。

⑥工事施工者は、当該工事に係る設計図書を工事現場に備えておく。

⑦特定行政庁は、施工者に対して、施工状況報告を要求したり、違反建築物に対する施工停止命令を発したりする権限を有する。

⑧3階以上の共同住宅の2階の床及び梁（はり）の配筋を行う際は、建築主が、建築主事または指定確認検査機関の中間検査を受けなければならない。

建築主事または指定確認検査機関の中間検査が必要な工程を、特定工程と呼ぶよ。

01

建築基準法

287

主な申請手続き

名　称	主　体	提出先	提出時期	備考
建築確認申請	建築主	建築主事または指定確認検査機関	着工前	
建築工事届	建築主	都道府県知事		10 m² 以内は不要
中間検査申請	建築主	建築主事または指定確認検査機関	特定工程後4日以内	
完了検査申請	建築主		完了後4日以内	
建築物除却届	施工者	都道府県知事	着工前	10 m² 以内は不要

1-3　単体規定

　建築物は、耐火や衛生面などにおける基準が定められています。それら、1つの建築物（建築物単体という）の構造、防火、衛生等に関する最低限の基準を定めたものを、単体規定といいます。

敷地の衛生及び安全に関する単体規定

①建築物の地盤面は、これに接する周囲の土地より高くなければならない。

②湿潤な土地に建築物を建築する場合は、盛土、地盤改良などの措置を講じなければならない。

③建築物の敷地には、雨水、汚水を排出し、または処理するための適当な下水管、下水溝、またはため桝等を設けなければならない。

④がけ崩れ等による被害を受けるおそれのある場合は、擁壁等安全上適当な措置を講じなければならない。

居室の採光、換気に関する単体規定

①居室の採光上有効な開口面積は、床面積に対して、原則として、学校は1/5 以上、住宅・病院は 1/7 以上必要となる。

②居室は、常時開放できるふすま、障子等で仕切られている場合は1室とみなすことができる。

③ ①及び②の採光の規定は、地階の居室には適用しないことができる。住宅等の地階に設ける居室は、防湿の措置等について政令で定められた技術的基準に適合させる。

④居室の換気上有効な開口面積は、床面積に対して、1/20以上必要となる。

⑤居室を有する建築物は、その居室内において、クロルピリホス等の化学物質の発散による支障がないようにする。

採光に関する単体規定

居室の種類	居室の床面積に対する採光に有効な面積の割合
①幼稚園、小学校、中学校、義務教育学校、高等学校、中等教育学校または幼保連携型認定こども園の教室	1/5 以上
②保育所及び幼保連携型認定こども園の保育室	
③住宅の居住のための居室	1/7 以上
④病院または診療所の病室	
⑤寄宿舎の寝室または下宿の宿泊室	
⑥児童福祉施設等（保育所を除く）の寝室及び居室	
⑦上の①に掲げる学校以外の学校の教室	1/10 以上
⑧病院、診療所及び児童福祉施設等の居室のうち入院患者または入所者の談話、娯楽等を目的とする居室	

階段、傾斜路に関する単体規定

①階段の幅が3mを超える場合は、中間に手すりを設けなければならない。

②中学、高校、映画館、集会場等の階段・踊り場の幅は140cm以上、けあげ寸法18cm以下、踏面寸法26cm以上とする。

③回り階段の踏面の寸法は、踏面の狭い方の端から30cmの位置で測る。

④階段に代わる傾斜路には、原則として、手すり等を設ける。

⑤傾斜路の勾配は1/8以下とし、表面は粗面とし、または、滑りにくい材料で仕上げる。

01 建築基準法

天井、床の高さに関する単体規定

①居室の天井の高さは 2.1m 以上とする。

②最下階の床が木造の場合は、地面から床の上面まで 45cm 以上とする。

③１室の床、天井の高さが場所によって異なる場合は、その室の天井高さは天井平均高さとなる。天井平均高さの求め方は、天井平均高さ＝室の容積／室の床面積である。

耐火建築物、防火区画、内装制限に関する単体規定

①映画館、劇場等の不特定集客施設で、３階以上の部分を当該用途に供する場合は原則として耐火建築物、準耐火建築物とする。また、主階が１階にないものは原則として耐火建築物とする。

②共同住宅で、３階以上の部分を当該用途に供する場合は原則として耐火建築物とする。ただし、防火地域以外の場合は、木造の準耐火建築物とすることができる。

③主要構造部を耐火構造とした建築物で $1,500m^2$ を超えるものは $1,500m^2$ 以内ごとに防火区画とする。

④防火区画を貫通する配管は、防火区画の両側 1m 以内の配管を不燃材料で構築し、隙間は不燃材料で埋める。

⑤共同住宅、学校、病院等の特殊建築物の防火上主要な間仕切壁は、準耐火構造とし、原則として天井裏まで達するものとする。

⑥天井や壁には内装制限がかかる。なお、床は内装制限がかからない。

⑦２階建の木造住宅の１階に設ける台所の壁及び天井の内装は、準不燃材料以上とする。

⑧自動車車庫、地階の居室等は、構造、規模にかかわらず内装制限を受ける。

⑨共同住宅で床面積 $200m^2$ 以内ごとに区画されたものは、内装制限を受けない。

内装制限とは、火災が起こった際、建築物内部が容易に燃えないように仕上材を不燃性や難燃性のものとして安全性を確保するための制限のことをいうよ。

出入口、避難設備等に関する単体規定

①劇場、映画館、集会場等における客席からの出入口の戸は、内開きとしてはならない。

②劇場、映画館、集会場、百貨店等は、避難階または地上に通ずる2以上の直通階段を設けなければならない。

③高さ31mを超える建築物には、原則として、非常用エレベーターを設ける。なお、この非常用エレベーターは消火活動のための進入用のためのものであり、避難用ではない。

④一戸建の住宅、長屋または共同住宅の住戸、病院の病室、学校の教室等には、非常用照明は不要である。

⑤学校、体育館、スポーツ施設等には、排煙設備の規定は適用されない。

⑥高さ20mを超える建築物には、原則として、避雷設備を設ける。

1-4 集団規定

　建築物が集積することで集団として形成される環境において、交通、安全、防火、衛生等に関する最低限の基準を敷地単位で定めたものを集団規定といいいます。

建築物の敷地に関する集団規定

①建築物の敷地は、原則として道路に2m以上接しなければならない。なお、道路とは、幅員4m以上であって、かつ道路法や都市計画法等に定められたものをいう。

②建築物の敷地は、原則として、これに接する道の境より高くしなければならない。

③建築面積の敷地面積に対する割合を建蔽率という。建蔽率の求め方は、建蔽率＝建築面積／敷地面積である。なお、公共用歩廊、公衆便所、巡査派出所には、建蔽率の規定は適用されない。

④延べ面積の敷地面積に対する割合を容積率という。容積率の求め方は、容積率＝延べ面積／敷地面積である。

⑤建蔽率、容積率、接道条件等の集団規定は、都市計画区域及び準都市計

01
建築基準法

画区域内に限って適用される。

⑥建蔽率、容積率が2以上の地域にまたがる場合には、建蔽率、容積率ともに、それぞれ敷地の面積を按分（基準となる数量に比例した割合で敷地を割り振る）して適用する。

⑦近隣商業地域及び商業地域内で、かつ防火地域内にある耐火建築物には、建蔽率の規定は適用されない。ただし、準防火地域には適用される。

ゴロ合わせで覚えよう！

● 建蔽率の求め方

剣兵になるには、
　　　　（建蔽率）

剣の技術の　下に知識あり
（建築面積）　（分母に敷地面積）

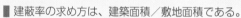

■ 建蔽率の求め方は、建築面積／敷地面積である。

日影や防火地域に関する集団規定

①中高層の建築物において、冬至日に一定時間以上日影となる部分を敷地境界線から一定の範囲内におさめる制限を日影制限という。日影制限は商業地域等には適用されない。ただし、適用されない地域において、10mを超えるもので、かつ冬至日に対象区域内に日影を生じさせるものは、日影制限を受ける。

②防火地域、準防火地域は、建物規模により耐火または準耐火建築物とする。

③防火地域内の屋上に設ける工作物、または高さ3mを超える工作物は、不燃材料で構成する、または不燃材料で覆う。

④防火地域、準防火地域にある建築物で、外壁が耐火構造のものについては、その外壁を隣地境界線に接して設けることができる。

⑤防火地域、準防火地域にまたがる建築物は、その全部について防火地域の建築物の規定を適用する。ただし、建築物が防火壁で区画されている場合は、その防火壁外の部分については準防火地域の規定を適用する。

⑥建築物の敷地が2つ以上の地域・地区にまたがる場合、その過半の地域、地区の制限による用途制限を適用する。

防火地域・準防火地域の建築物の構造制限

階数・延べ面積（s）に対し必要な建築物の構造		
地域＼延べ面積＼階数	$s > 100m^2$	$s \leqq 100m^2$
防火地域／階数≧3（地階を含む）	耐火建築物	耐火建築物または準耐火建築物
防火地域／階数2または階数1	耐火建築物または準耐火建築物	耐火建築物または準耐火建築物

階数・延べ面積（s）に対し必要な建築物の構造			
地域＼延べ面積＼階数	$s \leqq 500m^2$	$500m^2 < s \leqq 1,500m^2$	$s > 1,500m^2$
準防火地域／地上階数≧4	耐火建築物	耐火建築物または準耐火建築物	耐火建築物
準防火地域／地上階数3	耐火建築物・準耐火建築物または防火上必要な技術基準に適合する建築物	耐火建築物または準耐火建築物	耐火建築物
準防火地域／地上階数≦2	木造建築物等は防火構造の建築物、それ以外の場合は外壁開口部に片面防火設備を設けた建築物	耐火建築物または準耐火建築物	耐火建築物

01 建築基準法

1－5　仮設建築物の緩和規定等

　ある一定の期間の使用を目的として、一時的に設置される建築物を仮設建築物といいます。仮設建築物は建築において規定が緩和されており、緩和される主な規定は、建築確認申請の手続きに関する規定、建築物の完了検査、建築工事届、除却届に関する規定、敷地の衛生及び安全に関する規定、建蔽率、容積率、接道義務、用途地域に関する集団規定、$50m^2$以内の建築物の防火地域、準防火地域における規定、高さ20mを超える建築物に設ける避雷設備の規定などです。

頻出項目をチェック！

チェック◎ 1 完了検査申請は、建築主が建築主事または指定確認検査機関に提出する申請である。

建築主事が工事の完了検査の申請を受理した場合、その受理した日から7日以内に、建築主事等による検査をしなければならない。

チェック◎ 2 地階に設ける居室には、必ずしも採光を確保するための窓その他の開口部を設けなくてもよい。

病院の診察室にも、必ずしも採光のための窓その他の開口部を設けなくてもよい。

 こんな選択肢に注意！

公衆浴場の浴室は、居室で~~はない~~。

公衆浴場の浴室は、居室で<u>ある</u>。

確認済証の交付を受けた工事の~~施工者~~は、建築物の工事が完了したときには、建築主事または指定確認検査機関の完了検査を申請しなければならない。

確認済証の交付を受けた工事の**建築主**は、建築物の工事が完了したときには、建築主事または指定確認検査機関の完了検査を申請しなければならない。

建設業法

ここが Point !

重要度 ★★★

建設業法は、建設工事の適正な施工を確保し発注者を保護すること、建設業の健全な発達を促進することを主な目的としています。なお、建築施工管理技術検定制度を制定するものでもあります。

2 - 1 建設業の許可

　建設業は、その事業を行う際に許可を得なければなりません。許可を得る相手は、支店や営業所の所在によって異なり、1つの都道府県内に支店や営業所を設けて営業しようとする場合は都道府県知事に、2以上の都道府県に支店や営業所を設けて営業しようとする場合は国土交通大臣に許可を得ます。建設業の許可は、建設工事の種類ごとに、29業種に分けて与えられます。

　また、建設業者は下請契約金によって分類でき、元請であって、建築一式工事で7,000万円以上、それ以外の建設工事では4,500万円以上の下請契約を締結しようとする建設業者を特定建設業許可業者といい、特定建設業許可業者以外の建設業者を一般建設業許可業者といいます。特定建設業許可業者には、8,000万円以上の請負契約を履行するに足りる財産的基礎が求められます。

　建設業許可は、特定建設業または一般建設業のいずれか一方の許可しか受けることができません。一般建設業の許可を受けている者が、同種の建設工事で特定建設業の許可を受けた場合、一般建設業の許可は効力を失います。なお、特定建設業許可業者でも、一般建設業に係る工事（下請工事）を行うことは可能です。また、建設業者は、許可を受けた建設業に係る建設工事を請け負う場合には、当該建設工事に附帯する他の建設業に係る建設工事を請け負うことができます。建設業許可の有効期限は5年で、満了日の30日前までに更新申請が必要です。

なお、1件の請負金額が建築一式工事で 1,500 万円未満、または 150m²未満の木造住宅工事、その他工事で 500 万円未満の軽微な工事は、建設業許可がなくても請け負うことができます。

2－2　建設業の区分

　建設業は 29 業種に区分されており、業種ごとに建設業許可を受けなくてはなりません。29 業種のうち、土木、建築、電気、管、鋼構造物、舗装、造園の 7 業種を指定建設業といい、許可を受けていない業種でも、許可業種に附帯する工事を請け負うことはできます。

　建設業の許可は、建設工事の種類ごとに許可を受けるため、1 つの営業所で複数の許可を受けることもできます。また、建設業者においては、常勤者の 1 人は、許可業種に関して 5 年以上の経営業務経験を有する者でなければなりません。

　また、建設業の許可を受けようとするものは、許可を受けようとする営業所ごとに、専任技術者を設置しなければなりません。

専任技術者の規定

特定建設業（指定建設業以外）	一般建設業
次のいずれかに該当する専任技術者を営業所ごとに設置する。 (1)一般建設業のいずれかの要件に該当し、かつ、申請する建設業の種類について元請として 4,500 万円以上の工事について 2 年以上の指導監督的な実務経験を有する者 (2)申請する建設業の種類について、法定の資格免許を有する者 (3)国土交通大臣が(1)または(2)に掲げるものと同等以上の能力を有すると認めた者	次のいずれかに該当する専任技術者を営業所ごとに設置する。 (1)大学または高校で、申請する建設業の種類に関連する学科（土木工学や建築学など）を修めたあと、大卒で 3 年以上、高卒で 5 年以上の申請する建設業の種類についての実務経験を有する者 (2)申請する建設業の種類について、10 年以上の実務経験を有する者 (3)申請する建設業の種類について、法定の資格免許を有する者 (4)国土交通大臣が個別の申請に基づき認めた者

2 - 3　建設工事の請負契約

　建設工事における最初の注文者のことを発注者といい、建設工事は、発注者と請負人が請負契約を結ぶことではじまります。請負契約には、発注者、請負人、注文者それぞれにおいて、次のことが定められています。

建設工事の請負契約

発注者、注文者側に関する規定	請負人側に関する規定
・自己の立場を利用して、不当に安い請負代金の契約を締結してはならない。 ・請負契約締結後に建設資材の購入等をしてはならない。 ・下請負人が著しく不適当と認められる場合は、請負人に下請負人の変更を請求できる。 注文者は予定価格に応じて、次の見積り期間を与えなければならない。 500万円未満の場合…1日以上 500万円以上5,000万円未満の場合 　…10日以上 5,000万円以上の場合…15日以上	・元請負人は、自己の地位を不当に利用して、通常必要と認められる原価に満たない金額を請負代金の額とする下請契約を締結してはならない。 ・元請、下請にかかわらず、一括下請は禁止されているが、注文者の事前の書面による了解があれば、例外として認められる。ただし、公共工事及び民間の共同住宅の新築工事では認められない。

発注者と請負人の双方における規定
・請負契約の当事者は、契約の相手側の承諾を得た場合は、書面による契約内容の記載に代えて、情報通信技術を利用した一定の措置による契約の締結を行うことができる。 ・請負契約には、工事内容、請負金額、工事着手時期・完成時期、支払時期、支払方法、不可抗力の場合の定め、紛争の解決方法などを記す。 ・請負人が現場代理人を、注文者が監督員を置く場合は、その権限の範囲を互いに相手方に書面で通知する。また、現場代理人は主任技術者、監理技術者を兼任することができる。なお、現場代理人、監督員を置くことにおける承認は必要としない。

02

建設業法

●請負契約書の記載事項

①工事内容

②請負代金の額

③工事着手の時期及び工事完成の時期

④工事を施工しない日または時間帯の定めをするときは、その内容

⑤請負代金の全部または一部の前金払または出来形部分に対する支払の定めをするときは、その支払の時期及び方法

⑥当事者の一方から設計変更または工事着手の延期もしくは工事の全部もしくは一部の中止の申出があった場合における工期の変更、請負代金の額の変更または損害の負担及びそれらの額の算定方法に関する定め

⑦天災その他不可抗力による工期の変更または損害の負担及びその額の算定方法に関する定め

⑧価格等の変動もしくは変更に基づく請負代金の額または工事内容の変更

⑨工事の施工により第三者が損害を受けた場合における賠償金の負担に関する定め

⑩注文者が工事に使用する資材を提供し、または建設機械その他の機械を貸与するときは、その内容及び方法に関する定め

⑪注文者が工事の全部または一部の完成を確認するための検査の時期及び方法並びに引渡しの時期

⑫工事完成後における請負代金の支払の時期及び方法

⑬工事の目的物が種類または品質に関して契約の内容に適合しない場合におけるその不適合を担保すべき責任または当該責任の履行に関して講ずべき保証保険契約の締結その他の措置に関する定めをするときは、その内容

⑭各当事者の履行の遅滞その他債務の不履行の場合における遅延利息、違約金その他の損害金

⑮契約に関する紛争の解決方法

⑯その他国土交通省令で定める事項

　元請負人の義務として、元請負人は、工事の細目、作業方法を定める場合、あらかじめ下請負人の意見を聴取しなくてはなりません。また、注文者から支払いを受けたときは、1箇月以内に下請負人に支払いをし、注文者から前払いを受けたときは、できるだけ早く下請負人に前払いをします。

　そのほか、元請負人には、下請負人から完成通知を受けたときは20日以内に完成検査を行い、完成検査後、引渡しの申出があったときは直ちに引渡しを行うこと、元請業者である特定建設業者には、建設業法及び関係法令に違反しないよう、下請負人の指導に努めることが定められています。

2-4　施工技術の確保のための規定

　建築における施工技術を確保するため、さまざまな規定が設けられています。その1つとして、現場には条件に適した主任技術者や監理技術者を置かなければなりません。主任技術者や監理技術者の主な職務は、施工計画の作成、工程管理、品質管理、その他技術上の管理、及び従事者に対する技術上の指導・監督等に関することです。

●施工技術の確保のための規定

①特定建設業者が建築一式工事で7,000万円以上、それ以外の建設工事では4,500万円以上の合計金額になる下請契約を締結しようとする元請工事を行う際には、現場に監理技術者を置かなければならない。

②①以外の場合は、現場に主任技術者を置かなければならない。

③建設業の許可を受けた業者は、500万円未満の軽微な工事を行う場合は、主任技術者を置かなければならない。建設業の許可を受けていない業者が500万円未満の軽微な工事を行う場合は、主任技術者を置かなくてもよい。

④密接な関連がある複数の工事を同一業者が近接場所で施工する場合は、主任技術者の兼任が認められる。

⑤工事現場における建設工事の施工に従事する者は、主任技術者または監理技術者がその職務として行う指導に従わなければならない。

⑥公共性のある工事や共同住宅等の多数の者が利用する施設の重要な

02
建設業法

工事の場合で、自社の請負金額が建築一式工事で 8,000 万円以上、その他工事で 4,000 万円以上の場合は、原則として、現場に置く監理技術者、主任技術者は専任でなければならない。

⑦専任で置くべき監理技術者は監理技術者資格者証を有し、監理技術者講習を修了した者でなければならない。

⑧専任の監理技術者、主任技術者は、施工会社に恒常的に雇用されている者でなければならない。

⑨公共工事においては、下請金額の多寡にかかわらず下請契約を結ぶすべての元請工事に対して、施工体系図、施工体制台帳の設置が義務付けられている。

頻出項目をチェック！

| チェック◎ 1 | 2 以上の都道府県の区域内に営業所を設けて営業しようとする者が建設業の許可を受ける場合には、国土交通大臣の許可を受けなければならない。 |

工事 1 件の請負代金の額が 1,500 万円に満たない建築一式工事のみを請け負う場合は、建設業の許可を必要としない。

こんな選択肢に注意！

請負代金の額が 6,000 万円の共同住宅の建築一式工事を請け負った建設業者が、工事現場に置く主任技術者は、専任の者でなければならない。

請負代金の額が 8,000 万円の共同住宅の建築一式工事を請け負った建設業者が、工事現場に置く主任技術者は、専任の者でなければならない。

労働基準法

ここが Point！

重要度 ★★☆

労働基準法は、労使・男女平等を原則とし、労働者の立場を守るため、労働条件の基準を定めた法令です。

労働条件の原則には、労働条件は労働者と使用者が対等の立場において決定すべきものであること、使用者は労働者の国籍、信条、社会的身分を理由として、各人の労働条件について差別的取扱いをしてはならないこと、使用者は女性であることを理由に、賃金について、男性と差別的取扱いをしてはならないことが定められています。

3－1　労働契約

まず、労働基準法の基準に達しない労働条件を定めた労働契約については、その違反部分が無効となり、契約全体の無効にはなりません。労働契約においては、違約金、損害賠償、強制貯蓄、前借金との相殺等の定め、未成年者の親権者や後見人との契約締結は禁止されています。また、労働契約の期間は、原則として3年以内としますが、建設工事のように長期間を要する事業の場合は、3年を超過する場合であっても、その事業が終了するまでの期間とすることができます。

労働者の解雇については、少なくとも30日前に予告しなければならず、予告しない場合には、30日分以上の平均賃金を支払わなければなりません。また、業務上の負傷、疾病による休業や女性の産前産後の休業などにおいては、休業が終わってから30日間は解雇できません。ただし、打切補償を支払う場合、または天災事変その他やむを得ない事由のために事業の継続が不可能となった場合はこの限りではありません。そのほか、退職に関する規定として、使用者は、退職した労働者からその者の受け取るべき権利のある賃金の支払い請求があった場合には、7日以内に支払わなけ

ればなりません。

なお、労働者は、使用者より明示された労働条件が事実と相違する場合においては、即時に労働契約を解除することができます。

労働契約には、次の5項目を書面で明示する必要があります。

①労働契約の期間

②就業場所、業務内容

③始業・終業時刻、時間外労働の有無、休憩時間、休日、休暇、就業時転換の事項

④賃金の決定、計算及び支払いの方法、賃金の締切り及び支払いの時期、昇給に関する事項

⑤退職に関する事項（解雇の事由を含む）

3-2 賃金

賃金は、給与、手当、賞与等、労働の対価となるもののことをいい、賃金は本人への直接支払いでなければならないとされています。未成年者や年少者であっても、労働者の後見人や親権者など、労働者本人でないものに支払ってはいけません。

賃金は、毎月1回以上、一定の期日を定めて支払わなければなりません。賃金は全額支払が原則であり、前借金との相殺や、強制貯蓄等は禁止されています。なお、出産や災害など、非常の場合においては、支払期日前であっても既往労働に対する賃金を支払わなければなりません。

労働者の了解を得た場合を除いて、賃金は現金で支払わなければならず、例えば、手形や小切手で支払ってはなりません。

賃金の額については、時間外労働は25％増、深夜労働（22時～5時）はさらに25％増（計50％増）とし、また、休日労働は35％増、休日の深夜労働はさらに25％増（計60％増）とすることが定められています。なお、最低賃金法によって、出来高払い制、請負制の労働者でも、労働時間に応じた一定額の賃金を保障することが定められています。

3 - 3　労働時間や休暇等

　労働時間や休暇などにおいては、次のことが定められています。ただし、監督や管理を行う役職の者には、労働時間、休憩、休日の規定は適用されません。

●労働時間等に関する規定

①労働時間は、休憩時間を除き1週間に40時間、各日で8時間を超えてはならない。

②休憩時間は、労働時間が6時間を超える場合は45分以上、8時間を超える場合は1時間以上としなくてはならない。

③休日は、週休制とするか、4週間で4日以上とする。

④有給休暇は、6箇月間において8割以上出勤した労働者には10日間与え、その後、1年ごとに1日ずつ増やし、最大20日間を与えなくてはならない。未消化の有給休暇は、翌1年に繰り越すことができる。

⑤有害業務の労働時間延長は、2時間までとする。

---

3 - 4　年少者や女性に関する就業制限

　15歳未満を児童、18歳未満を年少者といいます。15歳未満とは、15歳に達した日以降の最初の3月31日が終了するまでとし、原則として、労働基準法において児童を働かせることは禁じられています。

　事業者は、年少者を使用する場合は、その年齢を証明する戸籍証明書を事業場に備え付けなければなりません。また、原則として、年少者が解雇の日から14日以内に帰郷する場合においては、必要な旅費を負担しなければなりません。

　女性に関する就業制限として、鉛・水銀などの有害物・有害ガス発生場所における業務に、女性が従事することはできません。

●年少者にさせてはならない業務

①重量物取扱い業務（表参照）

②クレーン、デリックの運転

③最大積載荷重 2t 以上の人荷共用、もしくは荷物用エレベーター、高さ 15m 以上のコンクリート用エレベーターの運転

④クレーン、デリックの玉掛け業務（2 人以上の玉掛けによる補助作業は除く）

⑤土砂崩壊のおそれのある場所、または深さ 5m 以上の地穴における業務

⑥高さ 5m 以上で、墜落の危険性のある場所における業務

⑦足場の組立て、解体または変更の業務（地上、床上における補助作業は除く）

⑧手押しかんな盤、動力による土木建築用機械の運転、単軸面取り盤の取扱い業務

⑨削岩機、鋲打機等身体に著しい振動を与える機械器具を用いて行う業務

⑩深夜業務（午後 10 時から午前 5 時までの間の勤務）。ただし、交替制によって使用される満 16 歳以上の男性は除く

年少者の就業制限に関する重量表

年齢及び性		重量（単位 kg）	
		断続作業の場合	継続作業の場合
満 16 歳未満	女	12 以上	8 以上
	男	15 以上	10 以上
満 16 歳以上満 18 歳未満	女	25 以上	15 以上
	男	30 以上	20 以上

3 - 5　使用者に義務付けられた主な書面等

　使用者は、常時 10 人以上の労働者を使用する場合は、就業規則を作成し、労働者代表の意見を記した書面を添付して、労働基準監督署に届け出ます。

　また、使用者は、常時使用する労働者名簿（日々雇用する者を除く）を事業場ごとに作成する義務、賃金台帳（日々雇用する者を含む）を作成する義務を有します。労働者名簿、賃金台帳及び雇入、解雇、災害補償、賃金その他労働関係に関する書類は、3 年間保存しなければなりません。

頻出項目をチェック！

| チェック◎ 1 | **未成年者の親権者または後見人は、未成年者の賃金を<u>代わって</u>受け取ってはならない。** |

使用者は、満 18 歳に満たない者について、その年齢を証明する<u>戸籍証明書</u>を事業場に備え付けなければならない。

こんな選択肢に注意！

使用者は、労働契約の不履行について違約金を定める契約をすることが~~できる~~。

使用者は、労働契約の不履行について違約金を定める契約をすることが<u>できない</u>。

職業訓練に関する事項は、使用者が労働契約の締結に際し、労働者に書面で交付しなければならない労働条件~~である~~。

職業訓練に関する事項は、使用者が労働契約の締結に際し、労働者に書面で交付しなければならない労働条件<u>ではない</u>。

労働安全衛生法

一次 二次

レッスン 04

ここが Point！

重要度 ★★☆

労働安全衛生法は、労働者の就業に関する建設物等、または業務に起因して、労働者が負傷または死亡することなど、いわゆる労働災害を防止し、安全と衛生を確保することを目的としています。

4－1 安全衛生管理体制

　事業者は、労働者に対して安全や衛生を確保するため、必要に応じて、専門の資格を有するものを設置することが求められます。有資格者設置の義務付けとして、常時 100 人以上の直用労働者を使用する事業場には総括安全衛生管理者を設置しなくてはなりません。総括安全衛生管理者の責務は、次のとおりです。

　●総括安全衛生管理者の責務
①労働者の危険、または健康障害を防止するための措置に関すること。
②労働者の安全、または衛生のための教育の実施に関すること。
③健康診断の実施、その他健康の保持増進のための措置に関すること。
④労働災害の原因の調査、及び再発防止対策に関すること。
⑤安全衛生に関する方針の表明に関すること。
⑥危険性または有害性等の調査、及びその結果に基づき講ずる措置に関すること。
⑦安全衛生に関する計画の作成、実施、評価及び改善に関すること。

　総括安全衛生管理者、安全管理者、衛生管理者、産業医は、選任すべき事由が発生してから 14 日以内に選任し、選任報告書を労働基準監督署長に提出します。

　安全衛生推進者は、選任すべき事由が発生してから 14 日以内に選任後、

労働者に周知します。また、事業場に安全管理者が1人の場合、その安全管理者は、当該事業場に専属の者でなければなりません。

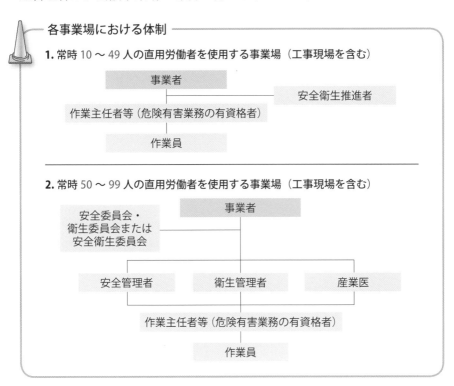

各事業場における体制

1. 常時10〜49人の直用労働者を使用する事業場（工事現場を含む）

事業者

安全衛生推進者

作業主任者等（危険有害業務の有資格者）

作業員

2. 常時50〜99人の直用労働者を使用する事業場（工事現場を含む）

事業者

安全委員会・衛生委員会または安全衛生委員会

安全管理者

衛生管理者

産業医

作業主任者等（危険有害業務の有資格者）

作業員

　労働安全衛生法では元請会社を元方事業者といい、常時50人以上の現場を有する元方事業者を、特定元方事業者といいます。事業現場においては、条件に応じて安全衛生責任者などを置かなくてはなりません。それぞれの役割として、統括安全衛生責任者（特定元方事業者）は、協議組織の設置及び運営を行うこと、作業間の連絡及び調整を行うこと、毎作業日に必ず1回以上作業所を巡視すること（不在の場合は代理者が行う）、関係請負人が行う安全、衛生のための教育に対する指導、援助を行うこと、工程に関する計画及び作業場所における機械、設備の配置等に関する計画を作成することが義務付けられています。

　元方安全衛生管理者は、統括安全衛生責任者の指揮を受けて、統括安全衛生責任者の職務のうち技術的事項を管理します。また、安全衛生責任者

は、統括安全衛生責任者と連携し、仕事上の連絡や調整をとります。

　元方安全衛生管理者、統括安全衛生責任者は、一定の学歴や実務経験が求められますが、安全衛生責任者には、特別な要件は求められません。

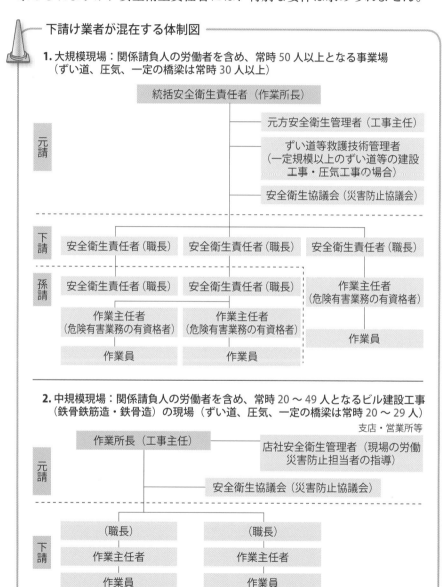

下請け業者が混在する体制図

1. 大規模現場：関係請負人の労働者を含め、常時 50 人以上となる事業場
（ずい道、圧気、一定の橋梁は常時 30 人以上）

元請

統括安全衛生責任者（作業所長）

元方安全衛生管理者（工事主任）

ずい道等救護技術管理者
（一定規模以上のずい道等の建設
工事・圧気工事の場合）

安全衛生協議会（災害防止協議会）

下請

安全衛生責任者（職長）　安全衛生責任者（職長）　安全衛生責任者（職長）

孫請

安全衛生責任者（職長）　安全衛生責任者（職長）　作業主任者
（危険有害業務の有資格者）

作業主任者
（危険有害業務の有資格者）　作業主任者
（危険有害業務の有資格者）

作業員

作業員　作業員

2. 中規模現場：関係請負人の労働者を含め、常時 20 〜 49 人となるビル建設工事
（鉄骨鉄筋造・鉄骨造）の現場（ずい道、圧気、一定の橋梁は常時 20 〜 29 人）

支店・営業所等

元請

作業所長（工事主任）

店社安全衛生管理者（現場の労働
災害防止担当者の指導）

安全衛生協議会（災害防止協議会）

下請

（職長）　　　　　（職長）

作業主任者　　　作業主任者

作業員　　　　　作業員

4－2　安全衛生教育

　事業者は、新たに雇い入れた非正規（臨時雇用）労働者、作業内容を変更した労働者、省令で定める危険または有害な業務に就く労働者、新たに職務に就くことになった職長、その他の作業中の労働者を直接指導または監督する者（作業主任者は除く）に対して、安全衛生のための教育（安全衛生教育）を行わなければなりません。

　また、事業者は、労働者を危険または有害な業務に就かせるときは、安全衛生のための特別教育等を行わなければならず、従事者はその危険度に準じて、特別教育、技能講習、免許を受けます。就業制限に係る業務につくことができる者が当該業務に従事するときは、これに係る免許証その他その資格を証する書面（原本）を携帯していなければなりません。

●安全衛生教育の内容
①作業方法の決定及び労働者の配置に関すること
②労働者に対する指導または監督の方法に関すること
③機械等、原材料等の危険性または有害性及びこれらの取扱い方法に関すること
④安全装置、有害物抑制装置または保護具の性能及びこれらの取扱い方法に関すること
⑤作業手順に関すること
⑥作業開始時の点検に関すること
⑦当該業務に関して発生するおそれのある疾病の原因及び予防に関すること
⑧整理、整頓及び清潔の保持に関すること
⑨事故時等における応急措置及び退避に関すること

作業環境測定の実施に関することは、安全衛生教育の内容に含まれないよ。

建築工事における主な就業制限業務

資格等を必要とする業務内容		資 格	資 格		
			免許	技能講習	特別教育
① クレーンの運転業務	つり上げ荷重が5t以上	クレーン・デリック運転士免許	○		
	つり上げ荷重が5t以上床上で運転し、かつ運転者が荷の移動とともに移動する方式のクレーン	①クレーン・デリック運転士免許 ②床上操作式クレーン運転技能講習	○	○	
	つり上げ荷重が5t未満	①クレーンの運転業務特別教育 ②跨線テルハの運転業務特別教育			○
② クレーン・移動式クレーン・デリック玉掛けの業務	つり上げ荷重が1t以上	玉掛け技能講習		○	
	つり上げ荷重が1t未満	玉掛けの業務の特別教育			○
③ 車両系建設機械（整地・運搬・積込み用及び掘削用）の運転（道路上の走行を除く）業務（動力を用い、かつ、不特定の場所に自走することができるもの）	機体重量が3t以上	車両系建設機械（整地・運搬・積込み用・掘削用）の運転技能講習		○	
	機体重量が3t未満	小型車両系建設機械（整地・運搬・積込み用・掘削用）の運転業務に係る特別教育			○
④ フォークリフトの運転（道路上の走行を除く）業務	最大荷重が1t以上	フォークリフト運転技能講習		○	
	最大荷重が1t未満	フォークリフト運転業務の特別教育			○

 こんな選択肢に注意！

就業制限に係る業務につくことができる者が当該業務に従事するときは、これに係る免許証その他その資格を証する ~~書面の写し~~ を携帯していなければならない。

就業制限に係る業務につくことができる者が当該業務に従事するときは、これに係る免許証その他その資格を証する <u>書面</u> を携帯していなければならない。

その他の法令

レッスン 05

ここが Point !

重要度 ★★☆

建設工事においては、工事に伴う周辺環境への影響や、工事によって生じる廃棄物の処理など、さまざまなことに配慮しなくてはなりません。

5 - 1　騒音規制法

　工事における騒音は、騒音規制法によって規制されています。騒音を規制する地域は都道府県知事が指定し、指定した地域における特定建設作業は、敷地の境界線上での騒音の測定値が 85dB 以下とする規制値、作業時間帯の規制、1 日の作業時間の規制、同一場所で連続 6 日を超えない、日曜日や祝祭日は作業をしてはならないなどの制限が定められています。なお、災害等の緊急時においては、時間規制や休日規制は適用されませんが、規制値は適用されます。

　特定建設作業を行う場合は、元請業者が、当該特定建設作業の場所の付近見取図を届出に添付して、開始日の 7 日前までに市町村長に届け出ます。災害等の緊急時は、届け出られるようになった時点で、速やかに届け出ます。

●届出書の主な記入・添付事項

①建設工事の目的に係る施設または工作物の種類

②特定建設作業の場所及び実施の期間

③騒音の防止の方法

④特定建設作業の種類

⑤特定建設作業に使用される機械の名称、型式及び仕様

⑥特定建設作業の開始及び終了の時刻

⑦特定建設作業を伴う建設工事の工程の概要を示した工事工程表で特定建設作業の工程を明示したもの

特定建設作業

騒音の特定建設作業
次のいずれかによる作業が 2 日間以上にわたる場合 • 杭打機（もんけん以外）、杭抜機または杭打杭抜機（圧入式以外）（アースオーガー併用のものは除く） • びょう打機 • 削岩機（1 日の移動最大距離が 50m を超えないもの） • 空気圧縮機（電動機以外の定格出力 15kW 以上のもの） • 混練容量 0.45m³ 以上のコンクリートプラント（モルタル製造用のものは除く）、または混練重量 200kg 以上のアスファルトプラント • 定格出力 80kW 以上のバックホウ • 定格出力 70kW 以上のトラクターショベル • 定格出力 40kW 以上のブルドーザー

5 - 2　廃棄物処理法

　廃棄物処理法（廃棄物の処理及び清掃に関する法律）は、廃棄物の排出を抑制し、廃棄物の適正な分別、保管、収集、運搬、再生、処分等の処理を行い、生活環境を清潔にすることにより、生活環境の保全及び公衆衛生の向上を図ることを目的としています。

　廃棄物は、事業活動に伴って生じた産業廃棄物と、それ以外の廃棄物である一般廃棄物に分類できます。ただし、事業活動に伴って生じたものでも一般廃棄物に分類されるものもあり、例えば、工事の現場においては、現場事務所から出る弁当の食べ残しやコピーくず等は一般廃棄物に分類されます。

　産業廃棄物の許認可管轄は都道府県で、一般廃棄物の処理に関する責任は市町村にあります。

　産業廃棄物は、埋め立てた場合の処分場によって、安定型、遮断型、管理型に分けられます。安定型は、がれき類（コンクリートがら、アスファルトがら等）、廃プラスチック類、ガラスくず及び陶磁器くず、金属くず、ゴムくずをいい（安定 5 品目という）、安定型処分場で埋立処分できます。遮断型は、廃 PCB、飛散性廃石綿（飛散性アスベスト）、基準を超えた有

害物を含む燃えがら・ばいじん・汚泥(おでい)等をいい（特別管理産業廃棄物（特管物）という）、鉄筋コンクリート構造の遮断型処分場で処分します。管理型は、それ以外の産業廃棄物（木くず、紙くず、繊維くず、汚泥、廃油、廃酸・廃アルカリ、ばいじん等）をいい、遮水シート構造の管理型処分場で処分します。

　産業廃棄物の収集または運搬を事業として行う者は、原則として、都道府県知事の許可を受けなければならず、産業廃棄物の処理を委託する場合は、都道府県知事の許可を得た収集運搬業者と処分業者に、それぞれ別個に委託契約書を交わして委託します。収集運搬業者との委託契約書には、運搬の最終目的地を記載する必要があります。委託契約書の保存期間は5年です。

　産業廃棄物の排出事業者は、廃棄物の種類ごと、運搬先ごとに産業廃棄物管理票（マニフェスト）を交付します。交付者は、収集運搬・処分委託業者から業務終了後に返送された管理票の写しと委託契約書を5年間保管しなければなりません。

05

その他の法令

　　建設現場における廃棄物の排出事業者は、発注者ではなく
　　元請負人になるよ。

●委託契約書の記載事項

①委託する産業廃棄物の種類及び数量

②産業廃棄物の運搬を委託するときは、運搬の最終目的地の所在地

③産業廃棄物の処分または再生を委託するときは、その処分または再生の場所の所在地、その処分または再生の方法及びその処分または再生に係る施設の処理能力

④産業廃棄物の処分または再生を委託する場合において、当該産業廃棄物が輸入の許可を受けて輸入された廃棄物であるときは、その旨

⑤最終処分以外の産業廃棄物の処分を委託するときは、当該産業廃棄物に係る最終処分の場所の所在地、最終処分の方法及び最終処分に係る施設の処理能力

5－3　建設リサイクル法

　建設リサイクル法（建設工事に係る資材の再資源化等に関する法律）は、特定の建設資材について、分別解体等及び再資源化等を促進し、資源の有効な利用の確保及び廃棄物の適正な処理を図ることを目的としています。

　特定の建設資材とは、コンクリート、コンクリート及び鉄からなる建設資材、木材、アスファルト・コンクリートのことをいい、再資源化とは、分別解体等に伴って生じた建設資材廃棄物を資材、原材料として利用すること（マテリアルリサイクル）や、熱を得るために燃焼させること（サーマルリサイクル）をいいます。また、分別解体等とは、建築物等に用いられた建設資材に係る建設副産物をその種類ごとに分別しつつ工事を施工することをいいます。

　建設リサイクル法では、分別解体等及び再資源化等が義務付けられている工事が定められています。なお、建設リサイクル法において、再資源化等とは、再資源化及び縮減（焼却、脱水、圧縮その他の方法により建設資材廃棄物の大きさを減ずること）と定められています。

分別解体等及び再資源化等が義務付けられている工事

工事の種類	規模の基準
建築物の解体	床面積合計が 80m² 以上
建築物の新築・増築	床面積合計が 500m² 以上
建築物の修繕・模様替（リフォーム等）	請負代金の額が 1 億円以上
その他工作物の工事（土木工事等）	請負代金の額が 500 万円以上

　対象建設工事の発注者は、都道府県知事に工事着手の届出を 7 日前までに届け出ます。工事完了の届出も、発注者が都道府県知事に届け出ます。

　また、元請業者の義務として、発注者に対して分別解体等に関する事項を、書類を交付して説明しなければならないほか、再資源化等完了後に発注者に書面で報告し、記録を作成して 1 年間保存しなくてはなりません。

　土木工事業、建築工事業、とび・土工工事業以外で解体工事を営む者は、解体工事業の都道府県知事の登録が必要です。

5 - 4　消防法

　消防法では、消防法に定められている資格者や、消防用設備等の種類などについて押さえておく必要があります。

●消防法上の資格者

①危険物取扱者
②危険物保安統括管理者
③危険物保安監督者
④消防設備士
⑤防火管理者
⑥統括防火管理者
⑦防火対象物点検資格者

消防用設備等の種類

消防の用に供する設備	消火設備	消火器、スプリンクラー設備、動力消防ポンプ設備、水バケツ、乾燥砂　等
	警報設備	自動火災報知設備、ガス漏れ火災警報設備、漏電火災警報器、非常ベル、放送設備　等
	避難設備	すべり台、避難はしご、救助袋、誘導灯　等
消防用水		防火水槽またはこれに代わる貯水池その他の用水
消火活動上必要な施設		排煙設備、連結散水設備、連結送水管、非常コンセント設備、無線通信補助設備

連結散水設備は、消火設備ではないから、気をつけよう。

5－5　道路法

　建設工事において、工事現場の仮囲い、防護棚（養生朝顔）、仮設電柱などを道路上にはみ出して継続的に設置しようとする場合には、道路管理者の占用の許可を受けなければなりません。また、道路の一部を掘削して、下水道本管に下水道管を接続する場合なども、占用の許可が必要になります。

　コンクリート打設作業のために、ポンプ車を道路上に駐車させる場合は、占用の許可は必要ないよ。

頻出項目をチェック！

チェック◎ 1	建築物の新築に伴って生じた<u>段ボール</u>は、産業廃棄物である。

建築物の新築に伴って生じた<u>土砂</u>は、産業廃棄物ではない。

 こんな選択肢に注意！

住宅の屋根の葺替え工事に伴って生じた粘土瓦は、特定建設資材に~~該当する~~。

住宅の屋根の葺替え工事に伴って生じた粘土瓦は、特定建設資材に<u>該当しない</u>。

連結散水設備は、~~消火設備~~である。

連結散水設備は、**消火活動上必要な施設**である。

練習問題にチャレンジ！

問　題

問題 01

建設業の許可に関し、「建設業法」上、**誤っているもの**はどれか。

1　工事1件の請負代金の額が1,500万円に満たない建築一式工事のみを請け負う場合は、建設業の許可を必要としない。
2　建設業の許可を受けようとする者は、営業所ごとに所定の要件を満たした専任の技術者を置かなければならない。
3　ある業種で一般建設業の許可を受けている者が、別の業種で特定建設業の許可を受けることができる。
4　建設業許可の有効期限は3年である。

➡ Lesson 02

問題 02

使用者が労働契約の締結に際し、「労働基準法」上、労働者に書面で**交付しなくてもよいもの**はどれか。

1　就業の場所及び従事すべき業務に関する事項
2　労働契約の期間に関する事項
3　賃金の支払いの時期に関する事項
4　安全及び衛生に関する事項

➡ Lesson 03

建設業において、「労働安全衛生法」上、事業者が安全衛生教育を**行わなくてもよいもの**はどれか。

1 新たに雇い入れた非正規（臨時雇用）労働者
2 作業内容を変更した労働者
3 新たに選任した作業主任者
4 新たに職務に就くこととなった職長

➡ Lesson 04

正答と解説

問題 01 **正答** 4

建設業許可の有効期限は5年で、満了日の30日前までに更新が必要である。
➡ 間違えた人は、Lesson 02 を復習しよう。

問題 02 **正答** 4

安全及び衛生に関する事項は労働契約の条項に該当せず、他に書面で明示する必要があるのは退職に関する事項などがある。
➡ 間違えた人は、Lesson 03 を復習しよう。

問題 03 **正答** 3

すでに専門知識をもったものを作業主任者に選任するので、事業者が安全衛生教育を行う必要はない。
➡ 間違えた人は、Lesson 04 を復習しよう。

いちばんわかりやすい！
2級建築施工管理技術検定 合格テキスト

記述試験

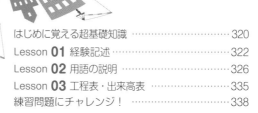

（試験科目：施工管理法）

① 第二次検定

第二次検定では、受検者の実務経験を踏まえて答える問題が出題されます。解答者は、正しい用語を用いること、採点者に伝わる文章で解答することなど、知識だけでなく「解答力」も求められます。

第二次検定における出題は全部で5問、問題1～4は必須問題、問題5は受検種別（建築、躯体、仕上げ）によって分かれています。また、問題1～3は記述式、問題4～5は四肢択一式となっています。

② 出題例

第二次検定ではどのような問題が出題されるか、問題例をあげてみましょう。

問題文───────────

あなたが経験した建築工事のうち、あなたの受検種別に係る工事の中から、施工の計画を行った工事を1つ選び、工事概要を具体的に記述した上で、次の問いに答えなさい。

内容

工事名、工事場所、工事の内容などの記入が求められ、その上で、与えられた工期内に予定どおり工事を完了させるため、実際に行ったことと、なぜそうすることで予定どおり工事が進むと考えたのか、その理由を工種名（鉄骨工事、タイル工事など）とともに具体的に記述することが求められます。

問題文───────────

次の建築工事に関する用語の一覧表の中から5つ用語を選び、その用語の説明と施工上留意すべきことを具体的に記述しなさい。

内容

14個程度の用語があげられ、その中から5つの用語を選びだし、用語の説明と施工上留意すべき内容の記述を求められる問題です。

問題文には、「ただし、仮設以外の用語については、作業上の安全に関する記述は不可とする。また、使用資機材に不良品はないものとする。」といった条件が付記されていますので、注意しましょう。

問題文
　鉄骨造3階建て○○ビルの新築工事について、次の問いに答えなさい。

内容
　工事概要とバーチャート工程表、出来高表が示され、工程表の各工事の作業名や、指定された工事の完了日を月と旬日で記入させる問題、出来高表から、出来高比率や累計金額を記入させる問題となっています。各工事の作業手順を確認しておきましょう。また、比率や累計金額の求め方を覚えましょう。

問題文
　次の各法文において、□□□□□に当てはまる正しい語句または数値を、下の該当する枠内から1つ選びなさい。

内容
　建設業法、建築基準法（建築基準法施行令）、労働安全衛生法の条文が示され、各条文につき2つの語句または数値を選択する問題です。過去に出題された条文には、目を通しておきましょう。

問題文
　次の各記述において、□□□□□に当てはまる最も適当な語句または数値を、下の該当する枠内から1つ選びなさい。

内容
　受検種別に、それぞれ8つの語句または数値を選択する問題です。第一次検定でも問われる基本的な内容がほとんどですので、しっかり知識を定着させておくことが重要です。
　四肢択一問題はマークシート方式ですので、選んだ番号を黒鉛筆か黒シャープペンシルで塗りつぶします。

経験記述

（二次）

レッスン
01

ここが Point !

重要度 ★★★

第二次検定では、受検者の実務経験を踏まえて答える問題が出題
されます。

　第二次検定の問題1～3は、選択式の学科試験と異なり、記述式のため、
受検者は、「建築工事の施工管理技術者」として、現場で起こりつつある
事象を分析して正しい対応をとる管理能力、そして、それらを正確に関係
者に伝える能力を有していることを、採点者に記述によって伝えなくては
なりません。

　なお、第二次検定における出題は全部で5問、問題1～4は必須問題、
問題5は受検種別（建築、躯体、仕上げ）によって分かれています。

1-1　工事概要の書き方

　第二次検定では、「あなたが経験した建築工事のうち、あなたの受検種
別に係る工事の中から、品質管理を行った工事を1つ選び、工事概要を
具体的に記述したうえで、次の1. から2. の問いに答えなさい」など、
具体的な工事経験を記述することが求められます。工事概要では、工事名、
工事場所、工事内容などを記さなければなりません。

工事名

　名称は固有名詞を入れて、できるだけ具体的に記入します。新築、増築、
改修、改築、模様替え工事等、工事内容が工事名からもわかるように表現
してください。

　例：○○マンション新築工事、○×ビル改築工事、××工場外壁改修工
　　　事

工事場所

　建築工事が行われた場所の住所（地名地番も可）を具体的に記入します。都道府県名、市町村名、番地までできるだけ詳しく記入します。

　例：東京都新宿区西新宿 2 丁目 8 − 1

工事の内容

　建築用途や構造などを記入します。

工事内容の記入例

工事の内容	記述例
新築等の場合	
建築用途	共同住宅、事務所、店舗、工場、倉庫等（建築基準法の用途で記入）
構造	鉄筋コンクリート造、鉄骨造、木造等（例えば、鉄筋コンクリート造を RC 造と記入しても可）
階数	地下 1 階、地上 3 階　塔屋 1 階等
延べ面積	880m^2、1,500m^2 等
施工数量	躯体：鉄筋 38t、コンクリート 420 m^3 等、仕上げ：アスファルト防水 160m^2、ビニールクロス 1,740m^2 等
主な外部仕上げ	磁器質モザイクタイル張り、ALC 板吹付タイル等
主要室の内部仕上げ	床：フローリング張り、タイルカーペット張り等、壁：ビニールクロス張り、塗装等、天井：ビニールクロス張り、岩綿吸音板張り等
改修等の場合	
建築用途	共同住宅、事務所、店舗等
主な改修内容	外壁磁器質モザイクタイル改修、屋上塗膜防水改修等
施工数量	外壁磁器質モザイクタイル改修 1,650m^2、屋上塗膜防水改修 320m^2 等
建物規模	構造、階数、延べ面積等を記入する

01

経験記述

工期

年号または西暦で年月まで記入します。

専門工事部分を担当した場合には、「建物全体の工期（担当した工期）」のように併記します。

例：○○年11月〜○○年6月（○○年2月〜○○年4月）

建物全体の工期（担当した工期）

あなたの立場

請負者、発注者等の立場を明確にし、工事主任、現場主任、主任技術者等と記入します。工事課長等、会社の役職を記入するのではないことに注意しましょう。

例：工事主任、現場主任、現場代理人、監理技術者、主任技術者

業務内容

請負者、発注者等の立場を明確にし、従事した業務を記入します。

例：施工管理全般、施工図の作成、工事監理業務等

工種名

工種とは、単独の工事種類のことをいいます。主に、躯体工事は主要構造部分、仕上工事は内装や外装仕上げに関する工種について記入でき、建築工事はすべての工種について記入できます。

例：躯体工事における仮設工事、仕上工事における防水工事、建築工事におけるコンクリート工事等

検討したこと、実際に行った対策

検討したこと、実際に行った対策では、自身の実際の施工経験において、検討した内容や、講じた対策についての記述が求められます。問題では、検討した理由などを問われることもあります。

問題文をよく読み、問われている内容をしっかり理解しよう。

　また、実際に行ったことですから、対策については過去形で表現します。記入に関する注意点として、現場固有の施工条件、部材の名称、管理項目等を、具体的に記述するよう心がけます。自身の経験の中から、事前に解答例をいくつか準備しておくとよいでしょう。

　管理項目の主な留意事項として、品質管理では鉄筋工事、コンクリート工事、鉄骨工事、屋上防水工事等、施工計画では材料の搬入・保管、資機材の揚重・仮置きの方法、作業床・足場の設置、検査の実施方法・時期等、工程管理では工程表の作成、工程順序の工夫、不測の事態に対する工夫等があげられます。

　なお、施工における失敗例や、設計上の問題等に関する記述は不適当です。

　設問に「工事概要にあげた工事及び受検種別にかかわらず」とある場合は、実際の経験ではなく自身の考えを記入することが求められていますので、対応策については、現在形で表現します。

01

経験記述

●**記入における注意点**
①専門用語を正しく使用し、その現場でしか通用しない用語の使用は避ける。
②記述は解答欄に応じて適切な分量で書く。
③わかりやすいよう簡潔、明快な記述を心がける。
④文字はできるだけ丁寧に書き、採点者にわかりやすい記述を心がける。
⑤誤字、脱字に注意する。

誤字、脱字などのケアレスミスをしないように気をつけよう。

用語の説明

レッスン 02

ここが Point！

重要度 ★★★

工事における用語を理解しているかが問われます。「説明になっていない解答」や「過剰な説明による誤り」などにも注意しましょう。

第二次検定では、「次の建築工事に関する用語の一覧表の中から 5 つ用語を選び、その用語の説明と施工上留意すべきことを具体的に記述しなさい」など、用語の説明や留意すべき内容を具体的に記述することが求められます。ここでは、過去に複数回出題された用語や重要と思われる用語を工種ごとに説明します。

2−1 主要な用語の説明

仮設工事

防護棚（養生朝顔）

用語の説明：工事中における落下物を防ぐために、足場や構造物の外部へ突き出して設けるもの。作業者や通行人等に対して頭上からの落下物による事故を防ぐ。

留意すべき事項：工事場所が地上から 10 m 以上の場合は 1 段以上、20 m 以上の場合は 2 段以上設ける。突き出す長さは、足場から水平距離で 2 m 以上、下部の斜材角度は 20 度以上とする。

ローリングタワー

用語の説明：天井など高い部分の作業に用いる移動式のキャスターを付けた足場。

留意すべき事項：労働者を乗せて移動してはならない。移動中、転倒等による危険を生じるおそれのあるところには、関係者以外立ち入らせない。

足場の手すり先行工法

用語の説明：手すり付きのユニットによって足場を組み立てていく工法。常に手すりが先行して付いているため、組立て時や解体時における安全性が高い。

留意すべき事項：作業区域への関係労働者以外の立入禁止措置を行う。材料は、腐食や亀裂等の強度上の欠陥のないものを使用する。

<ruby>親綱<rt>おやづな</rt></ruby>

用語の説明：作業員が着用する要求性能墜落制止用器具を取り付けるため、高所や開口部など墜落の危険がある場所に設置するロープ。

留意すべき事項：親綱支柱間での親綱の最大スパンは9m以内とし、たるまない程度に張る。

安全ブロック

用語の説明：落下の危険のある作業現場で、作業中や昇降中の墜落を防止するための安全器具。

留意すべき事項：作業中の横移動は、取付け位置の真下から30度以内でゆっくり行う。

床開口部の養生

用語の説明：床の開口部に、作業員の墜落を防止するための手すり、防護棚、囲い等の防護措置を設け、養生をすること。

留意すべき事項：手すり、防護棚、囲い等を取り外したときは、作業終了後直ちに、もとの状態に戻す。

土工事

布掘り

用語の説明：布基礎や基礎梁の位置に添って、連続的に布のように掘削する根切り方法。

留意すべき事項：掘削深さに応じて所定の山留め処置を施す。また、掘削底面を乱さないように、人力等により丁寧に床付けする。

02

用語の説明

327

釜場

用語の説明：掘削底面に湧出してくる地下水などの排水を集め、ポンプで排出するもの。

留意すべき事項：安定性の低い地盤には適していない。集水桝は基礎に影響を与えない場所に設置する。

床付け

用語の説明：根切り底を所定の高さに掘りそろえ平たんにする作業のこと。

留意すべき事項：床付け面よりも深く掘ったり、床付け地盤面を乱したりしないように行う。

鉄筋工事

あばら筋（スターラップ）

用語の説明：せん断に対する補強筋で、梁や小梁などに用いられる。

留意すべき事項：梁の主筋の外側に、正しく結束する。

帯筋（フープ）

用語の説明：せん断に対する補強筋で、柱などに用いられる。

留意すべき事項：柱の主筋の外側に、正しく結束する。

腹筋

用語の説明：鉄筋コンクリート梁で梁せいが大きい場合に、梁の中央部分に主筋方向に配置する補強筋のこと。あばら筋（スターラップ）の振れ止めやはらみ出し防止を目的とする。

留意すべき事項：あばら筋（スターラップ）の内側に、正確に結束する。

スペーサー

用語の説明：型枠、機械、器具などの間に差し入れ、空間を確保するための仮設材のこと。

留意すべき事項：使用箇所、条件に適した材質のものを使用する。スラブ筋に用いるスペーサーは鋼製とする。

鉄筋の先組工法

用語の説明：柱や梁の鉄筋を工場や現場でかご状に組み、所定の位置まで揚重して運び、建て込む方法。

留意すべき事項：揚重時に、鉄筋の結束が緩み、鉄筋ピッチが乱れたりしないよう留意する。

コンクリート工事

コンクリートの打継ぎ

用語の説明：すでに打設されたコンクリートに接して、新たにコンクリートを打設すること。

留意すべき事項：すでに打設されたコンクリートの打継ぎ面を、目荒し、清掃、吸水させてから打ち継ぐ。

タンピング

用語の説明：亀裂、沈み、骨材の浮き上がりを防ぐため、床コンクリートを打設した後、コンクリート表面を打撃して固めること。

留意すべき事項：コンクリートが固まる前に行う。粗骨材が分離した箇所は、粗骨材を沈める。

ブリーディング

用語の説明：コンクリート打設後、混練水が分離してコンクリート上面に浮き上がる現象。

留意すべき事項：ブリーディングが著しい場合は、コンクリートの強度低下や沈下ひび割れの原因となるため、AE 減水剤を使用するなどして、単位水量を小さくする。

型枠の根巻き

用語の説明：壁や柱の型枠の組立てにおいて、足元を正しく固定すること。

留意すべき事項：足元に隙間が生じないようにする。また、コンクリートなどが流れ出ないようにする。

02

用語の説明

型枠のセパレータ

用語の説明：型枠のせき板の間隔を正しい寸法に保つために用いる金物。

留意すべき事項：型枠のせき板とセパレータとはできるだけ直角になるように取り付ける。漏水の可能性のある場所等では、型枠締付け材にコーンを使用し、コーンの跡の穴に防水材入りのモルタルを充填する。

コンクリートのひび割れ誘発目地

用語の説明：乾燥収縮などで起こるコンクリートの亀裂を、想定した位置に発生させるためにコンクリートの壁にあえて断面欠損を与えるために入れる目地のこと。

留意すべき事項：目地ピッチは 3 m程度、目地幅は 25mm 程度とし、深さが浅いと目地位置に亀裂を誘発できないことに注意する。

耐震スリット

用語の説明：短柱等により耐震性能低下を防ぐために設ける構造目地。

留意すべき事項：耐震スリットの施工後、耐震スリット材が変形しないよう注意する。外壁の耐震スリットには、外壁及び内壁の 2 箇所にシーリングを行い、止水に留意する。

鉄骨工事

仮ボルト

用語の説明：鉄骨建方作業における部材の取付け用ボルト。本締めや溶接までの間に生じる外力による架構の変形や倒壊を防ぐ。

留意すべき事項：ボルト一群に対して、1/3 以上かつ 2 本以上を、ウェブとフランジに適切な間隔で締め付ける。

リーマ掛け

用語の説明：リーマを用いてボルト孔の修正を行うこと。

留意すべき事項：ボルト孔の食い違いが 2mm 以下となるようにする。

木工事

木構造の土台

用語の説明：基礎の上に水平に固定される土台のこと。基礎と建物の骨組みをつなぐ役割をもつ。

留意すべき事項：地面に近いため、カビやシロアリに侵されないように、防腐、防蟻処理された木材を使用する。

木構造の仕口

用語の説明：2つの木材をある角度で接合する組手のことをいう。

留意すべき事項：仕口は構造的な弱点となりやすいことに考慮し、部材の取り合い、配置等によって集中を避けるようにする。

木構造の大引

用語の説明：1階の床組みで、根太を受ける横架材。床束で支える。

留意すべき事項：910mm程度の間隔で並べ、その上に根太を直交する形で渡す。大引の端部は、土台や大引受けに連結する。

防水工事

脱気装置

用語の説明：防水層のふくれ防止などを目的とし、水溶液中に含まれている気体を取り除く装置で、露出防水の絶縁工法などに用いられる。

留意すべき事項：装置により排出能力が異なることに留意し、施工面積に応じた設置数量を検討する。

ボンドブレーカー

用語の説明：シーリング材が3面接着とならないよう、目地底に張るテープ状の絶縁材料。

留意すべき事項：浮きが生じないよう目地底に確実に張り付ける。

シーリング工事のマスキングテープ

用語の説明：シーリング目地線を通りよく仕上げるために使用する保護
テープ。

留意すべき事項：目地縁をきれいに仕上げるために、シーリング材の表面
仕上げ直後に除去する。

石工事

ジェットバーナー仕上げ

用語の説明：石材の表面を火炎で熱し、石材を構成する鉱物の熱膨張率の
違いを利用して粗めに仕上げること。

留意すべき事項：含有鉱物の分布により、均一な粗面が確保できない場合
もあるため、石合わせに注意を要する。

タイル工事

マスク張り工法

用語の説明：ユニットタイル用のマスクを用いて、張付けモルタルを塗り
付けた後にタイルを張り付ける工法。

留意すべき事項：張付けの際、十分なたたき締めを行っておく。張付けモ
ルタルの塗置き時間は 5 分以内とする。

密着張り工法（ヴィブラート工法）

用語の説明：タイル張り用振動機（ヴィブラート）を用いて、張付けモル
タルを下地面に塗って、埋め込むように張り付ける工法。

留意すべき事項：タイルは上部から下部へと張る。モルタルの塗付け面積
は、$2m^2$／人以内で、20 分以内にタイルを張り終える面積とする。

屋根工事

ルーフドレン

用語の説明：屋根やバルコニーなどに設ける雨水用の排水金物。

留意すべき事項：ドレンのつばの天端レベルは、周辺コンクリート天端よ
り 3 ～ 5cm 程度下げる。

金属工事

天井インサート

用語の説明：天井を支えるためにコンクリート打設の際にあらかじめ打ち込む鉄製の金物。

留意すべき事項：インサートの間隔は 900mm 程度とし、周辺部は端から 150mm 以内に吊りボルトが配置できるように取り付ける。

左官工事

床コンクリート直均し仕上げ

用語の説明：床コンクリートを打設した後、硬化の程度を見計らいながらコンクリートの表面をこて等で均して仕上げる方法。

留意すべき事項：壁や柱等で均し定規を使用できない部分は、不陸が生じないよう、十分に木ごて等でタンピングして平らにならす。

セルフレベリング工法

用語の説明：液状の塗材の流動性を利用して、床面を水平・平滑に仕上げる工法。

留意すべき事項：セルフレベリング材は、硬化する前に風があたると、しわやひび割れの原因となるため、窓や開口部をふさいで通風を防ぐ。

建具工事

クレセント

用語の説明：金属サッシの召合せかまちなどに取り付ける締り金物。

留意すべき事項：操作時に無理なく開閉でき、適切な締付け力を保持できるように取り付ける。

塗装工事

研磨紙ずり

用語の説明：塗装の下層塗膜及びパテの乾燥硬化後、表面を研磨紙で滑らかにすること。

留意すべき事項：木質系素地面の研磨紙ずりは、木目に平行にし、素地や下地の表面に対して均一に接触するように行う。

目止め

用語の説明：砥の粉やウッドフィラーなどで仕上げ面の穴を埋め平滑な下地を作る作業。

留意すべき事項：目止め材が乾かないうちに綿のウエスで下地によく擦り込み、木目に添ってふき取り、余分な目止め材を取り除く。

内装工事

ビニル床シートの熱溶接工法

用語の説明：熱溶接機を用いて、ビニル床シートと溶接棒を同時に溶融し、加圧しながら溶接する工法。

留意すべき事項：溶接は、シート張り後 12 時間放置してから行う。

テーパーエッジせっこうボードの継目処理工法

用語の説明：テーパーのついたせっこうボードの継目を平滑な面に仕上げる処理工法。

留意すべき事項：ボード面の継目をジョイントテープや下地調整パテ（ジョイントコンパウンド）によりしごき押さえていくが、下地調整パテは、塗りを重ねるほど幅広く平滑に仕上げる。

その他の工事

気密シート

用語の説明：木造建築において断熱材の室内側に設ける、防湿性能を有するシート。

留意すべき事項：孔や隙間が生じないように留意する。

透湿防水シート

用語の説明：木造建築において外壁断熱材の外側に設ける、防水性能を有するシート。

留意すべき事項：孔や隙間が生じないように留意する。

工程表・出来高表

二次

レッスン 03

ここが Point！

重要度 ★★★

バーチャート工程表に示される各工事の作業工程と、出来高表から出来高比率や累計金額を読み取ることができるようにしましょう。

　第二次検定では、鉄骨造3階建てビルの建設工事について、ビルの用途や構造・規模、外部仕上げや内部仕上げの仕様に関する「工事概要」が示され、その工事の「工程表」と「出来高表」をもとに、設問に答える問題が出題されます。

　ここでは、工程表に関する設問、出来高表に関する設問に分けて、解説します。

3 - 1　工程表

　工程表については、「Ⓐに該当する作業名を記入しなさい」という形の問題や、特定の作業の完了日を月と旬日で答えさせる問題が出題されます。したがって、各工事の一般的な作業手順を理解している必要があります。

各工事の一般的な作業手順

工　種	手　順
仮設工事	準備工事→仮囲い→地足場組立→地足場解体→外部足場組立→外部足場解体→清掃
土工事・地業工事	山留→杭打設→根切り→砂利・捨てコンクリート→埋戻し
鉄筋コンクリート工事	基礎・地中梁→床→パラペット
鉄骨工事	アンカーボルト設置→鉄骨建方・本締め→デッキプレート敷き→スタッド溶接→耐火被覆
外壁工事	外壁材取付→仕上げ

防水工事	屋上防水→外部シール→内部シール
建具工事	外部建具取付け→内部建具取付け
金属工事	壁軽量鉄骨下地組→天井軽量鉄骨下地組
内装工事	壁ボード張り→天井ボード張り→床仕上げ
塗装工事	外部塗装→内部塗装

3-2　出来高表

　出来高表からは、「2月末までの実績出来高の累計金額を求め、総工事金額に対する比率をパーセントで記入しなさい」などとして、出来高比率を求めさせる問題や、「3月末までの実績出来高の累計金額を記入しなさい」などとして、累計金額を求めさせる問題が出題されます。

　ここではまず、実績出来高の累計金額の求め方を、次ページの出来高表に沿って解説しましょう。

　月ごとの実績出来高は、それぞれの工事の「実績」の欄に記載されている数字を合計することで求められます。たとえば、1月の実績出来高は、50＋390＋360＋30＋90＝920万円となります。これに2月の実績出来高、200＋210＋200＋780＋90＝1,480万円をたすと、2月末までの実績出来高の累計金額が求められます。

　ここで注意しなければならないのは、一部の作業の工程が工程表に未記入となっており、出来高表にも、その作業の工事金額が記載されていないことです。工程表に関する問題で、完了日を答える作業が、その未記入の作業に当たりますが、仮に、その作業の完了日が3月下旬の場合は、当該作業が3月中に行われることになりますから、3月にその作業の工事金額をたさなければなりません。当該作業の工事金額は、当該工事の工事金額から予定金額の合計をひいた差額で求められます。次ページの出来高表では、鉄骨工事の工事金額900万円から予定金額の合計50＋760＝810万円をひいた90万円が、未記入作業の工事金額となります。

出 来 高 表

単位　万円

工　　　　　種	工事金額	予定/実績	1 月	2 月	3 月	4 月	5 月
仮　設　工　事	500	予定	50	200	50	150	50
		実績	50	200	50		
土　　工　事 地　業　工　事	600	予定	390	210			
		実績	390	210			
鉄筋コンクリート工事	900	予定	450	180	270		
		実績	360	200	340		
鉄　骨　工　事	900	予定	50	760			
		実績	30	780			
外　壁　工　事	400	予定			400		
		実績			400		
防　水　工　事	150	予定			150		
		実績			150		
建　具　工　事	500	予定			400	100	
		実績			400		
金　属　工　事	250	予定			100	150	
		実績			100		
内　装　工　事	500	予定				400	100
		実績					
塗　装　工　事	200	予定				150	50
		実績					
外　構　工　事	200	予定					200
		実績					
設　備　工　事	900	予定	90	90	180	450	90
		実績	90	90	180		
総　工　事　金　額	6,000	予定					
		実績					

　次に、出来高比率の求め方です。出来高比率は、実績出来高の累計金額の総工事金額に対する割合ですから、実績出来高の累計金額÷総工事金額×100 で求められます。

　2 月末までの出来高比率は、2 月末までの実績出来高の累計金額 920＋1,480＝2,400 万円を総工事金額 6,000 万円でわってパーセンテージを出しますから、2,400÷6,000×100＝40％となります。

　3 月に鉄骨工事の未記入作業があったとした場合、3 月末までの出来高比率を求めるときは、その工事金額をたすことを忘れないようにしましょう。

3 月末の実績出来高＝ 50＋340＋90＋400＋150＋400＋100＋180
　　　　　　　　＝1,710 万円

3 月末までの出来高比率＝（2,400＋1,710）÷6,000×100
　　　　　　　　　　　＝ 68.5％

未記入作業がある月は、その金額を加えることを忘れないようにね。

03

工程表・出来高表

問　題

問題 01

　　あなたが経験した**建築工事**のうち、あなたの受検種別に係る工事の中から、工程管理を行った工事を1つ選び、下記の工事概要を具体的に記入した上で、次の**1**から**2**の問いに答えなさい。

　　なお、**建築工事**とは、建築基準法に定める建築物に係る工事とする。ただし、建築設備工事を除く。

〔工事概要〕

イ．工事名

ロ．工事場所

ハ．工事の内容

　　　新築等の場合：建物用途、構造、階数、延べ面積または施工数量、主
　　　　　　　　　　　な外部仕上げ、主要室の内部仕上げ

　　　改修等の場合：建物用途、主な改修内容、施工数量または建物規模

ニ．工期（年号または西暦で年月まで記入）

ホ．あなたの立場

ヘ．業務内容

1　工事概要であげた工事のうち、あなたが担当した工種において、与えられた工期内にその工事を完成させるため、工事の着手前に着目した工期を遅延させる**要因**とその**理由**、及び遅延させないために**実施した内容**を**工種名**（鉄骨工事、タイル工事など）とともに3つ、それぞれ具体的に記述しなさい。

　　　ただし、実施した内容の記述が同一のもの及び工程管理以外の品質管理、安全管理、コストのみについての記述は不可とする。なお、工種名については同一の工種名でなくてもよい。

2　工事概要であげた工事及び受検種別にかかわらず、あなたの今日までの工事経験に照らして、事前に検討し計画した施工方法や作業手順を作業員に周知徹底するためには、どのようにしたらよいと考えるか、**周知**

徹底するための方法と実行されているか**確認する方法**について、**工種名**または**作業名**をあげて**2つ**具体的に記述しなさい。

　ただし、それぞれの解答は異なる内容の記述とする。

　　　　　　　　　　　　　　　　　　　　　　　➡ Lesson 01

問題 02

　次の建築工事に関する用語のうちから**5つ**用語を選び、その**用語の説明**と**施工上留意すべき内容**を具体的に記述しなさい。

　ただし、仮設以外の用語については、作業上の安全に関する記述は不可とする。

　また、使用資機材に不良品はないものとする。

ローリングタワー	親綱	安全ブロック
釜場	あばら筋（スターラップ）	スペーサー
仮ボルト	リーマ掛け	ボンドブレーカー
マスク張り工法	ルーフドレン	クレセント
目止め	気密シート	

　　　　　　　　　　　　　　　　　　　　　　　➡ Lesson 02

問題 03

　鉄骨造3階建て複合ビルの新築工事について、次の1から4の問いに答えなさい。

　工程表は、工事着手時点のもので、鉄骨工事における耐火被覆工事の工程は未記入であり、予定出来高曲線を破線で表示している。

　また、出来高表は、3月末時点のものを示しており、総工事金額の月別出来高、耐火被覆工事の工事金額及び出来高は記載していない。

　なお、各作業は一般的な手順に従って施工されるものとする。

〔工事概要〕
用　　　　途：店舗（1階）、賃貸住宅（2、3階）
構造・規模：鉄骨造　地上3階、延べ面積 300m²
　　　　　　　鉄骨耐火被覆は半乾式工法

外部仕上げ：屋上防水は、ウレタンゴム系塗膜防水絶縁工法、脱気装
　　　　　　　置設置
　　　　　　　外壁は、ALCパネル張り、防水形複層塗材仕上げ
内部仕上げ：店　　舗　床は、コンクリート直押さえのまま
　　　　　　　　　　　壁、天井は、軽量鉄骨下地せっこうボード張り
　　　　　　　　　　　ただし、テナント工事は別途で本工事工程外
　　　　　　　　　　　とする。
　　　　　　　賃貸住宅　床は、乾式二重床、フローリング張り
　　　　　　　　　　　壁、天井は、軽量鉄骨下地せっこうボード張り
　　　　　　　　　　　の上、クロス張り
　　　　　　　　　　　ユニットバス、家具等（内装工事に含めている）

1　　工程表の仮設工事の④、鉄筋コンクリート工事の⑧、内装工事の⑥に
　該当する**作業名**を記入しなさい。

2　　鉄骨工事のうち、耐火被覆工事完了日を月と旬日で定めて記入しなさ
　い。
　　　ただし、**解答の旬日**は、**上旬**、**中旬**、**下旬**とする。

3　　出来高表から、2月末までの実績出来高の累計金額を求め、総工事金
　額に対する**比率**をパーセントで記入しなさい。

4　　出来高表から、3月末までの実績出来高の**累計金額**を記入しなさい。

➡ Lesson 03

工　程　表

工種 ＼ 月	1月	2月	3月	4月	5月
仮　設　工　事	仮囲い　準備工事　地足場組立	鉄骨建方段取り　地足場解体Ⓐ		外部足場解体	クリーニング　完成検査
土　工　事　地　業　工　事	山留　根切・捨てコン　杭打設	埋戻し・砂利地業			
鉄筋コンクリート工事	Ⓑ	2，3，RF床　1F床・手摺・パラペット			
鉄　骨　工　事	アンカーフレーム設置　デッキプレート敷込　鉄骨建方・本締　スタッド溶接				
外　壁　工　事		目地シール　ALC取付			
防　水　工　事		屋上防水　外部サッシシール　ベランダ塗膜防水			
建　具　工　事		外部建具（ガラス取付を含む）	内部建具枠取付け	内部建具吊り込み	
金　属　工　事		ベランダ手摺取付	笠木取付　1F壁・天井軽鉄下地　2，3F壁・天井軽鉄下地		
内　装　工　事	予定出来高曲線　→		ユニットバス　2，3F壁・天井仕上げ工事Ⓒ　1F壁・天井ボード張り	家具等工事	
塗　装　工　事			外壁塗装		内部塗装
外　構　工　事				外構工事	
設　備　工　事		電気・給排水衛生・空調設備工事			

出来高％

出　来　高　表

単位　万円

工種	工事金額	予定／実績	1月	2月	3月	4月	5月
仮　設　工　事	500	予定	50	200	50	150	50
		実績	50	200	50		
土　工　事　地業工事	600	予定	390	210			
		実績	390	210			
鉄筋コンクリート工事	900	予定	450	180	270		
		実績	360	200	340		
鉄　骨　工　事	900	予定	50	760			
		実績	30	780			
外　壁　工　事	400	予定			400		
		実績			400		
防　水　工　事	150	予定			150		
		実績			150		
建　具　工　事	500	予定			400	100	
		実績			400		
金　属　工　事	250	予定			100	150	
		実績			100		
内　装　工　事	500	予定				400	100
		実績					
塗　装　工　事	200	予定				150	50
		実績					
外　構　工　事	200	予定					200
		実績					
設　備　工　事	900	予定	90	90	180	450	90
		実績	90	90	180		
総　工　事　金　額	6,000	予定					
		実績					

「建設業法」、「建築基準法施行令」及び「労働安全衛生法」に定める次の各法文において、　　　に当てはまる正しい語句または数値を、下の該当する枠内から１つ選びなさい。

1　建設業法（第26条の4　第1項）

　主任技術者及び監理技術者は、工事現場における建設工事を適正に実施するため、当該建設工事の施工計画の作成、工程管理、　①　管理その他の技術上の管理及び当該建設工事の施工に従事する者の技術上の　②　監督の職務を誠実に行わなければならない。

①	原価	品質	労務	調整
②	工事	現場	指導	安全

2　建築基準法（第89条　第1項）

　第6条第1項の建築、大規模の修繕または大規模の模様替の工事の　①　は、当該工事現場の見易い場所に、国土交通省令で定める様式によって、建築主、設計者、工事施工者及び工事の　②　の氏名または名称並びに当該工事に係る同項の確認があった旨の表示をしなければならない。

①	注文者	設計者	建築主	施工者
②	工事責任者	作業主任者	現場代理人	現場管理者

3　労働安全衛生法（第60条）

　事業者は、その事業場の業種が政令で定めるものに該当するときは、新たに職務につくこととなった職長その他の作業中の労働者を直接指導または監督する者（　①　を除く。）に対し、次の事項について、厚生労働省令で定めるところにより、安全または衛生のための　②　を行なわなければならない。

（第60条第1項第一号から第三号は省略。）

①	作業主任者	主任技術者	監理技術者	現場監督
②	講習	訓練	教育	指導

➡ 6章

問題 05-A（受検種別：建築）

次の１から８の各記述において、＿＿＿＿に**当てはまる正しい語句または数値**を、下の該当する枠内から１つ選びなさい。

1　建築物の位置を定めるために、建築物の外形と内部の主要な間仕切の中心線上に、縄やビニルひもを張って建築物の位置を地面に表すことを＿①＿という。このとき、建築物の隅には地杭を打ち、地縄を張りめぐらす。

| ① | 遣方 | 墨出し | 縄張り | ベンチマーク |

2　透水性の悪い山砂を埋戻し土に用いる場合の締固めは、建物躯体等のコンクリート強度が発現していることを確認のうえ、厚さ＿②＿mm 程度ごとにローラーやタンパーなどで締め固める。
　　入隅などの狭い個所の締固めには、振動コンパクターやタンパーなどを使用する。

| ② | 600 | 300 | 200 | 100 |

3　柱や壁の型枠を組み立てる場合、足元を正しい位置に固定するために、＿③＿を行う。敷桟で行う場合にはコンクリート漏れ防止に、パッキングを使用する方法やプラスチックアングルを使用する方法などがある。

| ③ | 根固め | 根巻き | 足場固め | 打込み |

4　鉄骨工事における柱脚アンカーボルトの締付は、特記がない場合、ナット回転法で行い、ボルト頭部の出の高さは、ねじが２重ナット締めを行っても外に＿④＿以上出ることを標準とする。

| ④ | 2 山 | 3 山 | 4 山 | 6 山 |

5　JIS による建築用鋼製下地材を用いた軽量鉄骨天井下地工事において、天井のふところが 1.5m 以上 3m 以下の場合は、吊りボルトの水平補強、斜め補強を行う。水平補強の補強材の間隔は、縦横方向に＿⑤＿m 程度の間隔で配置する。

| ⑤ | 1.8 | 2.4 | 2.7 | 3.6 |

6　壁下地に用いるセメントモルタルを現場調合とする場合、セメントモルタルの練混ぜは、機械練りを原則とし、上塗りモルタルの調合は、下塗りモルタルに比べ＿⑥＿としてセメントと細骨材を十分に空練りし、水を加えてよく練り合わせる。

| ⑥ | 硬練り | 貧調合 | 富調合 | 高強度 |

7 塗装工事において、塗膜が平らに乾燥せず、ちりめん状あるいは波形模様の凹凸を生じる現象を ⑦ といい、厚塗りによる上乾きの場合などに起こりやすい。

| ⑦ | だれ | しわ | にじみ | はじき |

8 内装工事において使用される ⑧ せっこうボードは、両面のボード用原紙と心材のせっこうに防水処理を施したもので、屋内の台所や洗面所などの壁や天井の下地材として使用される。

| ⑧ | 強化 | 化粧 | 構造用 | シージング |

➡ 1章、3章、4章

問題 05-B（受検種別：躯体）

次の1から4の各記述において、 に**当てはまる正しい語句または数値**を、下の該当する枠内から1つ選びなさい。

1 土工事において、軟弱な粘土質地盤を掘削する場合に、根切り底面付近の地盤が山留壁の背面から回り込むような状態で膨れ上がる現象を ① という。

また、砂質地盤を掘削する場合に、根切り底面付近の砂質地盤に上向きの浸透流が生じ、この水流によって砂が沸騰したような状態で根切り底を破壊する現象を ② という。

| ① | 液状化 | ボイリング | ヒービング | 盤ぶくれ |
| ② | 液状化 | ボイリング | ヒービング | 盤ぶくれ |

2 鉄筋（SD345）のガス圧接継手において、同径の鉄筋を圧接する場合、圧接部のふくらみの直径は鉄筋径dの ③ 倍以上とし、かつ、その長さを鉄筋径dの 1.1 倍以上とする。

また、圧接面のずれは鉄筋径dの 1/4 以下、圧接部における鉄筋の中心軸の偏心量は鉄筋径dの ④ 以下、圧接部の折曲がりは2度以下、片ふくらみは鉄筋径dの 1/5 以下とする。

ただし、dは異形鉄筋の呼び名に用いた数値とする。

| ③ | 1.1 | 1.2 | 1.3 | 1.4 |
| ④ | 1/3 | 1/4 | 1/5 | 1/6 |

3　レディーミクストコンクリートの運搬時間は、JIS において、コンクリートの練混ぜ開始からトラックアジテータが荷卸し地点に到着するまでの時間として ⑤ 分以内と規定されている。

このため、できるだけ運搬時間が短くなるレディーミクストコンクリート工場の選定をする。

また、コンクリートの練混ぜ開始から工事現場での打込み終了までの時間は、外気温が 25℃以下で 120 分以内、25℃を超えるときは ⑥ 分以内とする。

打込み継続中の打重ね時間の間隔限度は、先に打ち込まれたコンクリートの再振動が可能な時間内とする。

| ⑤ | 60 | 90 | 100 | 120 |
| ⑥ | 60 | 90 | 100 | 120 |

4　木造在来軸組構法において、屋根や上階の床などの荷重を土台に伝える鉛直材である柱は、2 階建てでは、1 階から 2 階まで通して 1 本の材を用いる通し柱と、各階ごとに用いる ⑦ とがある。

一般住宅の場合、柱の断面寸法は、通し柱は ⑧ cm 角、⑦ では10.5cm 角のものが使用される。

| ⑦ | 継柱 | 止柱 | 間柱 | 管柱 |
| ⑧ | 10.5 | 12 | 13.5 | 15 |

➡ 3 章＋α

問題 05-C （受検種別：仕上げ）

次の 1 から 4 の各記述において、￣￣￣ に**当てはまる正しい語句または数値**を、下の該当する枠内から 1 つ選びなさい。

1　改質アスファルトシート防水トーチ工法において、改質アスファルトシートの張付けは、トーチバーナーで改質アスファルトシートの ① 及び下地を均一にあぶり、 ① の改質アスファルトシートを溶融させながら均一に押し広げて密着させる。改質アスファルトシートの重ねは、2 層の場合、上下の改質アスファルトシートの接合部が重ならないように張り付ける。

出隅及び入隅は、改質アスファルトシートの張付けに先立ち、幅 ② mm 程度の増張りを行う。

①	表面	裏面	両面	小口面
②	100	150	200	250

2 セメントモルタルによるタイル張りにおいて、密着張りとする場合、タイルの張付けは、張付けモルタル塗付け後、タイル用振動機（ビブラート）を用い、タイル表面に振動を与え、タイル周辺からモルタルがはみ出すまで振動機を移動させながら、目違いがないよう通りよく張り付ける。

張付けモルタルは、2層に分けて塗り付けるものとし、1回の塗付け面積の限度は、2 m² 以下、かつ、 ③ 分以内に張り終える面積とする。また、タイル目地詰めは、タイル張付け後 ④ 時間以上経過した後、張付けモルタルの硬化を見計らって行う。

③	10	20	30	40
④	8	12	16	24

3 重ね形折板を用いた折板葺においては、折板をタイトフレームに固定した後、折板の重ね部を ⑤ mm 程度の間隔で緊結ボルト止めを行う。

軒先の水切れを良くするために ⑥ を付ける場合は、つかみ箸等で軒先先端の溝部分を 15°程度折り下げる。

⑤	600	800	900	1000
⑥	雨垂れ	尾垂れ	止水面戸	雨押え

4 床カーペット敷きにおいて、 ⑦ カーペットをグリッパー工法で敷き込む場合、張り仕舞いは、ニーキッカーまたはパワーストレッチャーを用い、カーペットを伸展しながらグリッパーに引っ掛け、端はステアツールを用いて溝に巻き込むように入れる。

グリッパーは、壁際からの隙間をカーペットの厚さの約 ⑧ とし、壁周辺に沿って均等にとり、釘または接着剤で取り付ける。

⑦	ウィルトン	ニードルパンチ	コード	タイル
⑧	1/2	1/3	2/3	1/4

➡ 4章＋α

正答と解説

問題 01　解答のポイント

　第二次検定の問題 01 については、近年においては、例年、似た内容が出題されている。自身の実務経験に基づいて答える問題であるため、工事概要として解答が求められる。工事名、工事場所、工事の内容、工期、あなたの立場、業務内容については、必ず試験前に書き出して整理しておくことが大切である。

　1の問題においては、工事の遅延のほかに、施工にあたり事前に検討したこと、施工の品質低下を防止するために留意したことなどが問われることもある。こちらについても、試験前に書き出しておくと、試験本番でも慌てずに対応することができるだろう。

　2の問題においては、作業員への周知のほかに、品質確保のために留意したこと、工期短縮のために行ったこと、それらの方法や理由が問われることもある。

　いずれの問題においても、頭の中で考えるだけでなく、実際に紙に書いて経験を整理することが重要である。誤字、脱字などのケアレスミスをしないためにも、例えば、パソコン上で文章にするのではなく、実際の試験同様、鉛筆で紙に書くとよいだろう。　　　　　➡ 間違えた人は、Lesson 01 を復習しよう。

問題 02　正答

用　語	用語の説明	留意すべき事項
ローリングタワー	天井など高い部分の作業に用いる移動式のキャスターを付けた足場。	労働者を乗せて移動してはならない。移動中、転倒等による危険を生じるおそれのあるところには、関係者以外立ち入らせない。
親綱	作業員が着用する要求性能墜落制止用器具を取り付けるため、高所や開口部など墜落の危険がある場所に設置するロープ。	親綱支柱間での親綱の最大スパンは 9 m 以内とし、たるまない程度に張る。
安全ブロック	落下の危険のある作業現場で、作業中や昇降中の墜落を防止するための安全器具。	作業中の横移動は、取付け位置の真下から 30 度以内でゆっくり行う。
釜場	掘削底面に湧出してくる地下水などの排水を集め、ポンプで排出するもの。	安定性の低い地盤には適していない。集水桝は基礎に影響を与えない場所に設置する。

あばら筋（スターラップ）	せん断に対する補強筋で、梁や小梁などに用いられる。	梁の主筋の外側に、正しく結束する。
スペーサー	型枠、機械、器具などの間に差し入れ、空間を確保するための仮設材のこと。	使用箇所、条件に適した材質のものを使用する。スラブ筋に用いるスペーサーは鋼製とする。
仮ボルト	鉄骨建方作業における部材の取付け用ボルト。本締めや溶接までの間に生じる外力による架構の変形や倒壊を防ぐ。	ボルト一群に対して、1/3 以上かつ 2 本以上を、ウェブとフランジに適切な間隔で締め付ける。
リーマ掛け	リーマを用いてボルト孔の修正を行うこと。	ボルト孔の食い違いが 2 mm 以下となるようにする。
ボンドブレーカー	シーリング材が 3 面接着とならないよう、目地底に張るテープ状の絶縁材料。	浮きが生じないよう目地底に確実に張り付ける。
マスク張り工法	ユニットタイル用のマスクを用いて、張付けモルタルを塗り付けた後にタイルを張り付ける工法。	張付けの際、十分なたたき締めを行っておく。張付けモルタルの塗置き時間は 5 分以内とする。
ルーフドレン	屋根やバルコニーなどに設ける雨水用の排水金物。	ドレンのつばの天端レベルは、周辺コンクリート天端より 3 〜 5 cm 程度下げる。
クレセント	金属サッシの召合せかまちなどに取り付ける締り金物。	操作時に無理なく開閉でき、適切な締付け力を保持できるように取り付ける。
目止め	砥の粉やウッドフィラーなどで仕上げ面の穴を埋め平滑な下地を作る作業。	目止め材が乾かないうちに綿のウエスで下地によく擦り込み、木目に添ってふき取り、余分な目止め材を取り除く。
気密シート	木造建築において断熱材の室内側に設ける、防湿性能を有するシート。	孔や隙間が生じないように留意する。

　部材だけではなく、工法なども用語に含まれることがある。用語を混同しないことはもちろんだが、例えば、「鉄骨工事の仮ボルト」等が問われることもあるので、仮ボルトにかかる「鉄骨工事」の部分も見落とさないよう、注意が必要である。

➡ 間違えた人は、Lesson 02 を復習しよう。

問題03

1　正答　Ⓐ外部足場組立　Ⓑ基礎・地中梁　Ⓒ床仕上げ

仮設工事のⒶは、地足場解体後の外部足場組立に当たる。

鉄筋コンクリート工事のⒷは、山留、杭打設、根切り・捨てコンクリート工事終了後の、基礎・地中梁の構築に当たる。

内装工事のⒸは、壁・天井仕上後の、床仕上げに当たる。

2　正答　3月中旬

鉄骨工事の耐火被覆工事は、スタッド溶接が終わり、外壁工事の ALC 取付け後、金属工事の壁・天井軽量鉄骨下地工事が始まる3月下旬前に終える必要があるため、3月中旬が完了日として適当である。

3　正答　40%

出来高表より、1月の実績出来高は、

50＋390＋360＋30＋90＝920万円

2月の実績出来高は、

200＋210＋200＋780＋90＝1,480万円

したがって、2月末までの実績出来高の累計金額は、

920＋1,480＝2,400万円

総工事金額は、6,000万円だから、それに対する比率をパーセンテージで求めると、

2,400÷6,000×100＝40%

4　正答　4,110万円

出来高表より、3月の実績出来高は、

50＋340＋400＋150＋400＋100＋180＝1,620万円

しかし、これには鉄骨工事の耐火被覆工事の金額は含まれていない。鉄骨工事の工事金額は、900万円であり、耐火被覆工事以外の工事金額は、1月の30万円と2月の780万円なので、耐火被覆工事の工事金額は、

900－（30＋780）＝90万円

したがって、実際の3月の実績出来高は、

1,620＋90＝1,710万円

これを、2月末までの実績出来高の累計金額にたすと、

2400＋1710＝<u>4110 万円</u>

➡ 間違えた人は、Lesson 03 を復習しよう。

問題 04　正答

1　建設業法（第 26 条の 4　第 1 項）

①	品質
②	指導

2　建築基準法（第 89 条　第 1 項）

①	施工者
②	現場管理者

3　労働安全衛生法（第 60 条）

①	作業主任者
②	教育

　法規に関する問題は、過去に出題されている条文に目を通して、第一次検定でも問われる用語を正確に覚えよう。

問題 05 - A　正答

（受検種別：建築）

①	縄張り
②	300
③	根巻き
④	3 山
⑤	1.8
⑥	貧調合
⑦	しわ
⑧	シージング

　受検種別：建築では、躯体・仕上げの両方について、まんべんない知識が求められる。しかし、第一次検定で問われる内容を把握しておけば、十分答えられる内容だ。

問題 05 - B　正答

（受検種別：躯体）

①	ヒービング
②	ボイリング
③	1.4
④	1/5
⑤	90
⑥	90
⑦	管柱
⑧	12

受検種別：躯体では、第一次検定では問われない問題が、第二次検定で出題される場合がある。ここでいくつか補足しておこう。

土工事におけるヒービングとボイリングは、問題文のとおりだが、液状化は、地下水位が高く、緩く堆積した砂質土が、地震時に液体状になる現象、盤ぶくれは、掘削底面やその直下に難透水層がある場合に、その下の被圧地下水により掘削底面が持ち上がる現象をいう。木造在来軸組構法における通し柱と管柱については問題文のとおり。和小屋の束立て小屋組の中で、小屋梁を軒桁の上に乗せかけるかけ方を京呂組といい、柱の上に直接小屋梁を乗せかけるかけ方を折置組という。鉄骨工事において、柱脚ベースプレートの支持方法であるベースモルタルの後詰め中心塗り工法は、一般にベースプレートの面積が大きく、全面をベースモルタルに密着させることが困難な場合や、建入れの調整を容易にするために広く使われている。

問題 05 - C　正答

（受検種別：仕上げ）

①	裏面
②	200
③	20
④	24
⑤	600
⑥	尾垂れ
⑦	ウィルトン
⑧	2/3

受検種別：仕上げにおいても、第一次検定では問われない内容が出題されることがある。

改質アスファルトシート防水トーチ工法の施工法は問題文のとおりだが、露出用改質アスファルトシートの幅方向の接合部などで、下側シートの砂面に上側のシートを接合するときは、下側シートの砂面をあぶって砂を沈めるか、砂をかき取ってから、上側シートの裏面を十分にあぶって重ね合わせる。また、カーペット敷きにおいて、グリッパー工法を用いるのは、ウィルトンカーペットなどの織りカーペットと、下敷き材を敷く場合のタフテッドカーペットで、ニードルパンチカーペットやタイルカーペット、コードカーペットには、全面接着工法を用いる。

練習問題

351

ゴロ合わせで覚えよう！

● 繊維方向の強さ

先生の　ちょんまげが
（繊維方向）　　（曲げ）

圧倒的な力で　　引っ張られて
（圧縮）　　　　　　　（引張り）

せん切りにされた
（せん断）

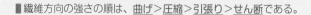

■繊維方向の強さの順は、曲げ＞圧縮＞引張り＞せん断である。

➡ p.65

● アスファルト道路の構造

表の小屋で
（表層）

競うロバたち。
（基層）（路盤）

体は床の下
（路体）（路床）

▌アスファルトの道路は、上から、表層、基層、路盤、路床、路体の順となっている。

➡ p.87

● 標準貫入試験

六さんのごはんを
（63.5kg・ハンマー）

七郎が
（760mm）

落とした
（自由落下）

▌標準貫入試験は、質量 63.5kg のハンマーを、760mm の高さから自由落下させて行う。

➡ p.108

● 墨の引通し

ロックのリズムで
（陸墨）
弾き通すのはムリ！
（墨の引通し）

墨の引通しにより下階の墨を上げるのは地墨（じずみ）であり、陸墨（ろくずみ）を上げることはできない。

➡ p.112

● マスク張りにおけるモルタルの塗置き時間及び塗厚

マスクをつけて、
（マスク張り）
ゴホゴホしながら
（5分以内）
サヨウナラ〜
（3〜4mm）

マスク張りにおいて、モルタルの塗置き時間は5分以内、張付けモルタルの塗厚は3〜4mmとする。

➡ p.195

● 複層仕上塗材

服装の仕上げ
（複層仕上塗材）
メリハリボディで
（凹凸）
惹きつけて
（吹付け工法）

複層仕上塗材を凹凸状に仕上げるためには、吹付け工法で施工する。

➡ p.215

ゴロ合わせで覚えよう！

● 生コン車の高さ

体が重いと気分サイテー
（最大積載）　　　　　（最低）

でも　心を空にすれば
　　　　　　（空荷）

気分サイコー！
　　　　（最高）

▌生コン車の高さは、最大積載時が最も低く、空荷時が最も高い。

➡ p.254

● 道路占用許可と道路使用許可の申請

どうやら占いは、
（道路）　　　（占用）

どう考えても当たってる。
（道路管理者）

どうしようか…計算（皮算用）しちゃおうか…
（道路使用許可）　　　（警察署長）

宝くじ当選…
へそくり発見…
株で勝負…

皮算用中…

▌道路占用許可の申請先は道路管理者で、道路使用許可の申請先は警察署長である。

➡ p.256

● 偏差

測定したら
（測定値）

期待
（期待値）

より変だ
（偏差）

▌偏差値とは測定値から期待値を引いたものを指す。

➡ p.263

● 作業主任者の選任

ごめん！
(5m)
明日の組立てと解体の
(足場の組立て、解体)
作業をお願い！
(作業主任者を選任)

高さが 5m 以上の足場の組立て、解体の
作業は、作業主任者の選任を必要とする。

➡ p.274

● 確認申請

新生児、
(確認申請)
主に
(建築主)
主人にあずける。
(建築主事)

建築における確認申請は、建築主が建築主事等に提出する。

➡ p.287

● 元請負人の検査の期間

閑静なビルに入るには、
(工事完成)
チェックを二重に
(検査)　　　　(20日以内)
受けなければならない。

工事完成後に行う元請負人による検査は、下請負人の工事完成の報告から 20日以内に行わなければならない。

➡ p.299

● 労働時間

やっと　　位置に着いた
（8時間）　（1日）

よれよれ　　なのか？
（40時間）　（7日（1週間））

> 使用者は労働者に休憩時間を除き、1日につき 8 時間、1 週間につき 40 時間を超える労働をさせてはならない。

➡ p.303

● 休憩時間

記録を超えたら
（6 時間を超える）

祝杯はしご
（45 分）

やけっぱちなら 1 軒だけ
（8 時間）　　　（1 時間）

> 使用者は、労働時間が 6 時間を超える場合は少なくとも 45 分、8 時間を超える場合は少なくとも 1 時間の休憩時間を与えなければならない。

➡ p.303

● 就業規則の作成と届出

10 人以上の朗読会
（常時 10 人以上の労働者）

週 5 日で規則的に静観
（就業規則）（行政官庁）

> 常時 10 人以上の労働者を使用する使用者は、就業規則を作成して行政官庁に届け出なければならない。

➡ p.305

さ く い ん

各試験の出題法令基準日までの法令改正や本書に関する正誤等の最新情報は、下記のアドレスでご確認ください。
http://www.s-henshu.info/2ksgt2410/

上記掲載以外の箇所で正誤についてお気づきの場合は、**書名・発行日・質問事項（該当ページ・行数・問題番号などと誤りだと思う理由）・氏名・連絡先**を明記のうえ、お問い合わせください。
・web からのお問い合わせ：上記アドレス内【正誤情報】へ
・郵便または FAX でのお問い合わせ：下記住所または FAX 番号へ
※**電話でのお問い合わせはお受けできません。**

[宛先] コンデックス情報研究所「いちばんわかりやすい！
　　　　　　　　　　２級建築施工管理技術検定合格テキスト」係
住　　　所　〒359-0042　所沢市並木 3-1-9
FAX 番号　04-2995-4362　（10:00 ～ 17:00　土日祝日を除く）

※**本書の正誤以外に関するご質問にはお答えいたしかねます。**また、受検指導などは行っておりません。
※ご質問の受付期限は、各検定日の 10 日前必着といたします。ご了承ください。
※回答日時の指定はできません。また、ご質問の内容によっては回答まで 10 日前後お時間をいただく場合があります。
あらかじめご了承ください。

■**編著：コンデックス情報研究所**
1990 年 6 月設立。法律・福祉・技術・教育分野において、書籍の企画・執筆・編集、大学および通信教育機関との共同教材開発を行っている研究者・実務家・編集者のグループ。

■**イラスト：ひらのんさ**

いちばんわかりやすい! 2級建築施工管理技術検定 合格テキスト

2024年10月30日発行

編　著　コンデックス情報研究所

発行者　深見公子

発行所　成美堂出版
　　　　　〒162-8445　東京都新宿区新小川町 1-7
　　　　　電話(03)5206-8151　FAX(03)5206-8159

印　刷　広研印刷株式会社